U0921365

献给共和国

五十华诞

郑万鹏 著

中国当代文学史

—— 通往中国梦

图书在版编目 (CIP) 数据

中国当代文学史：通往中国梦 / 郑万鹏著 .
—北京：北京语言大学出版社，1999（2013.6 重印）
ISBN 978-7-5619-0784-9-01

Ⅰ. 中…
Ⅱ. 郑…
Ⅲ. 文学史－中国－当代
Ⅳ. I209.7

中国版本图书馆 CIP 数据核字（1999）第 62834 号

书　　名：中国当代文学史：通往中国梦
责任印制：汪学发

出版发行：北京语言大学出版社
社　　址：北京市海淀区学院路 15 号　　**邮政编码**：100083
网　　址：www.blcup.com
电　　话：发行部　010-82303650 / 3591 / 3648
编辑部　010-82303647 / 3592 / 3395
读者服务部　010-82303653 / 3908
网上订购电话　010-82303668
客户服务信箱　service@blcup.com
印　　刷：北京中科印刷有限公司
经　　销：全国新华书店

版　　次：1999 年 12 月第 1 版　　2013 年 6 月第 3 次印刷
开　　本：850 毫米 × 1168 毫米　1/32　**印张**：9.625
字　　数：230 千字
书　　号：ISBN 978-7-5619-0784-9-01 / H · 9988
定　　价：25.00 元

凡有印装质量问题，本社负责调换。电话：010-82303590

目　录

序

谢　冕

被称为“当代文学”的这个文学研究学科，从它的历史跨度来看，已达半个世纪，而且眼看就要超过半个世纪，可它仍是“当代”。这从学科建设来说是一个问题。但这问题的解决，却非个人所能为，需要整个学界达于共识的努力。问题的解决需要时间，这里只好搁下不表。

我们现在面对的是两个不容忽视的事实：一是在半个世纪的文学发展中，当代文学经历了艰难的、有时甚至可以说是灾难性的历程。好在这个噩梦般的过程已结束。中国当代文学终于历尽艰辛而走到了如今的“开阔地”上来。这半个世纪的成就与教训，是一笔巨大的财富，也是20世纪文学遗产的一部分，值得我们的珍惜和宝贵。另一方面，关于这一长跨度（较之现代文学史的30年而言，是“长”多了）的文学的研究，最近20年来也有了蓬勃的发展。文学史、思潮史以及各种专著和选本的出版，是一个极大的繁荣。对这些学术专著的出现、对它们的推介和研究，应当认为是当代文学研究的新课题。

关于当代文学的研究著述多了，同时也增加了人们对学术创新的期待。如何在诸多的同类著作中显示出自己的学术个性，使之凸现出有别于人的优势，则是人们乐于看到的。在这种追求中可能会有这样那样的问题，但在得失之间，人们仍会宽待创新中出现的问题。

郑万鹏所著的这本文学史，并不着意于“全面”，也不像别的著作那样特别看重历史分期，而是注意择取在当代文学的50年发展中的那些具有时代特征的、并产生了重大影响的文学事件和文学环节，予以评述。例如本书很重视“建国文学”的研究，提出了“建国文学思潮”的概念(当然，这只是一家之言，不无可商榷之处)，并对此进行了饶有新意的概括，指出这些作品“表现出历史的整体感，表现了饱经动荡与战乱的中国人民对于稳定局面的衷心欢迎”。像这样的立论和判断，本书多有展示，正是作者学术勇气的证明。

我把郑万鹏著《中国当代文学史》的出版，看成是这一学术领域研究的新成果。郑著文学史，副题是“在世界文学视野中”，这表明这本著作较之同类作品，内涵上有了扩大，是引人注意的别有新意的一本书。由于作者对外国文学研究有素，能够以比较的眼光在世界文学的大视野中，给中国当代文学定位。如把中国当代文学中的“伤痕文学”与苏联的“解冻文学”、美国的“迷惘的一代”、日本的“战后文学”等予以平行研究，从而给中国读者打开了眼界。又如在对张贤亮的研究方面，把他的直觉艺术与柏格森的“直觉主义”，以及他在小说结构、作家的激情等方面与米兰·昆德拉的小说模式和弗洛伊德哲学等进行比较，均是很有意义的尝试。这种全球文化的视野以及把古老的东方文化和世界的现代文明予以对照的愿望，在打破中国当代文学的封闭状态方面，显得非常可贵。

作者在本书着力于以作家作品为核心的文学史体系的建立，重视典型文本的解读，而有意忽略在其他文学史中受到重视的历史分期及社会背景的描述。在辨析这些文本时，注意将作品的艺术特征和作家的精神追求有机地糅合起来，如从对赵树理的《登记》和王安忆的《小鲍庄》的辨析中，便可看到此种努力。全书侧重的是对作家作品的精神特征的把握和分析。这与作者重视文学对于表达忧患意识的立场有关。作者认为这一类作家体现了中国士阶层自古以来的植根于对于社会安危、民众忧乐相牵萦的忧患传统。

文学史有各种各样的写法。一般地说，文学史的作者都乐于把全部的文学景观写进自己的书中，对诸多的文学现象和规律进行全方位的描述。臧否人物、褒贬潮流，这类著作往往能使人得到“把握全局”的收效。也有另一类著作，它也立足于文学发展的全部事实，但更倾向于体现作者自己的观点和立场。因而在对作家和作品进行抉择和取舍时,就有了明确的意向。此刻我们评论的这部文学史的写作特点,就接近于后者。它在全视野的叙述中,突出了它所特别关注的那些文学事实。这就是在自己的写作中对那些与社会兴衰、时代进退保持了紧密联系的作家作品的热情。它力求对半个世纪以来中国文学精神发展的历程,能够通过那些重大的文学事件的描述得到显现。无疑的,作者这种对于时代精神的关怀,增加了作品的思想分量。

在各种关于当代文学的总结中,这是一本有自己角度的、并在某些方面体现出新意的书。特别是它能在世界文化的背景中、以比较的眼光审视这半个世纪中国文学所发生的一切。这大大开阔了我们的学术视野。但也有不足,由于它不追求面面俱到,在评价作家作品时难免顾此失彼,在有所侧重时,也表现出某些失衡的现象。

1999 年 7 月 23 日

于北京大学中文系

绪　　论

尽管自1951年对电影《武训传》的批判，到1956年对“胡风反革命集团”的批判，批判运动连年不断，肃杀的板斧已欲抡起，但是大多数中国人民，包括知识分子，由于刚刚摆脱30多年的战乱和殖民地的屈辱，无比珍视久违了的统一、独立、大规模的建设局面。他们尚未感觉到这些整治运动会殃及自己，也料想不到一个更大规模的整肃运动会接踵而至。他们在自1949年到1956年这一相对安定的时期里，满怀热情和信心，建设着一个新的中国。“建国文学”在这样的社会背景下形成。

由何其芳的抒情诗《我们最伟大的节日》，胡风的抒情诗《时间开始了》，赵树理的短篇小说《登记》、长篇小说《三里湾》，老舍的三幕话剧《龙须沟》，王蒙的长篇小说《青春万岁》，曹禺的四幕话剧《明朗的天》，徐怀中的长篇小说《我们播种爱情》，玛拉沁夫的长篇小说《茫茫的草原》(上)，刘宾雁的报告文学《在桥梁工地上》、《本报内部消息》，王蒙的短篇小说《组织部来了个年轻人》等构成的“建国文学”，表现的是统一、独立、建设“三位一体”的思想。歌颂结束几十年内战而实现了的国家统一：我祖国的疆域是多么广大/北京飞着雪　广州还开着鲜花/我愿意走遍全国/不管我的头　将要枕着哪一块土地睡下(何其芳《回答》)。表现中国人民摆脱半殖民地屈辱，获得独立之后，精神上站了起来的现实，奏出了民族主义强音：“美国人为什么要那么慷慨呢？我看强盗不是随便发善心的”，“文化侵略是他们最恶毒的办法，那是攻心，叫你成为自己的敌人”。(曹禺《明朗的天》)建设是“三位一体”思想的中心。“建国文学”反映了建国初期热火朝天的社会建设局面和强烈的建设思想。《三里湾》呈现的是一幅农村建设的图画。《青春万岁》表现的是准备投入建设事业的热情。而以《组织部来了个年轻人》为代表的“干预文学”则主要是暴露干部中存在的有碍于建设事业发展的不良作风，表现关于人、人与人关系重建的思想。

“建国文学”这种强烈的建设思想在一定程度上构成了对于阶级斗争理论和长期的阶级斗争现实的告别,而与以儒学为主体的传统文化一脉相承。阶级斗争学说是一种外来文化,它并非由中国社会结构和文化传统自然产生。它给中国带来的是动荡、纷争、内战——这决不是社会发展的正常状态,也决不是作家给社会提供的“家园”。因此,《三里湾》描写的是先进与落后的矛盾而不是阶级斗争。当时有人批评《三里湾》不写地主破坏,忽略了敌我矛盾,赵树理理直气壮地说:就是没有发现嘛!“建国文学”体现出的务实精神、人格理想以及伦理关系,都不表现为与传统文化的冲突,而是承继。建国初期,毕竟尚未开展大规模的批孔运动,尚未开展全民性的阶级斗争,尚未发动全国性的“内战”,尚未给社会造成结构性的破坏,中国人民是按照自己的文化理想来建设社会主义,因此,建国初期的社会主义新文化表现为稳健、宽容,与中华传统文化呈交融、互补状态。《三里湾》中的王金生,作为建国初期农村干部的思想品质,与儒家“修平”人格一脉相承。《青春万岁》表现出健全的人格理论。《我们播种爱情》描写浓郁的西藏雪域文化,表现了中华文化的异彩纷呈。

“建国文学”虽然满身的稚气,且又昙花一现,但它却是中国当代文学的坚实的基点、永久的“精神家园”。日后,“伤痕文学”将它当成精神支柱,“反思文学”将它当成衔接的起点。《班主任》中的张老师,王蒙小说中的布尔什维克主人公,张贤亮笔下的许灵均,《许茂和他的女儿们》中的金东水、许秀云……“建国文学”精神支持他们度过了“大灾难”,“大灾难”过后他们便立即着手实施建国初期的建设蓝图。

“建国文学”在1957年里即遭摧折。

1957年的“反右”斗争里,中国的思想界、文艺界遭到肃杀,中国当代文学进入了“严冬”。1958年提出的“革命的现实主义和革命的浪漫主义”两结合的创作方法,给文学创作加上了“指令”,违背了文学创作规律。随后,以阶级斗争极端化为实质的教条主义长时间地统治着社会生活和社会思想，造成中国当代文学的“冰河期”。加上10年“文革”，实际上50年中国当代文学经历了20年的“劫难”。在此期间，文学创作的自由权利被剥夺，文学自身也没有自觉地确立自己的责任，长期处于盲从状态，独立性丧失殆尽，使浩然的《艳阳天》(1964~1966)这样的左倾路线的政治图解成为“十七年”反映体制思想的“压卷”之作，饮誉于出版的当时和10年“文革”，这可谓中国当代文学的“悲惨”。

“劫难”期间，赵树理的《锻炼锻炼》、周立波的《山乡巨变》、柳青的《创业史》等，在按照“两结合”的方法创造的先进人物身旁，还设有更为复杂的“中间人物”。“中间人物”是“两结合”框架中的现实主义内核。它体现着中国作家对农民的关怀，是文学精神所在，具有长久的生命力，成为经年而不腐烂的现实主义“内核”。

赵树理以他长期对农民的关怀，对“写真实”现实主义原则的坚守，自1958年底忧患意识开始加强。不论是1959年的“万言书”，还是1960年的《套不住的手》、1961年的《实干家潘永福》，以及最后一部因文化大革命发起而未完成的作品《焦裕禄》，都表现出了敢于针砭时弊、顶风而上的真理精神和大祸临头毫无惧色的作家良心。

以赵树理为代表的在“大灾难”中以不同方式坚持履行文学责任的作家体现着中国当代文学“悲惨”中的“光荣”。

“大灾难”过后产生的“伤痕文学”和“反思文学”可以说都是对于被毁坏了的“家园”的修补、重建。面对废墟，作家思考历史、社会、人生，思考民族的过去、现在和将来。

“伤痕文学”是从民族的“浩劫”、也是从文学的“浩劫”中走出来的文学。“伤痕文学”集中暴露“文化大革命”的黑暗现实，揭示“四人帮”实行的法西斯专制给国家、人民造成的创伤。“伤痕文学”突破了“两结合”创作方法的束缚，描写社会主义社会里发生的悲剧，真正实现了“写真实”的现实主义原则，是中国当代文学的第一次自觉。与其他民族类似的文学思潮相比，中国的“伤痕文学”没有那种颓丧、迷惘和极端倾向。它暴露“文化大革命”黑暗现实的同时就描写了正义力量在其中的斗争。“文化大革命”是“内战”而非“外战”，中国人民不是在一个“至高无上”的口号蒙蔽下参与对外的不义战争，对外制造“创伤”。中国的“伤痕文学”表现的是中国人民的理性，中国人民的浩然正气。

“反思文学”在建国后30年的大时跨中反思民族的历史。以“建设”为主调的建国初期，在这里呈现为一副“治世”气象，而以“阶级斗争”为主调的自反右斗争到“文化大革命”的中国社会，则呈现为一副“乱世”景象。“反思文学”的历史反思，主要是对于“乱世”的反思。20年阶级斗争的历史，仿佛是一个长长的梦魇。这一反思，实际上是对于阶级斗争理论的消解，与阶级斗争历史的彻底告别。中国当代“反思文学”拥有全民思想解放运动和改革开放后的现实依据，拥有“新时期”，拥有“今天”。《布礼》、《天云山传奇》、《芙蓉镇》……都有了“春之声”。因此，它在对社会进程、对历史作整体反思时，价值体系较为清晰。它带着毋庸赘言的姿态与阶级斗争诀别。

“反思文学”对“大灾难”中以及“大灾难”过后的人生进行反思时，表现出“自由选择”的力量。中国人拥有自己坚实的土地——精神家园。他们不是无家可归，不会走向虚无。许灵均、章永璘、翁式含（《相见时难》）、陆文婷（《人到中年》）、孙少平（《平凡的世界》）……他们都自由地选择了苦难和责任，选择了“土地”。这是九死而无悔的选择，是对于根系“土地”的价值体系的确立。“反思文学”也向社会提出了一个迫切的重大问题，即社会如何为个人人生价值的实现提供应有的条件，良好的环境。

“反思文学”作家对历史、人生所作的反思大多建立在亲身经历、体验之上，创作主体意识加强。这是中国当代文学的一个更大的自觉。文学不会被灾难摧毁，它反而会在灾难中孕育。“反思文学”是“大灾难”年代孕育的果实，是对于文学灾荒年月的补偿。但是不能忘记：民族为此付出的代价太大。

“改革文学”与“反思文学”密不可分。两种文学几乎同时存在于中国文坛。“改革”既是“反思”的依据,又是“反思”的结果。

与“伤痕文学”、“反思文学”相比,“改革文学”是描写“今天”的文学。它描写百孔千疮、废墟般的现实,百废待兴而又积重难返的现实,描写改变我们民族前途和命运的改革,表现出强烈的忧患意识。无法用人类已有的文学经验、模式来衡量中国的“改革文学”。此前绝少有遭受这样“浩劫”的民族,自身制造“浩劫”的民族。列夫·托尔斯泰笔下的俄国的贫穷、落后也相形见绌。同时,世界上也绝少有中国改革开放所创造的这样的奇迹。托尔斯泰只能表现对于俄国1861年的那场“改革”的不安。那是一场对于西欧模式的照搬,带来的是社会普遍的贫穷和矛盾的激化。

“改革文学”的创作主体,不是在旁观看,也不是在上指点,而是在内参与。作家甚至化作工厂厂长、农村生产队长参与这场改革大业,探索改革的途径,改革的深刻意义,表现了对人,对人的生存状况、生存权利的关怀。如何士光的《乡场上》,张贤亮的《河的子孙》,路遥的《平凡的世界》等。

“寻根文学”随着“改革文学”之后出现。两种文学都是属于“建设”的文学。“改革文学”致力于反映从经济上入手的改革,“寻根文学”致力于文化建设。正像“寻根文学”的主将阿城1985年说的:“目前国家的改革,是解决民生问题。有识者,应该同时在文化上下功夫。”(阿城:《又是一些话》,《中篇小说选刊》1985年第4期。)主要的寻根作家不约而同地到我们民族的生存状态中去寻找人文价值,寻找东方文化的根基。“寻根文学”透露着现代主义的自由精神,主体意识更加强烈。小说主要体现的不是反映论,而是表现论。作家执著地表现对于民族传统文化、传统美学的尊重、追求。这具有更大的解放意义。“改革文学”和“寻根文学”都是对于主流意识的解构。前者是对于建国后自50年代末期开始的以极端的阶级斗争为特质的左倾路线下的经济制度,以及在此之上的不正常的社会生活的解构;后者是对于以批判传统文化为特质的主流文化的解构。阿城等人的创作在某种意义上弥合了一个文化上的断层。《白鹿原》又为我们提供了一幅儒学治下的伦理社会生活图画。

“寻根文学”为中国当代文学提供了一个新的视角,超越于阶级本位文化视角的民族本位文化视角。

“寻根文学”标志着民族文化意识的觉醒。

生长于90年代现实生活之中的“新现实主义”,作品里呈现着当今社会生活的诸种问题:工厂严重亏损,濒临倒闭;工人在岗开不出工资,下岗面临就业问题;干部腐败——甚至是集体腐败问题……“新现实主义”真实地描写了90年代的社会生活。这是一种全方位的真实。它揭示当时各种社会问题纠结在一起,形成了对改革、发展的掣肘。

“新现实主义”并不停留在对现实问题的揭示上。“新现实主义”不同于以司汤达、巴尔扎克为代表的“批判现实主义”。“新现实主义”是将社会生活中存在的种种问题——包括十分严重而又严峻的问题写成眼前的现实,既成的事实,正视它——不是向它妥协,而是探索解决它的方法。王火的《霹雳三年》、周梅森的《中国制造》都向我们发出了反腐倡廉、改革行政机构的警示。“新现实主义”与以列夫·托尔斯泰为代表的现实主义有着某种相似之处。这是一种“探索的现实主义”。

“新现实主义”暴露现实问题而不批判传统。它不将现实问题归咎于传统。“新现实主义”中的中国人,在整体意义上富有良知,蕴藏着渡过难关的伟力。往往正是那些凡人百姓,体现着积极参与精神,作出大义的举动——包括张平的《抉择》、《十面埋伏》那样的反腐败义举。“新现实主义”在当代存在主义意义上肯定了人的价值。这是一种新人道主义。

“新现实主义”探索的解决当今社会问题的方法,实际上是一种精神,某一社区全体成员共度艰难的精神。这是在“新时期”的社会问题、社会矛盾面前,探索的新的解决方法——调解的方法。这是“新时期”的方法。“新现实主义”的意义在于,作家看到现实生活出现的大量的社会问题,是一种“新”问题,并非“阶级斗争”,因而拒绝用“阶级斗争”方法来解决,而使用“伦理调解”。这是东方文化传统的体现。中国当代复杂、曲折的历史进程,使90年代的“新现实主义”比建国初期的“建国文学”更为明晰地坚守中华文化精神。

“新现实主义”作家所持的不是司汤达、巴尔扎克那样的阶级观念、集团意识,而是对我们更大的群体,对民族共同体的忧患意识。“新现实主义”有的小说文本,形式尚且显得粗糙,但是它作为思潮,整体上的这种对内的民族发展意识,与存在于中国当代文学中的对外的民族独立意识,汇成一个强劲的民族主义思潮。这标志着中国当代文学趋于成熟。“新现实主义”虽处于方兴未艾,却显示出了中华民族复兴的征兆。

经历了曲折和挫折,新生和发展,中国当代文学终于在世纪交年,完成了她的一个完整的历程。

第一章 建国文学

我国自1949年中华人民共和国成立开始,近半个世纪的急风骤雨式的社会革命暂告停息,而进入了一个大张旗鼓的社会建设时期。梁漱溟于1950～1951年间说道:“四五十年前普遍地是救国呼声,那时却没有人说‘建国’。近一二十年则大家都在说建国……说法之不同正是代表了做法之不同。”① 自1949到1956年中国社会出现了一个大建设的局面,它是充满革命、斗争的20世纪中国历史进程的第一块“绿洲”。我们可以将50年代初期中国这段历史时期称之为“建国时期”。“建国时期”产生了一批表现建国精神的文学作品,形成了一个蔚为大观的“建国文学”思潮。

1949年所建立的是社会主义体制。社会主义作为一种“新文化”在“建国时期”表现出一定程度的“中节”精神和稳健性,与以儒学为主体的中华传统文化未形成对立,“建国文学”作家作品与体制思想取得了相当大的一致,表现了一种富有活力的社会主义文化。

“建国时期”的社会主义新生活体现了一乱一治的中国历史社会上的治世气象。它结束了长期的动荡及战乱,建立了较为稳定的秩

① 《中国建国之路》,《梁漱溟全集》第3卷,山东人民出版社,第319页。

序。“建国文学”反映了社会上普遍存在的治世气象。在这一反映过程中，所有作家作品都表现出了历史的整体感，表现了饱经动荡与战乱的中国人民对于稳定局面的衷心欢迎。

何其芳(1912～1977)1949年10月发表于《人民文学》创刊号上的抒情诗《我们最伟大的节日》，以奔放、激越、恢弘的气势，通过对中国人民苦难历程的回顾，通过对开国大典盛况的描绘，放声歌唱了“我们最伟大的节日”，在广阔的历史背景上，展示了新中国建立的伟大意义。

胡风(1902～1985)的组诗《时间开始了》抒发了诗人作为一个革命者对于中华人民共和国成立这一“人类史上伟大的胜利”的欢呼、歌颂。其中的《欢乐颂》(1949年11月)是对于祖国解放的欢呼，《胜利颂》(1950年1月)表现了开国大典的欢乐景象，以及对于祖国和人民美好前途的祝愿：“时间在前进/祖国在前进/人民在前进/前进！前进！”

赵树理(1906～1970)于1950年6月完成的短篇小说《登记》，仍然是说书体，但是开篇就通过说话人的口指明这是个“新故事”。由发生在“今年正月十五”的“罗汉钱”故事，引出30年前的“罗汉钱”故事。同样有“罗汉钱这一类行为”的小飞蛾和艾艾母女俩体现着两代人的两种命运。艾艾重复了母亲的“罗汉钱行为”却未重复母亲的婚姻悲剧。小飞蛾也知道自己挨丈夫打的事“再不用传给艾艾了”。赵树理像一个讲究节制的说书人，不动声色地述说他的“故事”。全篇没有一个对于新生活的颂词，但是《小二黑结婚》中无形的阴沉已一扫而光，明朗、欢乐的底蕴不断地从讲述中溢出。赵树理的幽默第一次用于“新故事”，“北国的幽默”转化为“南国的幽默”：

他们三个走进村公所，民事主任才写过信，墨盒还没有盖上。民事主任看见他们这几个人在一块就没有好气，撇开艾艾和小晚,专对燕燕说:"回去吧!信已经交给你妈了!"燕燕说:"我知道!这回是给他们两个人写!"主任瞟了小晚和艾艾一眼说:"你两个?""我两个!""自己也都不检讨一下",小晚说:"检讨过了!我两个都愿意!"主任说:"怕你们不愿意哩?"艾艾说:"你说怕谁不愿意?我爹我妈也都愿意!"小晚说:"我爹我妈也都愿意!"主任说:"谁的介绍人?"燕燕说:"我!""你怎么能当介绍人?""我怎么不能当介绍人?""趁你的好声名哩?""声名不好为什么还给我写介绍信?"主任答不上来就发了脾气:"去你们的!都不是正经东西!"艾艾看见仍不行了,就又顶了他一句:"嫁给你的外甥就成了正经东西了。是不是?"

三个青年人都觉着五婶讨厌,故意跑在前边不让五婶追上,累得五婶直喘气……停了一会儿,五婶赶到了。五婶在区门边一看说:"怎么西王庄那个孩子还没有来?"……就在这时候,收发室里跑出一个小孩子来向五婶嚷着说:"老大娘,我早就来了!"嗓子比燕燕的嗓子还尖。燕燕一看,比自己低一头,黑光光的小头发,红红的小脸蛋,两只小眼睛睁得像小猫,伸直了他的小胖手,手背上还有五个小涡涡。燕燕想:"这孩子倒也很俏皮,不过我看他还该吃奶,为什么他就要结婚?"

《登记》新旧冲突双方,"新的"充满了美感。欢乐发自于他们,幽默发自于他们。虽然结局还是依据"政府解决"模式,但是"新的"已流露着自信,具有了内在力量,显示出不可战胜;"旧的"已变得无力,背时,荒诞不经。小说全篇洋溢着"新生活"正在开始,"旧生活"节节败退的欢乐气氛。

同为1950年夏问世的剧作《龙须沟》,使用了鲜明的对比性结构:第一幕　北京解放前;第二幕　北京解放后;第三幕　1950年夏。前不久写完史诗《四世同堂》的老舍(1899～1966),以高度的民族主义对新社会敏锐地认同,表现了在《四世同堂》里经受抗战“炼狱”而获得新生的儒家文化的顺时利世意识。沟臭、沟清象征着社会的浑浊和清明。赵老、程疯子以及众多的龙须沟旁的居民,都表现出完整的历史感,热情地歌颂新社会。老舍喜出望外地看到祥子和“月牙儿”们,由先前的“头朝下”而开始“头朝上”地生活,他通过程疯子说着数来宝歌颂“国泰民安”的太平盛世。

老舍在抗战时期,对传统文化,对民族主义取得了与新儒家相近的见解。在建国初期,又与梁漱溟同时对新社会敏锐地认同。梁漱溟于1950年10月至1951年5月撰写论著《中国建国之路》,首肯建国初年的显著政绩。

建国时期的政绩主要在于建设的成就。它是在“建设”的思想主导下获得的。“建设”是建国时期的主旋律。这体现了稳健社会主义的特征,与重建设的儒家精神相通。池田大作说中华民族在本质上是以“和平与安泰”为目标的“稳健主义者”。①

《龙须沟》第三幕就是一幅热火朝天的社会建设场面。这是老舍自创作第一部长篇小说《老张的哲学》(1925)就开始逐渐形成的社会理想。它旨在清明、进步。老舍1926年在《赵子曰》中写道:

> 拉车的一口鲜血喷在滚热的石路上,死了。讨债的和还债的拍着胸膛吵闹,一拳,鼻子打破了。秃着脑瓢的老太太和卖粽子的为争半个铜子,老太太骂出二里多地还没解气。市场上卖大头鱼的在腥臭一团之中把一盘子白煮肉用手抓着吃了。……
>
> 这些个混杂污浊也是北京的端阳节。

① 参见《展望二十一世纪——汤因比与池田大作对话录》,国际文化出版公司,第290页。

屠场挪出城外去,道路修得不会起灰尘,卖粽子的不许带着苍蝇屎卖,……这样,诗人的北京或者可以实现了。然而这种改造不是只凭作诗就办得到的!

因此 1950 年他喜气洋洋地歌颂没了恶霸、没了臭水、没了苍蝇的清澈的"龙须沟世界",是最自然不过的了。

王蒙(1934 ~)1953 年创作的长篇小说《青春万岁》,描写以郑波、杨蔷云为代表的女中高二学生,带着历史的整体感,带着旧社会在她们心上刻下的"严峻的痕迹",以无比真诚的情怀,进入了"从来没有过的波澜壮阔的社会主义建设"时期。四面八方建设的声音激励着也催促着她们。一截钢管,搭起的脚手架,都成了意象,成了符号,向这些未来的建设者发出强烈的信息。王蒙在"建国时期"的作品里就流露了对灯光,对建筑工地,对工地上的工人,对进行着的建设的热爱。日后王蒙说:"当代的'日子'对我的引诱是太强烈了。"① 这"当代"是从《青春万岁》的日子开始的。引诱着王蒙和他的主人公们的生活是动态的生活,是生活中的进步。电影《一定要把淮河修好》令郑波、杨蔷云她们陶醉;鞍钢的消息使她们欣喜、振奋;一条公共汽车新路线,一幢新居民楼,一碗油茶,一块萨其马都成了进步的密码。王蒙说:"我希望我的小说成为时间运行的轨迹。"② 处女作《青春万岁》就体现了这种动态小说美学。

在《青春万岁》里,1952 年最后一天最后一堂课的最后 10 分钟,化学老师干脆合上课本,向同学讲起了新年感想:"明年——从明天起,就实行五年计划了,真是! 我是学化学工程的,在旧社会没有地方去建设工业。我迎接过多少新年了,哪一年也没让我看见国家有

① 《倾听着生活的声息》,《王蒙选集》第 1 卷,百花文艺出版社,第 16 页。
② 同上。

富强的希望。可是一九五三年,真是！同学们,你们福气呀!”《青春万岁》是写社会主义建设高潮门槛上的青年学生为建设做准备的热情。俄语课、物理课、地质课……都赋予了时代印记、时代精神。他们要亲自动手把新生活在“旧的废墟上”建立起来。郑波默默地对着天安门前为国庆阅兵式而在训练的坦克表示:

我要勇猛顽强地学习,像大炮,像坦克一样。

赵树理1955年发表的长篇小说《三里湾》是建国初期农村社会生活的广阔图画。

这是一幅热火朝天的农村建设的图画。它是作家建国初期回到他的创作基地山西长治地区在平顺县川底村体验生活的产物。赵树理关心分得了土地的老槐树下的老字辈和小字辈农民过上好日子。他的理想是共同富裕。他批评翻身忘本而一心只想个人发财的干部,也教育不顾全大局、社会觉悟不高的农民。他把这些写成先进与落后的矛盾,而不是阶级斗争。这里没有所谓“两条道路”对垒的阵势,没有谁胜谁负的较量。后来有人批评《三里湾》不写地主破坏,忽略了敌我矛盾,赵树理理直气壮地说:就是没有发现嘛![①] 赵树理还于1957年说道:“我想也许我以后会专门写一个有地主的小说,不过在《三里湾》这本书里,我就不准备考虑了。”[②]

《三里湾》强烈的建设思想,与建国初期的主旋律合拍,与“民以食为天”先哲遗训一脉相承。秋收、扩社、整社、开渠是小说的经,居家过日子是小说的纬。“旗杆院”开会研究的是组织合作,发展生产。老槐树下的能人琢磨的是农业、副业、成本、收入、水车、增产……干

① 见戴光中《赵树理传》,北京十月文艺出版社1987年版,第389页。
② 赵树理:《谈〈花好月圆〉》,《中国电影》,1957年第6期。

部王金生笔记本上记的是“合伙搞建设”。

《三里湾》是一幅正常的居家过日子的农村生活图景。虽然经济仍然落后,物质生活较为贫乏,但是由婚姻恋爱、家庭生活、农业劳动、文化学习等构成的农村百景,呈现出生机勃勃、蒸蒸日上的气象。这是初级农业合作社阶段,就土地所有制来说,农民拥有土地使用权。他们和土地、和收成的关系密切,因此表现得有信心,有奔头。他们建设今天的三里湾,设计“明天的三里湾”。① 小说洋溢着乐观气息,健康、幽默的情趣,体现了理想现实主义的特征。

“建国文学”的现实主义,其主流是理想的现实主义。它依据的主要不是数学上的绝对计算,而是趋势性的真实。它体现的不是注重科学的知性思维,而是东方的悟性文化特征。这种悟性体现在中国古代神话《愚公移山》中的愚公而非智叟身上。

胡风作于1951年的抒情诗《睡了的村庄这样说》用拟人手法,先让村庄回顾苦难的过去:“我的皮肤在严寒和酷热里面烂过肿过/我的眼睛在羞涩和屈辱里面烧过痛过/我的胃囊在饥饿里面打过抖/我的心房在仇恨里面滴过血”;后又叙说村庄焕然一新的现在:“我的倒塌的土墙都砌好了/我的破漏的屋顶都补牢了/我的窗子都糊上了新纸”,我“带着满身的清洁睡了/带着满身的喜悦睡了”;“村庄”还展望了自己金黄色的未来:“星星的明亮的眼睛/守卫着我/天空的温柔的手臂/环绕着我/土地的纯洁的胸膛/拥抱着我/祖国守卫着我。”我是“村庄”,村庄就是“我”,物、我已融为一体。全诗在三维时间里抒写了诗人所体验,所感受的人生多重感情。生活在新中国建国初期里的“新中国人的骄傲与幸福”(胡风:《睡了的村庄这样说》“附记”)是全诗的主调。而这一主调又具有深厚的历史整体感。

---

① 《三里湾》,《赵树理文集》第2卷,工人出版社,第438页。

《青春万岁》里的少年布尔什维克主人公们的历史整体感也是悟性文化表现。“她们记得:物价如何一天三涨,饥饿的梦魇在家家户户出现。她们看见过搂着姨太太的大腹官僚,光天化日之下的盗匪和当众卧轨自杀的教师。”“多难的过去”在她们心灵上刻下了分明的伤痕,“死了的旧世界”给她们留下了难忘的记忆。因此,对于新生活她们拥有崭新的理解。新年夜宵桌子上的红米枣粥、蜂糕,朋友作为新年礼物带来的西红柿,都具有相对的、变动的意义。都是“春之声”。郑波1953年在一篇日记里写道:“这些日子,不论是天气,不论日月星辰,不论花鸟虫鱼,不论是我的同学、老师还是街上走过的一个工人,都给我一种浑然一体的激动。我的心像是燃烧着,烧得发焦。每天都经历许多难忘的事,每天都有数不清的喜乐哀怒。最细微的一点声音,对于我却像雷鸣,像战鼓,像交响乐。”郑波对于未来的朦朦胧胧的感知,由班主任袁先生清晰地表达了出来:“虽然国家的建设刚刚开始,虽然我们开晚会的时候只是吃酸杏和喝白糖水,但是我们永远觉得快乐,觉得温暖,觉得生气勃勃而且有信心……”

王蒙日后说道:“二十岁的时候,生活和文学对于我像是天真烂漫、美好纯洁的少女,我的作品可说是献给这个少女的初恋的情诗。”①《青春万岁》就属王蒙献给新生活的“初恋的情诗”。小说女主人公杨蔷云在男朋友处看到的小说《初恋》是一个象征。

青春的,未来的思想是“建国文学”的深层主题。和“明天的三里湾”一样,一个“繁荣昌盛的新中国”总在《青春万岁》中躁动。

梁漱溟1950年对建国初期社会认同,依据的就是东方的悟性哲学。他从不静止地描绘一个民族“没来由没趋向”的“呆板的面目”,

---

① 《我在寻找什么》,《王蒙选集》第4卷,百花文艺出版社,第268页。

而是要描绘其“活形势”。[①] 他于1950～1951年间说道：“过去若干年我们一直是走下坡路，今后将走上坡路。”[②]

“建国文学”以趋势性的真实描绘了建国初期的“走上坡路”的中国社会生活。这是拥有“未来”的社会生活。1955年秋天，萨特和波伏瓦一同访问中国，历时一个半月。所到之处，人们总对他讲三件事：过去如何，今天如何，再过十年、二十年此地又将发生何等重大的变化……他发现，每当中国人谈到未来远景时，他们脸上立刻焕发出希望、自信、决心和毅力的光辉。访问结束前夕，11月2日他应邀在《人民日报》上发表《我对新中国的观感》，中心思想是中国是属于未来的。

与此形成鲜明对照的是移居海外的张爱玲。她的长篇小说《秧歌》(1954)描写大陆农民分得了土地之后，在丰年里仍然吃不饱肚子，反而不如从前的灾年。在翻身农民的秧歌中感受到的是“生命的惨伤”，土改后的社会变革成了“时代的沉落”。张爱玲用1947年的乡下体验和海外的道听途说编织1952年的大陆生活，违反了历史真实。这不是技术上的失误，而是麦卡锡主义控制下的美国“新闻”机构“授权”的结果。

文化建设也是“建国文学”的建设主题的重要内涵。

《登记》是配合宣传婚姻法的，是赵树理“问题小说”的新的典范。“婚姻法”春天公布，《登记》于春夏之交写出。小说中的矛盾的解决是以婚姻法的公布为契机。“政府解决”模式增添了“政策”、“法律”的一层含义。《登记》形象地表现建立在感情——爱情基础上的自由婚姻的合理性。小说结尾写道：“大家都说这种婚姻结得很好，都说：

---

① 《东西文化及其哲学》，《梁漱溟全集》第1卷，第353页。

② 《中国建国之路》，《梁漱溟全集》第3卷，第321页。

‘两个人以后一定很和气,总不会像小飞蛾那时候叫张木匠打得个半死!’”

《龙须沟》中的沟臭、沟清反映的是社会的浑浊与清明。剧本歌颂的是民主、平等的新生活,龙须沟人内心长期的压抑得到了疏导。他们不约而同地说新社会是“好人抬头”,是“人人都一边儿高”。

《青春万岁》的主人公们为建设所作的准备实质上是对自己的全面发展,从而表现了作家关于人的全面发展的思想。它不培养“光靠热情、口号”的“空头政治家”,① 也不培养只会读书而“不会做人”②,“只关心分数,不关心灵魂;只关心自己,不关心大家”③ 的所谓的“个人主义者”。它主张“不单给年轻人以建设祖国的本领,而且燃烧他们的心!”④ 使他们具有“高尚的灵魂和强大的力量”。⑤

《青春万岁》表现了作家的关于社会主义“新人”的理想。这种“新人”结束了人与社会的“二元对立”,实现了二者间的“和谐”。“功课愈好的学生,往往毛病愈大”——这种不和谐状态一度令郑波感到“惶惑”。她提出:

> 非……这样不可么?也许解放前事情是这样的,现在,为什么不能使一个人发展得挺完满呢?⑥

康濯(1920~1991)的短篇小说《春种秋收》(1954)可谓《我的两家房东》(1946)的姐妹篇。小说通过一对普通的农村青年在整个“春

---

① 《青春万岁》,人民文学出版社1979年版,第26页。
② 《青春万岁》,人民文学出版社1979年版,第169页。
③ 《青春万岁》,人民文学出版社1979年版,第171页。
④ 《青春万岁》,人民文学出版社1979年版,第327页。
⑤ 《青春万岁》,人民文学出版社1979年版,第169页。
⑥ 《青春万岁》,人民文学出版社1979年版,第91页。

种秋收”的劳动过程中建立爱情的故事,反映了农村青年如何将个人前途融入新农村的建设事业。作品节奏和谐,气氛欢快,是建国初期农村新风尚的赞歌。

陆文夫(1928～)的《小巷深处》(1956)描写了一个在旧社会做过妓女的纺织女工在新社会重新做人并且人生得以实现的故事。通过小巷深处的这朵小花的重放,表现了新社会的春风和阳光,在人的命运意义上肯定了新的生活环境。

宗璞(女,1928～)的短篇小说《红豆》(1957)和邓友梅(1931～)的短篇小说《在悬崖上》(1956)都是通过对于青年人爱情生活的描写,表现关于人的建设的主题。主人公经过一个微妙而痛苦的过程,都意识到在个人感情、爱好之上还存在着伦理规范。

何其芳的《回答》(1954)和郭小川(1919～1976)的《望星空》,作为抒情诗,都是抒发关于如何实现个性、艺术人生、自我意识与社会事业二者之间“和谐”的思考。前者是“最伟大的节日”过后对于人生的思索,富于现实感,表现出对艺术个性与客观世界难以平衡的忧虑:“从什么地方吹来奇异的风,吹得我的船帆不停地颤动;我的心就是这样被鼓动着,它感到甜蜜,又有一些惊恐。”“我的翅膀这样沉重,像是尘土,又像有什么悲恸。”后者浪漫主义色彩强烈,表现了要在有限的人生中实现无限意义的豪迈情怀:“我们要在地球与星空,修建一条走廊,把大地的楼台殿阁,移往辽阔的天堂……人生是短暂的,但只有人类的双手,能够为宇宙穿上盛装,世界呀,由于人的生存而有了无穷的希望。”

这种关于“人”的理想,与重视同他人关系的儒家人格理想精神相通。

“建国文学”所表现的社会主义文化具有健全而非极端的性质,“建国时期”没有开展大规模的批孔运动,因而,它与讲究“中节”的儒家文化实现了较为微妙的汇合。

《三里湾》中的农村经济建设，伴随着农村的家庭文化、婚姻文化、人际关系、道德观念等方面的建设。

三里湾党支书王金生在家里是弟弟妹妹们仁厚的兄长。他对不好好过日子的弟媳小俊主张说服、教育。他遵从公认的道德规范，不主张分家了事，在家庭关系中实行调解。以他为中坚环节，建立起了一个勤俭、朴实、和美的三代之家。他有一位开通、勤劳的父亲，一位慈祥、善良的母亲，一个善于钻研农业技术、"家懒外头勤"的弟弟，一个秉承着淳朴家风、一心想学文化的妹妹，一个任劳任怨、善于操持家务的妻子。姑嫂平平常常的一席谈，绘出一幅正常的居家过日子的图景，道出了尊老爱幼的家族亲情，流露了作家内在的家庭文化观念：

……金生媳妇又向大胜说："快睡了，妈给你做鞋！看你这鞋钻出小麻雀来了(前边露了趾头)！"玉梅笑着问："大胜！你几天穿一对鞋？"这句话引起金生媳妇的牢骚。金生媳妇说："玉梅呀！提起做鞋来我就想把他们送给人家那些没孩子的！"玉梅说："你要真送，我替你找家！人家黄大年老婆想孩子跟想命一样！"又逗着大胜说："你跟了人家黄大年吧？跟了人家天天穿新鞋！"大胜说："不！妈！"金生媳妇说："不、不！你姑姑是跟你说着玩的！"又向玉梅说："光这些零碎活就把人赶死了！三个孩子的鞋都透了，爹和你大哥的鞋也收不下秋来了！前几天整了两对大鞋底连一针也没有顾上纳，明天后天得上碾磨，要不然一割了谷，社里的牲口就要犁地，碾磨就得使人推了。说话秋凉了，大大小小都要换衣裳。白天做做饭，跟妈俩人在院里搓一搓大麻，捶一捶豆角种，拣一拣棉花，晒一晒菜……晚上这些小东西们又不早睡，跟他们争着抢着做一针活抵不了什么事，等他们睡了还得熬夜！”玉梅说：“以后，晚上我可以帮你！你先把大胜的鞋交给我做好了！”金生媳妇说：“你白天上地，晚上还要学习，哪里顾得上做？”玉梅说：“收开秋这四五天，我们的课就没有上好，人越来越少，今天晚上又没有上成。我看以后越不行了，索性等收完秋再学习吧！大嫂你不要客气！你伺候得我长这么大了，难道我不能帮帮你的忙？……”

王金生在村子里致力于农村建设。建立适应于发展生产的农民合作组织，以实现共同富裕；建设文明的道德风尚，文明的村风，使三里湾成为社会主义新农村。他一切不是从理论而是从实际出发，从来不是用强迫而是用说服的方法，并且主要是靠事实说服农民。他对己严待人宽。支配他的与其说是讲究“你死我活”的斗争哲学，不如说是讲求调解、中和的中庸哲学。他根系农民，受到农民普遍地拥护和支持。正如当时有人批评的：《三里湾》“所展开的农民内部或他们内心中的矛盾就都不是很严重，很尖锐，矛盾解决得都比较容易。”① 而赵树理曾说过：“农村的人物如果落实点，给他加上共产主义思想，总觉不合适。什么‘光荣是党给我的’，这种话我是不写的，这明明是假话。就冲淡了。苏联写作品总是外来一个人，然后有共产主义思想，好像是外面灌的，我是不想套的。《小二黑结婚》没有提到一个党员，《三里湾》的支书，也很少写他共产主义的理论。一个队真正有一个人去搞社会主义就很了不起了。所以我的作品有时反映不充分，脚步慢一些。自己没看透，就想慢一点写。”②

王金生作为建国初期农村干部的思想品质，与儒家“修平”人格

① 周扬：《建设社会主义文学的任务》，《中国作家协会第二次理事会议（扩大）上的报告、发言集》，人民文学出版社 1956 年出版。

② 转引戴光中《赵树理传》，北京十月文艺出版社 1987 年版，第 366 页。

一脉相承。

《三里湾》所体现的社会主义新文化，与中华传统文化有某种程度的契合之处。梁漱溟在《中国建国之路》中说“人心则循乎文化”，“建国”的含义在于建设新文化，[①] 而中国传统文化则属“心的文化”，[②] 中国人“理性早启”，其一切光辉皆在“人心之表现”。[③] 他认为建国后复兴民族“必在复活人心”，[④] 他赞扬建国初“人心通透”，“心开力出”，如孔子说的“发奋忘食，乐以忘忧”，“虽说前途尚远尚远”，然而理想的文化“已经‘具体而微’见出来了”。[⑤]

“建国文学”诞生于中国彻底摆脱长期的半殖民地地位、获得独立自主之际，它所表现的治世精神，包含着强烈的民族独立意识，民族自豪感。

《青春万岁》描写的主人公郑波的少年不幸，其中最大的不幸是“美国司机”造成的，是西方列强的“治外法权”造成的。小说写道；

> 郑波的家庭十分简单。她爸爸作了一辈子小职员，抄抄写写，哼哼哈哈，谁都不敢得罪，又是谁都看不上眼。1949 年 12 月，郑波 11 岁的时候，她爸爸被“盟军”的吉普车撞死在雪地里，喝醉了酒驾车逆行的美国司机，转了个弯，喊了声“OK”跑掉了。

郑波唱着《跌倒算什么，我们骨头硬》长大，获得了觉悟，获得了信仰。她能较早地识出美国的李若瑟神甫“不是好人”，这并非偶然。

---

① 《梁漱溟全集》第 3 卷，第 370 ~ 371 页。

② 《梁漱溟全集》第 3 卷，第 381 页。

③ 《梁漱溟全集》第 3 卷，第 382 页。

④ 《梁漱溟全集》第 3 卷，第 383 页。

⑤ 梁漱溟：《中国建国之路》第 3 章《透出了人心》。

《青春万岁》揭露了美国天主教会在中国办的所谓的“仁慈堂”，压榨童工，买卖人口，致使中国儿童在那里成批成批地死亡。解放后，李若瑟神甫仍然在精神上毒害少女呼玛丽，离间她和同学的关系，使她长时间地不了解自己的祖国。《青春万岁》描写了解放后以“仁慈堂”为象征的美国的文化侵略在中国的摇摇欲坠，披着宗教外衣的“潜伏的反革命分子”李若瑟于1953年春天被我公安局逮捕。

曹禺(1910～1996)1954年发表的话剧《明朗的天》，主题就是反文化侵略。

剧本以解放前美国在北平开办的燕仁医院为舞台，展现了一场文化上的侵略与反侵略的搏斗。

代表侵略势力的美国文化特务贾克逊，是一个始终没有登场的幕后人物。虽然他已于北平解放前夕溜回美国，但其毒害仍然严重存在。贾克逊的燕仁医院拒绝为老工人赵树德医治眼睛烧伤，却主动要为他妻子治疗软骨病。原来是贾克逊看中她有一副可作稀有的软骨标本的骨骼，才强拉她就医，惨无人道地将她杀害。

“教务长”江道宗精神上患有“软骨病”。贾克逊在时，他甘作奴仆；贾克逊不在了，他充当代理人，千方百计地在解放后继续维持“美国传统”。他是美国的文化侵略在中国生下的产儿。

细菌学专家凌士湘为人正直，富于人道精神，热爱祖国，矢志于科学事业。北平解放前夕，他拒绝逃往台湾，也拒绝去美国。他说：“做一个科学家，我也是中国的！”但是“科学至上”论“烧伤”了他的眼睛。他认为贾克逊“代表了美国的科学”，认为“世界上有杀人的科学，没有要杀人的科学家”，不相信“细菌学者会搞细菌战”。他在明朗的天空下，过着“盲人”的生活。

随着赵王氏惨案真相大白，随着这位细菌学家的研究成果被贾克逊剽窃后用于制造细菌武器并用于朝鲜战场的既成事实传到国内，凌士湘觉悟到“有杀人的科学家”，认清了贾克逊是文化特务，是刽子手。他认识到自己等于“瞎了眼睛，在黑暗里工作了三十年”。他痛心地说：“我口口声声说爱国，可是我自己做的事情已经对不起国家，对不起人民。”他要努力为祖国，为人民工作几十年，赎自己以前几十年不问国事的“罪”。

以凌士湘为代表的知识分子精神上的大变动是中国自本世纪初叶开始的中西文化大论争的继续。被披着“科学”外衣的贾克逊文化侵略思想所迷惑的凌士湘把“科学”当作自己的灵魂，将技术文化和精神文化混淆，造成“用”和“体”的颠倒，致使这位口口声声说爱国的科学家，客观上充当了侵略者的工具。他和莎士比亚的悲剧主人公李尔王一样，由于刚愎自用，被阴谋蒙住双眼，颠倒了爱与恨而遭到命运无情的报复。同时，我们在凌士湘身上也看到了李尔王式的理性的复归。他向江道宗发出“你是什么人”、“你是哪国的人”的质问，表明他悟出了“科学”之上还有一个“人”的问题——这是规律。这规律像“命运”一样高高在上，谁也不能无视它。

就像赵树德的眼睛复明一样，凌士湘的精神获得了复明，看到了明朗的天，和全国人民一起生活在明朗的天空下。

《明朗的天》在建国初期，表现中国人民在国家获得独立之后，精神上站了起来的现实。剧中，医院解放后的院长董观山一针见血地指出：“美国人为什么要那么慷慨呢？我看强盗不是随便发善心的”，“文化侵略是他们最恶毒的办法，那是攻心，叫你自己成为自己的敌人”。《明朗的天》继《四世同堂》之后，又一次一扫自本世纪初叶以来弥漫于文坛的盲目模仿西方、全盘西化的风气，奏出了民族主义的强音。

国家统一的思想也是“建国文学”所表现的治世精神的重要构成。

建国前，中国人民曾饱尝分裂之苦。梁漱溟于1950～1951年写道：过去40年中，统一的时日，恐怕还凑不足三年，“你看可怜不可怜！”① 因此，建国后全体中国人民倍感国家统一的可贵。“只有在统一而且稳定中，才有建设可言，才能进行建国工作。”②

《青春万岁》中的青少年主人公们按捺不住的幸福感也来自于国家的统一。当他们幸福地来到春天的阳光下时，看到的是一个辽阔的祖国。祖国的辽阔、广大，在他们诸多的感受中增加了一份自豪感。

《明朗的天》中呈现的分明也是一个一望无垠的天空：“从重庆到成都，从成都到天水，从天水到兰州，从兰州到新疆。”③ 正如何其芳同年完成的诗作《回答》所写：

我祖国的疆域是多么广大：
北京飞着雪　广州还开着鲜花。
我愿意走遍全国，不管我的头
将要枕着哪一块土地睡下。

“建国文学”所表现的统一的思想，自然包括多民族的大家庭思想。

乌兰巴干(1928～　)1949～1956年创作的《草原烽火》描写了科尔沁草原上的蒙汉两族人民并肩作战，反抗王爷的压迫和日本帝国主义侵略，歌颂了在连年烽火中用血泪结成的民族间的兄弟情谊。

玛拉沁夫(1930～　)1956年创作的长篇小说《在茫茫的草原

---

① 梁漱溟《中国建国之路》第1章《建国之一大前提》。

② 同上。

③ 《明朗的天》，《曹禺文集》第4卷，中国戏剧出版社，第103页。

上》，描写1945年日本投降后，整个内蒙古草原沸腾起来，一股“民族热”在一部分人身上燃烧着。他们幻想民族“独立”，少数人甚至幻想建立自己的“国家”。主人公铁木尔勇敢、正直，但是就像《静静的顿河》中的葛利高里满脑子的“哥萨克荣誉感”一样，铁木尔受到“民族热”的支配，只因“八路军中没有蒙古人”，他便抱着“复兴民族”的理想回到家乡来了。正如作品题名所表示的，人们在茫茫的草原上寻找民族解放、复兴的道路。经过充满了动乱、战斗、叛变、流血的艰苦斗争，勇敢、纯朴的蒙族人民终于走上了民族解放的光辉道路。小说结尾处的大段抒情是对蒙族儿女英勇斗争的赞颂，是对草原和祖国的热情歌唱。

玛拉沁夫1951年创作的处女作《科尔沁草原的人们》反映了内蒙古人民解放后在祖国大家庭里的生活图景，他们以主人翁的姿态创造新生活，保卫大草原。正如小说人物阿木古朗说的那样：“我们不但会建设祖国的边疆，美丽的内蒙古，而且也知道怎样来保卫它。”

徐怀中(1929～　)1956年完成的《我们播种爱情》以一个农业技术推广站筹建、发展为中心线索，反映了兄弟的各族人民携手建设新西藏的光辉业绩。

时值西藏和平解放初期，西藏和全国各地一样，社会生活许多方面处于落后状态，迎接的是建设的高潮。小说中，从工委书记苏易到农技站那些从部队、机关、学校自愿报名赴西藏工作的人，他们像是《青春万岁》的主人公们完成了准备阶段而投入到建设中来了。他们具有开阔的胸襟、开放的心灵和丰富的感情，以边疆为家乡，将全部知识和心血浇灌到西藏这片神秘的土地上，将自己的青春和人生献给了西藏的进步和繁荣。农技员雷文竹富于幻想，西藏高原的一切都引起他浓厚的兴趣和丰富的想像，他要在这块沉睡了不知多少万年的处女地上播下北京、四川的种子。

这些内地人,他们热爱西藏——从神秘的土地到笃厚的人。他们尊重藏族——藏族的制度、风俗、礼仪、宗教。农技站收留了一生反抗压迫、到老落得行乞的洛珠老人,让他安度晚年;他们原谅了砍伤站长的郎加,还在农技站给他安排了工作;他们团结格桑拉姆,尊重呷萨活佛;聘请活佛为新建的更达小学校的名誉校长,邀请活佛参加通车典礼;他们给藏族不仅送去了铁牛,还带去了兄弟民族情谊;在西藏高原不仅播下了农作物的种子,还播下了对于藏族兄弟、对于祖国大家庭的热爱;短短的一年,更达发生了可喜的变化,冬小麦和春小麦成熟了,灿灿的金色让大雁认不出落脚的地方了。郎加终于不负期待,幡然悔悟,带着一连串的义举,回到农场成了生产队队员。格桑拉姆也从怀疑、观望里走出来,号召藏民积极配合筑路队,成为开明的藏族上层人士。

《我们播种爱情》以小说形式将藏族介绍给祖国大家庭,它呈现了一幅动态的西藏社会生活图景。居住在这世界屋脊上的人们,他们耕田时把绳子系在牛犄角上,木犁几乎是直的;牧民生孩子要到牛圈里,据说这样生下的孩子"才能像牛一样有力气";青年男女交换鞋带,意味着最郑重的、不可翻悔的相互许定;既甜又烈的青稞酒;甩动水袖的弦子舞;神圣的玛尼堆;在空中猎猎作响的多彩的经幡;虔诚的等身头;粗犷的法号……作家怀着强烈的兴趣描写了浓郁的雪域文化,表现了中华文化的异彩纷呈。小说以雪山、大雁开头,"尾声"第一句又写雪山,最后一句又写大雁,对祖国的新西藏发出无言的祝福。

这幅雪域文化社会生活图画中的最发达意识是呷萨活佛形象。他 12 岁开始到扎什伦布寺学经。70 多年的研读,使他从经文中详尽地了解了西藏的古史,真切地洞见神明,也掌握了很多对于世人大有益福的学问。他既指引藏族同胞的宗教生活,也参与藏族的文化建设。他兼任更达小学名誉校长,指派喇嘛到学校教藏文。他为小学盖房子而主动大量捐资。活佛的手在谁的头上轻轻地抚摸一下,谁就会一生吉祥如意。呷萨活佛在小说中代表着这块比月球还神秘的土地,神的土地。他时隔20多年第一次走出寺庙,参加政府的会议,商讨民族区域自治问题,表现了民族大家庭的和睦、统一,这是现实的吉祥如意。

李乔(1909～　)的由《醒了的土地》(1956)、《早来的春天》(1962)和《呼啸的山风》(1965)构成的长篇小说《欢笑的金沙江》描写了建国初期彝民回到祖国大家庭的复杂过程,反映了解放后凉山地区发生的天翻地覆的变化,表现我国民族政策的胜利。

“建国文学”自诞生之日起,就不是对现实单纯地歌颂。它表现为多重的而非单一的思维。它在表现治世精神的同时,也着意揭露新社会中存在的——或者是旧社会遗留的,或者是新社会滋生的——不健康的根苗,体现了中国作家、文人的忧患传统。

与《龙须沟》的对比性结构截然不同,《登记》将新、旧两种思想、两种力量,都置于“新故事”里。赵树理写《登记》,是在写“建国”后的“问题小说”。小说的情节是从“今年正月十五”开始的。冲突就发生在“今年”——或者说“今天”。

《登记》中不准登记的是村民事主任。他表面上口口声声说艾艾名声不好,不给她和小晚登记,私下里却托媒为他外甥向艾艾家提亲。村里了解他的人暗地里说他“假正经”,说“咱庄上凡是他插过腿的事,不依了他就都出不了他的手。”赵树理看到了这种以权谋私行为的弊害,表现了对解决这个“问题”的紧迫感。小说结尾写道,区上决定村民事主任必须参加艾艾、小晚的婚礼。婚礼上,艾艾、小晚当众、当面说“整整骂了民事主任两个月”,骂民事主任“外甥路线”。代表区上来参加婚礼的区分委书记当场说“骂得对!”“村民事主任因为想给他外甥介绍,就不给你们写介绍信,那是他干涉婚姻自由。中央人民政府公布了婚姻法以后,谁再有这种行为,是要送到法院判罪的。”他还向全场看了一下说:“党员同志们,你们说说人家骂得对不对呀?检查一下咱们区上村上这几年处理错了多少婚姻问题?想想有多少人天天骂咱们?再要不纠正,受了党内处分不算,群众也要把咱们骂死了!”①

赵树理建国后创作的这第一篇小说,其主题就是“干部问题”。《登记》表现出深切的忧患意识,奠定了建国后新的“赵树理方向”——它紧紧地指向社会政治生活中最为严重的问题。

萧军(1907~1988)1954年发表的《五月的矿山》,在歌颂工人阶级以主人翁精神忘我劳动、英勇牺牲的崇高品质的同时,也批判了矿山管理干部身上的官僚主义作风。

1956年前后,我国社会生活和文艺界出现了“百花齐放、百家争鸣”的繁荣局面,“建国文学”中以暴露官僚主义为核心的批判主题有所加强,忧患意识、干预精神得到发扬。

王蒙1956年创作的《组织部来了个年轻人》,表现最初的“惶惑”。年轻人林震怀着“一种节日的兴奋心情”开始了新生活。然而工作一段时间之后,他发现领导同志身上存在着可怕的冷漠、麻木、圆滑。他大声疾呼:“党是人民的、阶级的心脏,我们不能容忍心脏上有灰尘,就不能容忍党的机关的缺点!”献出了天真、热情、直率而幼稚的“悠悠寸草心”。

刘宾雁(1925~　)1956年创作的报告文学《在桥梁工地上》揭示了青年工程技术干部曾刚和工人们身上饱满的社会主义建设热情,

① 《赵树理文集》第1卷,工人出版社,第329页。

与集中在桥梁队队长罗立正身上的保守主义、官僚主义的尖锐矛盾。刘宾雁同年创作的报告文学《本报内部消息》中青年记者黄佳英可以说和曾刚是同族兄妹。她热爱今天的生活，喜欢新鲜的思想，喜欢主动地工作，勇于干预现实，对信仰坚定、真诚。可悲的是，在黄佳英、曾刚与社会主义建设事业之间，存在着一个官僚主义者中间环节。

从维熙(1933～　)的《并不愉快的故事》(1957)以齐东海老人的不幸为中心，描绘了野花岭农林牧高级社的一幅混乱的生活图画。社员长年累月没钱买油盐，没钱买针线，生产积极性受到严重伤害，纷纷要歇工、退社。社里的矛盾已尖锐到极点。“不幸”的社员中的齐大爷是最为“不幸”的了，他的老伴卧病在床，要支点工分钱给老伴抓付中药也不成，老伴死了连棺材也没着落……就是这样，他也不主张歇工退社。他老实、善良，他相信新社会，然而，在他及广大社员与新社会之间，隔着一批官僚主义者。社主任白长禄就是为了给自己贴金而不顾社员死活的官僚主义者。令人深思的是，他的一套官僚主义“理论”竟然在区劳模会上讲用，这个官僚主义者竟然被评为“勤俭办社”的区劳模、县劳模……官僚主义作风已在各级政府机关中滋生。小说在“人的命运”的意义上揭露了官僚主义者在关心人的问题上的“欠债”。作家和他的主人公一样，相信新社会，对“春天”不乏感受力，就是“干预”也是出自赤子情怀：

> 阳春三月天，多么美好的季节啊！云雀在蓝天上飞翔，溪水在花丛中歌唱，苹果园的花朵在盛开，成群的蜜蜂在酿蜜……一切一切，都是积极的，向上的；但是在太阳没有照到的偏僻角落，春风没有普度的闭塞山洼，也有这样并不愉快的故事发生了。①

---

① 从维熙：《并不愉快的故事》。

《并不愉快的故事》和《组织部来了个年轻人》、《在桥梁工地上》等，不约而同地以赤子情怀发出了整顿党的作风的呼吁。以这些作品为代表的“干预生活”的创作，1957 年夏天开始遭到粗暴的批判而纷纷成为“右派作”。

“建国文学”作为思潮，在 1957 年里不幸结束。但是，它是中国当代文学一个兴旺的开端。后来，“伤痕文学”将它当成精神支柱，“反思文学”将它当成精神家园。“建国文学”对今后中国文学的发展将会继续产生深远的影响。

第二章

悲惨与光荣

——十七年文学

建国初期刚刚形成的“建国文学”昙花一现，尚处童年即遭夭折。1956年提出的“百花齐放、百家争鸣”① 的文艺方针给文学带来的是春天的信息，然而，接踵而来的不是“夏天”，几朵绽开的小花在1957年“反右”斗争的“严冬”里即遭摧折。1958年提出的“革命的现实主义和革命的浪漫主义”两结合的创作方法②，给文学加上了“指令”，违背了文学创作规律。加上“大跃进”、“人民公社化”、“反右倾机会主义”等一个又一个的运动，千万不要忘记阶级斗争③ 的左倾路线，使国家处于不正常的政治生活之中，以阶级斗争极端化为实质的教条主义长时间地统治着社会思想，将所谓的社会主义同资本主义的两条道路斗争、阶级斗争模式强加于文学创作，造成文学的“冰河期”。

从1949年新中国成立到1966年“文化大革命”发动起来的17年间，最初虽有一个短暂而又仅仅是相对繁荣的“建国文学”，但大部分

---

① 毛泽东：1956年5月2日在最高国务会议第7次会议上的讲话。

② 毛泽东：在中共八大二次会议上的讲话。

③ 毛泽东：见中共八届十中全会公报。

时间属于文学的灾荒年月。文学没有获得应有的地位,也没有自觉地确立自己的责任,长期处于盲从状态。这是中国文学的悲惨——既是政治干涉的悲惨,又是中国当代文学自身的悲惨。它的巨大代价和惨痛的教训,必将化为力量,促进中国文学的自觉和成熟。

不论是在“早春”,还是在“严冬”,甚或是“冰河期”里,仍然有一些作家以各自不同的方式尽力保持作家的独立精神,坚持文学的真实性原则,在荆棘中耕作,在夹缝中生长,表现了中国文学尚存的生命力,成为中国文学的光荣。

赵树理的《登记》和老舍的《龙须沟》几乎同时问世于1950年夏天。两部作品都透露着“新”意。《登记》开篇就以说话人的口吻告诉听者:“今天让我来说个新故事。”这是发生在女儿艾艾身上的“罗汉钱”故事。艾艾重复了母亲30年前的“罗汉钱行为”却未重复母亲的婚姻悲剧。新社会在建设新的文明,新一代人有了与上一代人不同的命运。《龙须沟》里的沟臭、沟清象征着社会的浑浊与清明,赵老、程疯子以及众多的龙须沟旁的居民,由先前的“头朝下”而变为“头朝上”地生活了。《龙须沟》以及老舍同时期的其他作品表现的都是“我热爱新北京”。对此,胡絜青写道:“我想,‘我热爱新北京’这六个字中的一个‘新’字和一个‘爱’字,由‘新’而引起‘爱’,最能概括老舍解放后的感触和心情。”①

《登记》、《龙须沟》以及《青春万岁》、《我们播种爱情》等都以描写蓬蓬勃勃的社会建设强烈地表现了50年代初期的“建国文学”的总主题。

《登记》和《龙须沟》表现了在诸多方面相似的两位作家的诸多相

① 胡絜青:《写在〈我热爱新北京〉前面》。

似之处，也表现出两位作家细微而深刻的差异。

《登记》是一个包容性结构。它从“今年阴历正月十五”讲起，新故事包容着旧故事。这是一个在整体意义上的“新故事”。

《龙须沟》是一个对比性结构：第一幕　北京解放前；第二幕　北京解放后；第三幕　1950 年夏。剧情横跨解放前后，主题就在于鲜明的对比。

《登记》的“新故事”里充满了冲突。小说的冲突就在“今天”。作品除了描写体现在两代人身上的新、旧思想的冲突之外，将新社会政府机关中的官僚主义者写成问题解决的主要障碍。《登记》仍然是“问题小说”，“问题”还在于“干部”。不准登记的是民事主任。他口口声声地说艾艾名声不好，不给她和小晚登记，私下里却托媒为他外甥向艾艾提亲。村里了解他的人暗地里说他“假正经”，说“咱庄上凡是他插过腿的事，不依了他就都出不了他的手”。赵树理看到了这种以权谋私行为的弊害，表现了解决这个“问题”的紧迫感。小说描写了以权谋私的干部在“新生活”面前的节节败退，洋溢着“新生活”按捺不住的欢乐。小说结尾写道，区上决定民事主任必须参加艾艾、小晚的婚礼。婚礼上，艾艾、小晚当众说“整整骂了民事主任两个月”，骂民事主任“外甥路线”。代表区上来参加婚礼的区分委书记当场说“骂得对！”“村民事主任因为想给他外甥介绍，就不给你们写介绍信，那是他干涉婚姻。中央人民政府公布了婚姻法以后，谁再有这种行为，是要送到法院判罪的。”他还向全场看了一下说：“党员同志们，你们说说人家骂得对不对呀？检查一下咱们区上村上这几年处理错了多少婚姻问题？想想有多少人天天骂咱们？再要不纠正，受了党内处分不算，群众也要把咱们骂死了！”①

① 《赵树理文集》第 1 卷，工人出版社，第 329 页。

《龙须沟》的戏剧冲突随着第一幕的幕落而熄灭。后两幕是一片建设声和赞扬声。结尾处程疯子说着数来宝歌颂"国泰民安"的太平盛世。

《龙须沟》伴随着欢呼"万岁"声落下帷幕;《登记》则是在对以权谋私的干部的笑骂中结尾。

赵树理建国前的作品描写的是农民革命历程,农民同地主阶级间的斗争、争夺是重要主题;而老舍建国前则以高度的民族主义超越阶级革命。他曾自豪地称自己是一个"抗战派"。①《四世同堂》奏出的就是民族主义的最强音。意味深长的是,建国后两人都发生了微妙的变化,形成了对于自己某种意义上的逆转。

老舍对新社会敏锐地认同,表现出顺时利世的民族意识。他没有参与共产党的长期革命过程,没为新政权的建立出过力。当他1949年末从美国回到北京后,便感到沐浴在新社会的恩泽之中,这位《四世同堂》的作者,主动地否定了自己从前的创作道路,重新确立了自己的使命。他于1952年写道:"我得忘了我是有20多年写作经验的作家,而须自居为小学生,从头学起。"② 他说自己要按照时代要求歌颂新社会的新事物,认识多少歌颂多少。③ 他自豪地说:"我本是个无党派的人。可是,今天我有了派。什么派呢?'歌德派'。"他把自己称为歌颂共产党的功德的"歌德派",把自己的作品叫做"遵命文学"④。《茶馆》是一部最为自觉的"遵命文学"。

老舍1957年创作的三幕话剧《茶馆》既是他解放后"习写剧本"(老舍:《〈老舍剧作选〉序》)后的剧作艺术发挥得最为充分,又是他解

① 见楼适夷《忆老舍》,《新文学史料》1978年第1辑。

② 《毛主席给了我新的文艺生命》,《我热爱新北京》,北京出版社,第42页。

③ 《毛主席给了我新的文艺生命》,《我热爱新北京》,北京出版社,第44页。

④ 胡絜青:《〈老舍剧作选〉再版后记》。

放后对于自己解放前创作道路逆转得最为充分的作品。

老舍说:“一个大茶馆就是一个小社会。”(老舍:《答复有关〈茶馆〉的几个问题》,《剧本》1958年5月号)剧本中的裕泰茶馆就是“三教九流的会面之处”。太监、旗人、资本家、商人、农民、军官、警察、特务、流氓、打手,五花八门的各色人等均光顾于此。老舍把他们集合到这里,用他们人生变迁的戏剧来反映从清朝末年,经民国,直到抗战胜利后三个历史时期的中国社会的变迁。50多年里,各个时代的统治者,你方唱罢我登场,军阀取代了皇帝,国民党又取代旧军阀。尽管走马灯似地改朝换代,而茶馆那张“莫谈国事”的纸贴却“保存了下来”。这是一个象征:这几个朝代的共同特点是由少数权势统治着,而老百姓没有说话权利。《茶馆》也反映了社会底层的悲惨命运。农民女儿康顺子被卖给太监作妻,罪恶的社会残忍地埋葬了她的青春。剧本通过对“茶馆社会”的剖析,“葬送”了三个时代的罪恶。

《茶馆》也“葬送”了这里过去的生活哲学和“救国”方式。茶馆掌柜王利发在商业上善于经营,性格谨小慎微,为人善良而又有点自私,待人热情而又有点“势利”。他遵循的处世原则是“讨人喜欢”、“多说好话”。他行为本分,从不越轨。为了求得一席生存之地,他苦心改革自己的经营方式,使之顺应社会风气的流变。可是,这个作了一辈子“顺民”的人,终究未能改变自己的命运,到底被逼得无路而自缢身亡。常四爷是一个“旗人”,享有“铁杆庄稼”(吃皇粮)特权。他耿直、刚强,富有强烈的正义感、爱国心。因一句“大清国要完”坐了牢。后来成了叫卖街头的孤苦老人。这个“只盼国家像个样儿”的人,到头来还是“一事无成”。最后他的一句无限感慨的话,对他的“救国”道路做了深刻的总结:“我爱咱们的国呀,可是谁爱我呢?”房东秦仲义是维新运动产生的民族资本家形象。出场时血气方刚,一心走“实业救国”之路,而成为一个立志维新的资本家。但是由于身处半殖民地半封建社会，尽管惨淡经营几十年，最后他还是彻底破产。他在事业失败后自嘲道："应该劝告大家，有钱哪，就该吃喝嫖赌，胡作非为，可千万别干好事！告诉他们哪，秦某人七十多岁了才明白这点大道理！他是天生来的笨蛋！"这些各式的人生，各式的"救国"方式，都是不可能的，剧本对其给予了"埋葬"。这也是老舍对于自己从创作《老张的哲学》(1925)以来所孜孜探求的道德人生和社会改良道路的"埋葬"。

《茶馆》除了"埋葬"的主题之外，还有一个"暗示光明的到来"的主题。剧本不仅写了反帝反封建的学生运动的兴起，而且随着剧情的发展，叫康大力到北京西山一带八路军的游击区参加了革命。并且康顺子从康大力身上看到了力量和希望。这又是对于创作《赵子曰》(1926)以来，特别是在《猫城记》(1932)中所表现的非"革命"、非"内战"主题的"埋葬"。

《茶馆》是老舍对于"往史"(老舍:《〈老舍剧作选〉序》)、对于他所熟悉并写过无数次的旧社会题材的重写。可以说，这就是他所实行的对于自己是"有20多年写作经验的作家"的忘却，而"从头学起"，学写了"革命"题材和主题。继《龙须沟》对于新社会认同之后，《茶馆》补写了对于"革命"的认同。而这是发生在革命胜利之后，已进入了"建国"时期。《茶馆》虽然三幕都是描写旧社会，但是无形中存在着新旧社会间的强烈对比。这位迟来的革命者，一经认同革命，便对旧社会给以单一的强烈批判，对新社会给以单一的热情歌颂。他已深深地陶醉于生活在新社会的"喜悦"(《〈老舍剧作选〉序》)之中。

他感到自己的理想与现实政治已达到了和谐状态。他将自己的艺术生命完全交给了现实政治，交给了执政党——准确地说是交给了一个领袖，而没有保留一点作家个人的独立性。这是老舍自杀的文学原因。老舍在《四世同堂》里曾经描写过钱诗人在日本人设置的监牢里劝勉狱中的中国青年保全自己,设法出狱,以投身抗战,并且一针见血地指出:“最没出息的才想自杀!”[①] 钱诗人在监牢里完成了人生的一次顿悟,监牢成了他“个人的命运与国运的联系点”。[②] 他破着血肉经受毒刑,以惊人的意志保全性命,好把性命完全交给国家。钱诗人面对的是日本侵略者,支持着他的是强烈的民族精神。1966年8月23日加予老舍、也是加予中华民族的毁灭性打击,使老舍清醒了。悲剧在于,老舍此刻面对的是“自己人”。这位热情的歌颂者在猝不及防的打击下,“一下子使他的热情坠入冰窖”,[③] 于是,精神支柱彻底崩溃。

赵树理建国后创作的总主题是“建设”。赵树理关心的是分得土地的老槐树下的农民过上好日子。

《三里湾》(1955)描绘的是一幅热火朝天的农村建设图画。秋收、扩社、整社、开渠是小说的“经”,居家过日子是小说的“纬”。“旗杆院”开会研究的是组织合作,发展生产,建设今天的三里湾,设计明天的三里湾。老槐树下的能人琢磨的是农业、副业、成本、收入、水车、增产……赵树理的理想是共同富裕。他批评翻身忘本而一心只想个人发财的干部,也教育不顾全大局、社会觉悟不高的农民,将小说整体格局纳入急剧进行所有制改造的“左”倾路线。但是,他把这些写成先进与落后的矛盾,而不是阶级斗争。这里没有所谓“两条道路”对垒的阵势,没有谁胜谁负的较量。因此作品发表不久有人批评它“所展开的农民内部或他们内心中的矛盾就都不是很严重,很尖

① 《老舍文集》第4卷,第411页。
② 《老舍文集》第4卷,第413页。
③ 宋永毅:《老舍与中国文化观念》,学林出版社,第196页。

锐,矛盾解决得都比较容易”[①]。还有人批评《三里湾》不写地主破坏,忽略了敌我矛盾。赵树理理直气壮地说:“就是没有发现嘛!”[②]《三里湾》开头便作了交代,这里像刘老五那样的地主因为当了日军的维持会长,成了汉奸,早在1942年就被处决了。

赵树理忠实于现实,依据现实生活的真实理解流行的理论。这种“写真实”的现实主义原则构成了对于阶级斗争理论模式的抵制。在极左思潮占统治地位的年代,表现出可贵的正直、勇气,尽可能地保持了一定程度的作家独立精神。研究者认为,赵树理是我国觉察“左”倾错误最早,而且反抗最力的少数人之一。[③] 1963年在作协党组学习中共中央《关于目前农村工作中若干问题的决议》(即“前十条”)的扩大会议上,他坚持自己对农村问题的看法,批评“把任何问题的原因都反映为阶级斗争”是扩大化倾向[④],坚持认为“老区的地主富农已经不起多大作用,农村困难的根源不在阶级斗争,而在于干部作风和如何真正落实党在农村的各项政策”[⑤]。他随即在《卖烟叶》(1964)里描写贾鸿年假称自己让人掏了腰包来欺骗恩师李光华,让李老师在这子虚乌有的论据上对贾鸿年发出阶级斗争扩大化的教导:“唉!这都怨你没有真正尊重党中央和毛主席的话,党中央和毛主席不是多次提醒大家说整个社会主义历史时期还存在着阶级斗争吗?”[⑥]《卖烟叶》这一情节的设置,是在阶级斗争扩大化的严酷年代对阶级斗争扩大化理论的尖锐批评。赵树理在任何处境下,都代表

① 周扬:《建设社会主义文学的任务》,《中国作家协会第二次理事会议(扩大)上的报告、发言集》,人民文学出版社1956年出版。

② 见戴光中《赵树理传》,北京十月文艺出版社1987年版,第389页。

③ 见戴光中《赵树理传》,北京十月文艺出版社1987年版,第411页。

④ 见高捷等著《赵树理传》,山西人民出版社,1982年版,第218页。

⑤ 见高捷等著《赵树理传》,山西人民出版社,1982年版,第220页。

⑥ 《赵树理文集》第2卷,第887页。

着中国作家行使批评的权利。

“干部问题”是赵树理建国前后作品一脉相承的主题。民事主任和新政权中的旧恶霸金旺、兴旺(《小二黑结婚》)、恶霸地主的走狗刘广聚、蜕化变质的陈小元(《李有才板话》)、投机革命的流氓无产者小昌(《邪不压正》)属于同族。《登记》掀开了建国后干部主题的新篇章,开辟了建国后的“赵树理方向”——作家选定的方向。

赵树理经历了晋察冀农民革命斗争生活,参与了新政权的建立过程。建国后,他感到自己是新社会的主人,表现出强烈的责任感。他看到现实生活中“村干部沾染旧作风,是个普遍现象”①。继批评以权谋私的民事主任之后,在《三里湾》里塑造了“翻得高”干部范登高,在最后完成的作品《十里店》(上党梆子 1965)里以无比痛恨的心情揭露了干部的特权问题:“土改后本应该步步如愿,却不料这几年情况倒颠”,“不劳动修下了新房大院,劳动的住的是破瓦碎砖;不劳动每日里穿绸摆缎,劳动的常常是少吃无穿……”敢于揭示现实社会的矛盾,是赵树理坚持“写真实”的现实主义品格的主要体现。

赵树理对翻身忘本的干部非常厌憎,对只顾个人发家的农民也持批评态度。《杨老太爷》(1962)中的国家干部铁蛋在1947年里说:“供给制干部要什么钱?当干部又不是做生意!”就像这里的写作时间与主人公表述思想的时间相隔了许多年一样,赵树理的思想也长期停留在“供给制”那里。质朴尚俭的三晋文化培养了赵树理的“高意识”。他不仅自己公而忘私,也要求别人公而忘私。他轻家庭、重社会。在他看来,大家都拆除篱笆,实现集体化,就可以敲锣打鼓进入社会主义了。因此,他将发家致富的想法和行为写成自私、落后。就是1958年创作的《锻炼锻炼》仍将所谓农民的自私、落后现象同集

① 见张万一《怀念赵树理》,《汾水》1980年第4期。

体化的矛盾当成社会的主要矛盾,仍像《三里湾》一样将所谓落后的农民写成喜剧人物。《锻炼锻炼》是赵树理思想最为混乱的作品。它缺少静观冷思,而“赶”在这里造成败笔。

但是,由于赵树理忠实于“写真实”原则,《锻炼锻炼》既没有套用阶级斗争模式,也没有塑造理念化的“新人”形象,更没有歌颂“大跃进”的狂热,小说在所谓“先进”与“落后”矛盾的模式里,描绘了一幅被称为先锋社的高级农业合作社的混乱图画:“快上冻了,妇女大半不上地,棉花摘不下来,花杆拔不了,牲口闲站着,地不能犁”;为了填饱肚子,全社有一半女社员顺手牵羊地偷社里的庄稼,有些妇女队长也偷过;老资格的社主任王聚海是个“和事佬”,而年轻的副主任杨小四趁主任外出开会之机以“送法院”相恫吓的方法,迫使女社员中“两个自私自利的头子”在“整风”运动中作了彻底“坦白”。作为“问题小说”,《锻炼锻炼》的“解决”仍是依靠现行政策,即通过 1957 年秋末的“全民整风辩论”,达到以整风促生产。而其“问题”则是严峻的生活真实,这些纷乱的问题客观上表明了以急剧的所有制改造为实质的农业合作化运动“并非真的就是一片‘艳阳天’和一条‘金光大道’”①。

浩然(1932～)的 3 卷本长篇小说《艳阳天》(1964～1966)在 1957 年 5、6 月间的全国整风鸣放和反右斗争背景下,罗织了东山坞高级农业合作社麦收前后与此背景相呼应的一场激烈的“阶级斗争”。作品违背了生活真实,丧失了对农民疾苦和国家命运的关怀,彻底地成为“左”倾路线的完整的图解。为了营造一副“阶级斗争”的阵势,作品设置了以下几个主要人物:从事暗杀活动的被打倒的地主

① 彭礼贤:《评“十七年”农业合作化题材小说轨迹》,《吉安师专学报》(哲社版)1997 年第 2 期。

马小辫；顽固地走自发资本主义道路的富裕中农弯弯绕、马大炮，新中农焦振丛；自觉充当阶级敌人和“自发”势力的“党内代理人”李世丹乡长；利用整风鸣放以实现“变天”计划的挂着共产党员招牌、窃据农业社副主任职务的阶级异己分子马之悦；善于狠抓阶级斗争的支书兼社主任肖长春。《艳阳天》以其对于阶级斗争扩大化的赞颂，成为“十七年”反映体制思想的“压卷”之作，饮誉于出版当时和十年“文革”。

《金光大道》（第一部　1972）利用创作年代与小说年代的“时间差”，别出心裁地杜撰出“错误路线”在地方上的代表人物于1950年前后互助组时期“贩卖”“巩固新民主主义秩序”理论，和“黑猫白猫”论，以示“两条路线斗争”自建国初年直至“文革”，“资产阶级司令部”由中央盘结到地方，透露出以对于华北一个小小农村的描写，来自觉地配合“文化大革命”全局的创作意图。小说中善于和精于抓阶级斗争和路线斗争的“一号英雄人物”高大泉是极“左”政治的化身，“假、大、空”的“文革”美学的产物。而这种“伪现实主义”的创作方法在《艳阳天》的肖长春身上就甚为明显了。肖长春已是相当“高、大、全”了①。

赵树理在《锻炼锻炼》里塑造了“吃不饱”、“小腿疼”这样的“中间状态的人物”②。她们与《三里湾》里的“糊涂涂”、“常有理”、“铁算盘”、“惹不起”——甚至包括“翻得高”一起丰富了这一特定历史时期中国当代文学“中间人物”画廊。

“小腿疼”倚老卖老，敢于撒泼，整天喊着自己的小腿疼而不愿意参加集体生产；“吃不饱”自私自利，贪吃懒做，因“吃不饱”而不愿出工。她们就是被迫出工也是偷奸使懒，对社里的庄稼常常顺手牵羊。

① 彭礼贤：《评“十七年”农业合作化题材小说轨迹》，《吉安师专学报》（哲社版）1997年第2期。

② 邵荃麟：《在大连“农村题材短篇小说创作座谈会”上的讲话》（1962）。

小说如实地描写了农村中的“落后现象”,客观上反映了在所有制改造面前一部分农民的真实心理。

村长范登高(“翻得高”)被当作翻身忘本的干部来写,与一心组织、领导农民走合作化道路的党支部书记王金生构成干部中的两种类型。赵树理将其纳入先进与落后矛盾的模式,而描写过程中仍然不违背“写真实”原则。范登高是抗日时期共产党开辟工作时的老干部,建立过一定的功劳。土改后他无心于社会工作,而还原为农民,表现出强烈的发家致富愿望。他种了几年好地,很快有了积蓄,买了两头骡子,又善于多种经营,经济上真正翻了身,得了个绰号“翻得高”,与农业合作化运动格格不入。他不仅用自家的成功在影响着、也用自己的行政职务保护着某些农民的发家致富行为,成为合作化运动的对立面。

“糊涂涂”马多寿满脑子的“经济”,而没有“政治”。政治上糊涂,经济上精明。作品将他写成落后的农民,用以表现农业合作化道路的艰巨性、复杂性。这是赵树理较为熟悉的农民。作品揭示了他的真实心理:只想多积一些粮食,学范登高多买两头骡子,先让一个儿子赶着跑小买卖,以后等外边的两个儿子回来了,家大业大,马家院便成了三里湾的首富。

在《三里湾》之后,出现了几部描写我国农村所谓“社会主义革命”的作品,在阶级斗争的构架下,在按照“两结合”方法创造的无产阶级先进人物的身旁,通常还设有更为复杂的“中间人物”。

周立波(1908～1979)1958年问世的《山乡巨变》上卷,将复杂的社会生活纳入简单的政治,表现出明显的配合农业合作化的创作意图。教育农民以对党的绝对信任取代务实精神。小说描写一个月内全乡实现初级化,有的农民担心:“一烂场合,不要说社会主义搞不成器,大家的肚子也要受孽了。”驻乡县委干部邓秀梅毫不迟疑地答道:

“不用你操心，烂了场合有我们。”作家的独立思考丧失殆尽。1960年问世的《山乡巨变》下卷，为了配合当时的政治，不惜杜撰生活，描写高级社的优越性，描写反对入社归公的农民龚子元原来是潜藏在清溪乡的恶霸地主龙子云，他与杨泗庙的军统特务串联，准备在高级社举行欢庆丰收大会时，在两地同时发动暴动，拉队伍上山。将“生产力暴动”写成“反革命武装暴动”，将40年代末土改中韩老五(《暴风骤雨》)的土匪行为再用于50年代末的农村所有制改造，时代感严重错乱，“主题先行”创作痕迹显而易见。而作品中的“亭面糊”盛佑亭，可谓是《暴风骤雨》中老孙头的江南同族兄弟。盛佑亭的人生经历使他既对新社会怀着真挚的热爱，又经常带着几分怀疑来看待生活的急剧变动，以“面面糊糊”的喜剧性格调节农村社会主义运动的悲壮。他亲切、可爱，作家以爱抚之情将其写得奇诡多彩、妙趣横生，成为潇湘水墨的有机构成。

柳青(1916～1978)的《创业史》第一部(1959)也是以农村所有制改造为“试金石”将人物设置得营垒分明。主题“创业难”就难在创建公有制大业所遇到的重重“阻力”。柳青还“敏感”地将这些“阻力”的理论根据上追到“新民主主义”论和“红牛黑牛”论。《创业史》的感人之处在于作家感情的真诚以及所表现的创业精神的强烈。互助组组长梁生宝以一颗赤诚的心和脚踏实地的苦干精神带领农民创建集体大业。在创业的道路上，他表现出与农民共同的愿望，即多打粮食，过富裕日子。他并不热衷于同对立面的斗争，而热衷于所有制改造。梁生宝在所有制问题上的迷误是时代的迷误。梁生宝身旁的梁三老汉在旧社会里经历过三起三落创家立业的历史，身体熬干瘪了，家境仍一贫如洗，创业念头熄灭，不再与命运挣扎。土改中梦境般地分得十来亩稻地，创家立业的热情又燃烧起来。他的理想是：在土地上安身立命，自足自乐；将现在居住的草棚换成瓦房，草棚院变成瓦房院；

后院是猪、鸡和鸭的世界,前院响着牛马吃草的声音。他就是三合头瓦房院的长者。他穿着儿子和媳妇给做下的棉衣,腰里结着粗壮的蓝布腰带,在院子里走出走进,管理着家畜、家禽。这对于梁三老汉来说,活儿已经不轻了。“但他不把这当作劳动,而把这当作享受,越干越舒服。猪、鸡、鸭、马、牛,加上孩子们的吵闹声,这是庄稼院最令人陶醉的音乐。梁三老汉熟悉这音乐,迷恋这音乐。”而他的继子梁生宝将此贬斥为“没出息的过法”。老汉听了难受得使劲咽了一口唾沫,将其归结为毕竟“不是亲骨肉”。个体和集体两种创业道路构成了父与子的深刻矛盾。农村社会主义革命深入到了千百年来积淀的庄稼人意识里。在这给万物带来繁荣、希望、快乐的春天里,梁三老汉三合院长者的奔头破灭了。他失了魂似的,独自一人枕着自己的胳膊躺在官渠岸南边大平原的麦地里,仰望着无边的蓝天,几朵白云由东向西浮行。一只老鹰在他躺的地方上空盘旋,越旋越低。开头,老汉并未觉察,后来老鹰增加到四五只,他才发觉这些食肉的猛禽把他当成一具死尸。小说入木三分地刻画了大多数农民所共有的灵魂的秘密。刻画中,保持了相对的客观性,让人物自由地行动,充分地鸣响,表现了一整套庄稼人的生活哲学。于是,一个普普通通的农民形象石雕般地矗立了起来。邵荃麟(1906～1971)阐述“中间人物”理论时谈道:“我觉得梁三老汉比梁生宝写得好。”①

这些有血有肉、呼之欲出的“中间人物”多为老式农民。他们身上蕴藏着深厚的民族文化传统。他们体现的是经济思维而与政治思维格格不入。当急剧的社会革命运动骤然兴起时,他们不是热情响应,而是表现为三思、怀疑,富于现实感。他们灵魂的深处是根深蒂固的对于土地的热爱,对于家庭的依恋,对于创家立业的执著。他们

① 邵荃麟:《在大连“农村题材短篇小说创作座谈会”上的讲话》(1962)。

在社会革命运动面前表现出的痛苦、两难，不仅仅在于失去私有财产的表层意义上，而是在于割断与母体文化的血缘般的联系从而失去精神家园的深刻意义上。因此，他们的出现，是对于文学上的阶级典型理论的突破，客观上构成了对于阶级革命模式的消解。

“中间人物”是“写真实”的现实主义创作原则在人物塑造上的体现，是中国作家在特定的历史条件下所作的独具特色的创造。中国当代文学的“中间人物”取得了苏联作家萧洛霍夫的小说人物舒卡尔老爹、梅谭尼可夫(《被开垦的处女地》)一样的美学价值。赵树理被誉为“中国的萧洛霍夫”。

“中间人物”是“两结合”框架中的现实主义内核。它体现着中国作家对农民的关怀，是文学精神所在，具有长久的生命力，成为经年而不腐烂的“内核”。这些人物前承老通宝(茅盾《春蚕》)，后启许茂，使中国文学终究没在这里彻底断裂。

1958年前后涌现的一批“革命历史”题材长篇小说，有的描写无产阶级革命走向胜利的历程，如杜鹏程(1921～1991)的《保卫延安》(1954)在较大的规模上描写了1947年延安保卫战的历史进程。吴强(1920～1990)的《红日》(1957)描写的是同一场革命的山东战场的战斗进程；有的描写人民中的先进分子在追求真理的道路上寻找党、走上革命的“苦难的历程”，如梁斌(1914～1996)的《红旗谱》(1957)描写朱老忠由一个反抗地主压迫的草莽英雄成长为一个坚强的无产阶级战士，并且以他为中心，描写了自本世纪初开始的三代农民不同的斗争经历，形象地表现了勤劳、善良、灾难深重的中国农民只有在党的领导下才能摆脱单纯的经济斗争而走向政治斗争，团结起来，战胜阶级敌人，获得解放。杨沫(女，1914～1995)的《青春之歌》(1958)描写生活于30年代的小知识分子林道静不屈服于命运，由对家庭、社会的个人反抗走上阶级革命、社会解放的道路，从而表现了所有追求光明、真理的知识分子，只有把个人同国家、民族的命运结合在一起，投身到革命洪流中，才有真正前途，才有真正值得歌颂的美丽的青春。“革命历史小说”所体现的共产党及其领导的革命的神圣性，同小说产生年代广泛的社会心理——尤其是饱尝战乱之苦刚刚过上太平日子的工农大众和在新社会长大的青年对党和革命的坚信程度相契合，受到普遍的欢迎。

这批“革命历史小说”中的主人公属于革命队伍中有较高觉悟的一派。他们有的是功勋人物，而非权力欲者，如《保卫延安》中的彭德怀将军；有的是信仰主义者而非盲从革命，如罗广斌(1924～1967)、杨益言(1925～　)的《红岩》(1961)中的江姐、许云峰等；有的是真诚派而非投机革命者，如《青春之歌》中的林道静。这些革命队伍中的优秀分子，在共产党打天下的时候具有代表性。他们并不把革命当成目的，不把革命当成社会常态。他们有理想。他们心里装着的是劳苦大众，因此同人民群众有着血肉般的联系。《红日》描写人民解放军的一支山东部队是一支具有高度觉悟的工农子弟兵，“他们不是为着少数人的或狭隘集团的私利，而是为着广大人民群众的利益而结合、而战斗的。”《保卫延安》描写彭德怀将军具有矢志不移的为人民服务的精神和远大的理想、宽阔的胸襟。他告诫部下：“我们要像扫帚一样供人民使用；而不要像泥菩萨一样让人民恭敬我们，抬高我们，害怕我们”。他还叮咛下级：“我们要兢兢业业挑起党中央交给我们的担子，算算这个账：革命早胜利一个月，会给老百姓减轻多少负担哪！”他们的品质、襟怀、理想，超越了阶级、集团利益，体现为民族性格中的优质，具有永存的价值。甚至业已被否定了的历史事件中的英雄行为仍然具有久远的意义。《红旗谱》中的“高蠡暴动”属于“左倾盲动路线”，但是作品却赞赏参加者的英雄行为。梁斌采用的是“文史分家”的方法。他说：“《红旗谱》中，关于政策问题曾经反复酝酿，开始也曾想正面批判‘左倾盲动’思想，后来想到，书中所写的这些人，在当时都是执行者，当然也有责任，但今天在文学作品中写起来，主要写他们在阶级斗争中的英勇，这样便于后一代的学习，把批判的责任留给我们党的历史家去写吧！”①

“革命历史小说”是在无产阶级革命取得政权之后描写夺取政权的过程，尽管小说所写的过程充满了艰难、曲折，往往从逆境写起，但是胜利是注定了的。作家像是坐在山巅描写此前攀缘的过程，因此缺乏过程之中的苦闷、矛盾、探索的现实感，而多的是“革命浪漫主义”，传奇色彩。曲波(1923～)的《林海雪原》(1957)有传奇性的题材，传奇式的英雄，富于传奇色彩的情节；《红岩》是写“渣滓洞”、“白公馆”这一国民党军统局关押共产党员的特殊监狱的特定环境和发生在“黎明”前夕的敌我之间的殊死搏斗，情节迭宕起伏，环环相扣。革命者大义凛然，都是用“特殊材料”制成的。李英儒(1914～1989)的《野火春风斗古城》(1958)描写晋察冀根据地的团政委杨晓冬被派遣打入华北敌占区一个古老省城进行惊心动魄的地下斗争。作家为他设置了一系列的有惊无险的情节，给这位党的地下工作者形象涂上了一层神奇色彩。“革命历史小说”在一定程度上都是“革命传奇”。这既符合“两结合”创作方法，又满足了广大读者读“故事”的需求。欧阳山(1908～)的《三家巷》(1959)没有正面描写惊天动地的历史事件和汹涌澎湃的革命洪流，而是主要通过三个家庭的历史和日常生活，展现处于大革命动荡之中的亲友关系，构成一幅大革命时代社会生活画面，触摸时代的脉搏，并且，主人公周炳极为复杂，踏上革命路途的过程曲折、艰巨，而不像《林海雪原》、《红岩》等作品里的主人公们那样一出场就已炉火纯青。因此，更具真实感的《三家巷》

① 梁斌：《漫谈〈红旗谱〉的创作》，《人民文学》1959年第6期。

在其问世年代,未能满足一部分习惯于阅读极其富有“革命浪漫主义”色彩的作品的读者口味。

“革命历史小说”的作者几乎都是“革命历史”的亲身经历者。革命一胜利,他们便以某种革命责任感写自己所经历的革命历史事件。杜鹏程参加了1947年的延安保卫战,曾与著名战斗英雄王老虎同在一个连队。谈到《保卫延安》创作动机时,他说:“这一场艰苦卓绝的斗争以及无数英雄人物所表现的自我牺牲精神,给予我的教育是永世难忘的。因而,部队抵达祖国边陲,还在硝烟弥漫中继续追剿残敌时,我便着手来写这部作品了。”① 1930年,高云览(1910～1956)家乡厦门发生了共产党领导的大劫狱,这使他深受感动。党组织把劫狱的全部材料交给了他,鼓励他写出长篇小说来。建国后,他才得以“清偿”这笔“精神的债务”,写出反映“大劫狱”历史事件中的青年知识分子革命品质的长篇小说《小城春秋》(1956)。高云览曾说:“我不量力地想用我的生命来写这一件已经过去了的党的光辉的史诗,同时也纪念我旧日的同志、老师和朋友,他们每一个人的英勇就义都震动过我的心灵。”罗广斌、杨益言因参加了共产党领导的革命活动,1948年先后被关进“中美合作所集中营”。1949年重庆解放前夕越狱脱险。解放后,他们写作《红岩》就是为了实现牺牲在这座“集中营”里的烈士的下述遗愿:“万一我们当中有人活着出去,一定要把这里的斗争告诉后代,让他们知道,他们的老一辈,为了共产主义事业,为了无产阶级的解放,是怎样与美蒋匪帮进行斗争的。”② 曲波也是出于怀恋1946年冬亲自参加的东北剿匪斗争的峥嵘岁月,怀恋亲密的战友,才把战友们的光辉业绩记录下来,以“传给劳动人民,传给子

① 杜鹏程:《保卫延安·重印后记》。

② 闻一石:《谈〈红岩〉的写作》,《当代文学教学参考资料》,北京师范大学。

孙万代”。“革命历史小说”是革命者写小说,其小说视角是整齐划一的革命视角。描写革命者当年的丰功伟绩,表现革命的神圣。这里没有“反思”。毋庸置疑,革命在这里是天经地义的。并且,几乎所有的“革命历史小说”都把国内革命斗争同民族解放战争视为一体,把阶级论当成民族主义。就是在此期间出现的一批抗战题材的长篇小说,其创作也纳入了“革命历史小说”模式。是写共产党领导下的抗战,往往“内战”贯穿于“外战”之中。

《青春之歌》所描写的林道静走上革命道路的历程中,就有从“反对日本帝国主义的侵略”进而“反对国民党的不抵抗主义”的过程。小说最后一章就是描写林道静参加了由共产党领导的青年学生于1935年12月16日举行的规模浩大的示威游行,反对要在这一天正式成立的国民党领导的“冀察政务委员会”。这位女主人公是迎着国民党警察的水龙大刀,和革命队伍一道勇往直前,终于成长为无产阶级的坚强战士。

《野火春风斗古城》所描写的共产党人的地下斗争,就是利用国民党军队的内部矛盾对其进行分化瓦解。小说以关敬陶率部起义为结尾,从而完成了从“内线”表现抗战的主题。

刘流(1914~1977)的《烈火金钢》(1958)、冯志(1923~1968)的《敌后武工队》(1958)、雪克(1920~1987)的《战斗的青春》(1958)都是描写1942年日寇在冀中平原发动的惨绝人寰的“五一大扫荡”,冀中军民团结在共产党周围,英勇地展开反“扫荡”。《烈火金钢》以章回体说话形式,从抗日战争的这一“最艰难最危险的时候”讲起,描述八百万冀中军民在神圣的土地上筑起铜墙铁壁,令侵略者闻之丧胆,而中国人民却在这“烈火”中炼成为“金钢”。《敌后武工队》描写面对“大扫荡”,冀中九军分区的共产党组织,立即组织一支短小精悍的武装工作队,深入到敌后的敌后,发动群众,打击敌人,直到逼得敌人退缩到老巢。《战斗的青春》描写抗日根据地遭到严重摧残，大批“国军”又公开投降，搞所谓“曲线救国”，派特务、奸细潜入革命内部，破坏抗战。在革命队伍内部，围绕着武装斗争问题产生了路线分歧。作品就是在这样的“对敌斗争、反奸斗争、路线斗争、革命的两面政策及武装斗争等各种斗争的互相交织”中，表现抗战“从战斗到挫折，到再战斗，到胜利的反复性”。①《野火春风斗古城》中的地下斗争，也是配合此次反“扫荡”。

孙犁(1913～　)的《风云初记》(1951～1963)在“革命历史小说”的构架下，在揭露国民党军队南下撤退、汉奸地主投降日寇、破坏抗战的阶级格局中，描写滹沱河两岸的五龙堂、子午镇人民群众，在党的领导下，建立抗日根据地的斗争生活。《风云初记》承继了 40 年代的《白洋淀纪事》的风格，不是描写大规模的厮杀，甚至不去表现战斗的残酷，而是通过日常生活反映风云变幻的时代风貌，描绘抗战年代由男女之间的爱情、夫妻之间的亲情、家务事之间的常情所构成的伦理图画，表现蕴藏于其中的民族的灵魂。《白洋淀纪事》是写这种民族灵魂在民族生死存亡关头，自然地表现为“识大体、乐观主义以及献身精神”②；《风云初记》是写这种民族灵魂的形成。这场神圣的民族解放战争使民族灵魂得到洗礼、升华。孙犁认为：“善良的东西、美好的东西，能达到一种极致。在一定的时代，在一定的环境，可以达到顶点。我经历了美好的极致，那就是抗日战争。”③ 春儿和芒种是一对普普通通的农村青年。这场伟大的民族战争使他们朴素、纯洁、正直的性格升华为浩然正气，爱情和觉悟一起成熟。李佩钟带着心灵的创伤，投入到这场神圣的战争，成为中华民族的优秀儿女。

① 雪克：《讨论〈战斗的青春〉给我的启发》。
② 孙犁：《关于〈荷花淀〉的写作》，《孙犁文集》(四)，第 612 页。
③ 孙犁：《文学和生活的路》，《孙犁文集》(四)，第 392～393 页。

冯德英(1935～　)的《苦菜花》(1958)以胶东半岛昆嵛山区的王官庄为背景,描写汉奸地主与日寇阴谋勾结,使庄上的人民群众经受着极其严峻的考验,付出了惨重的代价,而人民群众在尖锐的斗争中迅速地觉悟、成长起来。斗争的残酷,生离死别面前人物剧烈的内心活动,面对残酷的考验主人公所表现的英雄气概,形成了一个个惊心动魄的场面。尤其是在日寇的屠刀下,王官庄人民群众冒着生命危险,冒领共产党干部作亲人的义举,具有震撼人心的力量。着力描写这种生与死的抉择,表现基于残酷性之上的凛然正气,是《苦菜花》的艺术特色。

知侠(1918～1991)的《铁道游击队》(1954)描写鲁南地区活跃在铁道线上的一支游击队,为了配合抗日根据地建设,配合主力部队作战计划,他们在日军控制的铁道线上搞机枪、撞车头、打票车,在火车上打歼灭战,像一把锋利的钢刀,插向侵略者的胸膛。《铁道游击队》展示了同侵略者一节一节的直接的战斗,是为中国人民泄愤、泄恨的作品。

但是,这批抗战题材的长篇小说,缺乏这场民族战争的具有全局意义的大场面,缺乏《战争与和平》中那样的史诗必备的"重大的历史事件"。这批长篇小说都不具备"史诗"的构造,都未达到《四世同堂》的高度。

这批抗战题材小说——连同整个"革命历史小说"缺乏同50年代现实生活的联系。《战争与和平》重温半个世纪前俄国所赢得的世界性的荣誉,重构"俄罗斯精神",是力图以此为纽带,实现全民族的"统一",度过俄国所面临的新的危机。1958年前后出现的"革命历史小说"缺乏这种忧患意识,缺乏这种史诗品格。在急需解决"建设"——包括经济建设、文化建设、制度建设等诸种问题的建国后,属于阶级本位文学的"革命历史小说"进入不了当代文学的主潮。

1958年年底给以冷静见长的赵树理带来的是更加清醒。

赵树理建国前描写农民革命斗争的作品也没有把革命当成目的。他笔下的农民革命总是与变革生产关系,解放社会生产力,使老槐树下面的人也能过上好日子密切联系着,因此常常表现为说理斗争,具有温和色彩。如《李有才板话》、《地板》等。他的《邪不压正》的主题就是关于流氓无产者混进新政权问题,关于斗争扩大化问题。

建国后,赵树理的创作由建国前的农民革命斗争主题彻底地转为社会建设主题,农民在经济上、文化上真正实现翻身的主题。他既不是旁观,也不是跟随,而仍然是在里边参与。他宣称作家要作生活的主人,社会的主人,应该有"咱的江山,咱的社稷"这样的感觉。① 强烈的忧患意识使他笔下一幅幅晋东南农村生活图画呈现为动态,处于文学主潮地位,具有全局意义。《三里湾》在合作化时期写合作化问题,《锻炼锻炼》在1958年写1958年。有人就《锻炼锻炼》当面询问赵树理,为什么要在大跃进中揭示这些农村的落后现象?赵树理反问道:"你长期生活在农村,见过'小腿疼'和'吃不饱'没有?故事写的事情,农村有过没有?……如果知而不言,避而不写,那就是对党不忠,对人民不负责任。"② 在社会思想上,赵树理是务实派。他1950年发表谈话,把家乡"去年一年买了七头骡子,还有三家修房子的"当作主要事例,说:"土地改革以后我的故乡,再不是我从前非常熟悉的那个穷相了。"③《三里湾》描写村干部王金生笔记本上写的是"合伙搞建设"。赵树理曾说过:"农村的人物如果落实点,给他加上共产主义思想,总觉得不合适……《三里湾》的支书,也很少写他共产主义的理论……一个队真正有一个人去搞社会主义就很了不起

① 《作家要在生活中作主人》,《赵树理文集》第4集,第1924页。

② 见戴光中《赵树理传》,第315页。

③ 《赵树理谈土改后的故乡》,《赵树理文集》第4卷,第1879页。

了。所以,我的作品有时反映不充分,脚步慢一些。自己没看透,就想慢一点写。"① 赵树理实际上是以作家方式参与了关于什么是社会主义的长期论争。

1958年底,赵树理回家乡考察"大跃进",犹如冷水泼头,陡然清醒,他深深感受到狂热病一样蔓延着的"瞎指挥"、"浮夸风"、"共产风"等五风的危害。1959年初在县委会上,他指出必须刹住"五风",否则,秋后征购时,老百姓就该闹饥荒了。他决定上书中央,8月20日,他写下洋洋万言的《公社应该如何领导农业生产之我见》,寄给《红旗》杂志,把自己在农村实地考察后所产生的焦虑、苦恼,以及创作上的困惑和盘托出,表现了彭德怀般的面折廷争、为民请命的精神,也遭到了与彭德怀联系在一起的批判。不论是"万言书"还是为此遭到批判以后的创作,都表现了赵树理敢于针砭时弊、顶风而上的真理精神和作家的良心。

赵树理1960年创作的《套不住的手》,1961年创作的《实干家潘永福》,以及最后一部因文化大革命发起而未完成的作品《焦裕禄》(上党梆子 1965),先前的明快、幽默褪得净尽,代之而来的是沉郁、冷凝。先进与落后斗争的模式也踪迹皆无,作品面对的矛盾是短缺、匮乏。"吃不饱"不再是喜剧,而上升为悲剧。作品冷凝的现实感的底蕴是农民"翻身"的挫折。而三部作品的主人公是三个务实派,表现了在挫折面前对于务实派的赞扬、呼唤,在极为平常的现实题材里体现全局性主题,在平凡的写实中蕴藏方向性的意义。

与此同时,欧阳山在《乡下奇人》(1960)里,也塑造了"务实派"主人公赵奇形象,对"浮夸风"和命令主义给予了尖锐的批判。

---

① 《在大连"农村题材短篇小说创作座谈会"上的发言》,《赵树理文集》第4卷,第1718~1719页。

经历了狂热的“大跃进”破坏之后，国家进入“调整”时期，邵荃麟1962年在大连“农村题材短篇小说创作座谈会”上讲道：“这次要给以翻案，为什么称赞老赵？因为他写出了长期性、艰苦性，这个同志是不会刮五风的。在别人头脑发热时，他很苦闷，我们还批评了他。现在看来他是看得更深刻一些，这是现实主义的胜利。”“我们的社会常常忽略独立思考，而老赵，认识力，理解力，独立思考，我们是赶不上的。五九年他就看得深刻。”[①] 赵树理在会上就农村形势作了长篇发言。谈到“浮夸风”，他说：“干部好，顶风也是自然的。如果他是勤勤恳恳建设社会主义，他总是要顶的。软顶硬顶，能顶多少顶多少。”表现出鲜明的独立性和积极干预的勇气，被誉为中国文坛在“文革”前夜最凄美的“天鹅绝唱”[②]。与会的李准（1928～　）时隔20多年后还忍不住地为之喝彩：“赵树理了不起，大胆反思，敢于说心里话。精彩极了。没人能赶上他，他走在知识分子的前头。”[③] “文化大革命”把赵树理打成“修正主义文艺路线的‘标兵’”，残害致死。这是极左路线对于中国作家的残害与“报复”。

以赵树理为代表的在十七年各种条件下以不同方式坚持履行文学责任的作家体现着中国当代文学“悲惨”中的“光荣”。

这种“光荣”在1976年清明节的天安门诗歌运动中得到了悲壮的勃发，绚丽的升华。天安门诗歌运动是一场人民的文学运动，是“四五运动”的重要构成。它是文学的自由精神、战斗使命的充分表现。它为粉碎“旧时代”做了极为有力的思想准备，为“新时代”吹起了嘹亮的号角。

---

① 陈徒手：《1959冬天的赵树理》，《读书》1998年第4期。

② 陈徒手：《1959冬天的赵树理》，《读书》1998年第4期。

③ 陈徒手：《1959冬天的赵树理》，《读书》1998年第4期。

第三章 哀而不伤

——伤痕文学

“浩劫”过后，能够创造“伤痕”文学的民族是有根基的民族，富于生命力的民族，有远景的民族。

1976年10月，“四人帮”被一举粉碎，“文化大革命”宣告结束，中国文学从法西斯文化专制下解放出来，现实主义获得新生，结出了“伤痕文学”这一丰硕成果。

“伤痕文学”摆脱了“四人帮”推行的法西斯文化专制桎梏，也突破了“两结合”创作方法的束缚，以磅礴的气势揭露了“文革”10年的黑暗现实，描写了社会主义社会里发生的悲剧，实现了“写真实”的现实主义原则，体现出“暴露文学”的特质。

“伤痕文学”首先揭露了“文化大革命”的法西斯专制主义现实。

卢新华(1954～　)的短篇小说《伤痕》(1978)以女儿王晓华为叙述中心，描写“革命多年的妈妈”在1969年里被定成“叛徒”，女儿以与“叛徒妈妈”决裂的革命精神，狂热地投身于上山下乡运动。她拒收妈妈寄来的衣服、食品，甚至信件——她不认识妈妈了。1978年春节，她应恢复了名誉和工作的妈妈的召唤，乘长途火车赶回来探望多病在身的妈妈。她已从狂热中清醒,从迷误中走出。然而,待她急切地回到家,家已经搬了;找到新居,得知母亲昨天住进了医院;火火赶到医院,不料妈妈早上刚刚去世。母女二人到底未来得及互为对方抚平“心上的伤痕”。《伤痕》直面人生、社会,揭露“文革”对老干部的迫害,造成人妖颠倒的现实。《伤痕》不啻对于“文革”的控诉状。作者的创作动机就是“喊出人民心声”①。

《伤痕》也表现出了这一文学思潮的“老干部色彩”:往往谁革命越早,谁的资格越老,谁就越优越,谁就越正确。老干部在这里天经地义地复出,没有任何内省,尚无任何反思。

陈国凯(1938~　)的短篇小说《我应该怎么办》(1979)以女主人公子君的自述形式,描写她先后的两个丈夫李丽文、刘亦民都是怀有强烈正义感的人,在“四人帮”横行的年代先后被打成“反革命分子”,于是,她两次成为“反革命家属”。主人公祸不单行,正是豺狼当道年代全体中国人民命运的写照。小说三个主人公都是普通人。贯穿小说的妻离子散,家破人亡,是“文革”年代普通中国人的遭遇。读来催人泪下。

“伤痕文学”所揭露的“文化大革命”的法西斯专制,体现为所谓“党内斗争”的形式,表现出十足的“夺权斗争”的实质。

莫应丰(1938~1989)的《将军吟》(1980)以具有独特经历的兵团司令员彭其为主人公,反映了“文化大革命”内乱的过程。读者可以深入到各种人物的心灵深处,甚至涉足高层政治生活,窥视操纵这场“内战”的少数阴谋家的隐秘,控诉了林彪、“四人帮”极左路线的罪恶。表现了作家极大的勇气。作家是1976年清明之前最黑暗的时刻“冒死”写作《将军吟》的。他当时曾说:“我要把人民对‘文化大革

① 卢新华:《谈谈我的习作—〈伤痕〉》,《文汇报》1978年10月14日。

命'的判词喊出来。你说喊了就得死,我说,死也要喊。与其窝窝囊囊地活着,不如大喊一声,暴烈地死去。"体现了中国人民同"四人帮"浴血奋战的精神。

王亚平(1956～　)的短篇小说《神圣的使命》(1978)中的老公安人员王公伯在1975年秋对"白舜案件"的复审过程,就是对一个夺权斗争黑幕的暴露过程。现任的省革委会徐副主任、省公安局裴副局长,当初为了从原省委书记陆青手里夺过权力,阴谋制造了在陆青的点心里下砒霜毒死秘书的血案。走漏了一点风声,为了灭口,亲自下砒霜的凶手杨大榕又制造了邻居白舜企图强奸他16岁的女儿杨琼的冤案。杨大榕"革命"成功,当上了省革委一个部门的副处长。斗争极其残酷,充满了血腥。

周克芹(1936～1990)的农村"伤痕"长篇小说《许茂和他的女儿们》(1979)的主要矛盾也是"夺权斗争"。地处四川沱江流域的偏僻山村葫芦坝的党支部书记金东水一心带领农民改变山村落后面貌,可是,"那一场又一场的政治大风暴从城市到农村,连小小的葫芦坝也未能幸免。"① 金东水在"批林批孔"运动中被赶下台,并陷于家破妻亡的困境。小说以1975年冬执行"整顿"方针的县委工作组进驻农村为情节开端,摆在工作组组长颜少春面前的葫芦坝真的成了一个"葫芦"。颜组长主持的对葫芦坝的"整顿"过程,竟像《神圣的使命》中王公伯对案件的侦察过程。获取了葫芦坝实权的许家四女婿郑百如对大女婿金东水实行的夺权斗争不择手段,可谓"有你没我"。

竹林(女,1949～　)的《生活的路》(1979)是较早地反映"文革"时期农村的衰败景象和下乡知识青年悲剧的作品。小说真实地反映了极左政策下农村阶级斗争盛行,以政治运动指挥农业生产,使农民

① 周克芹:《许茂和他的女儿们》,百花文艺出版社1980年版,第147～148页。

不能在土地上安身立命。就是善良、美丽的插队知青谭娟娟也遭农村干部奸污而被迫投河自尽。《生活的路》不啻对于极左路线的控诉状。

叶辛(1949～　)的知青伤痕长篇小说《蹉跎岁月》(1980)中的知青生活也是在"文革"的大背景下。小说中的一位公安干部给知青谈的一席话道破了此中的奥秘："小柯遭害的事，玉蓉和大山都给我们讲过，我们也很气愤。但这几年，事情复杂啊。你们可能也知道，中央、省里、大地方有斗争……"① 在此背景下，造反夺权人物暗流大队书记左定法，县专政队的白麻皮，县知青办、招生办主任黄金秀利用非法武装，大打出手，置对方于死地。

"伤痕文学"揭露的以"党内斗争"形式而进行的"夺权斗争"是阶级斗争理论的极端化，"继续革命"理论的恶果。它将 50 年代初期"建国文学"所反映的"治世"气象破坏殆尽，致使充斥于波诡云谲的上半世纪无休无止的集团斗争历史可悲地重演。这是一副"乱世"景象。《许茂和他的女儿们》将其描写为"乱世年头"②，"中国社会处于二十世纪七十年代的动乱的时刻"③。

"伤痕文学"反映的所谓"党内斗争"的实质，是主"斗争"、重"破坏"与主"调解"、重"建设"的两种治国方略，两种社会思想的斗争，"文革派"与"务实派"的斗争。

《神圣的使命》里"造反派"矛头所对准的省委书记陆青是三年自然灾害时期调任来的，只六七年时间，就使这个穷省变成了全国兴旺发达的省份之一。而以省革委会徐副主任为首的"造反派"则处心积虑地制造假案、血案，把好干部统统置于死地。

---

① 叶　辛：《蹉跎岁月》，中国青年出版社，第 422 页。

② 周克芹：《许茂和他的女儿们》，百花文艺出版社 1980 年版，第 18 页。

③ 周克芹：《许茂和他的女儿们》，百花文艺出版社 1980 年版，第 27 页。

《许茂和他的女儿们》中的金东水在作品里成了农村建设事业的象征：积肥，整地，扩大提水站，新建水电站，改河造田两百亩。“老金倒台了，计划也搁浅了。”而在台下的两年里，他心里装着的还是“未来建设的蓝图”。颜组长贯彻“整顿”方针，安排金东水“复出”，村子出现的新气象就是实施这项建设工程。“造反派”则是“拉帮结派，形成各自的势力圈，热衷于派性斗争，争夺权力，根本不把生产建设放在心上。”金东水和郑百如之间，是“建设”与“破坏”之争。金东水把上述两种思想分别比喻为“补药”和“泻药”。他说：“葫芦坝如今是吃得补药，吃不得泻药了。”

《蹉跎岁月》中的邵大山一心带领农民致富，讲究实事求是，不搞“唯成分论”，与家庭出身不好的知青柯碧舟，在努力建设山乡上坚定地走到了一起。而造反起家的左定法则一味地搞“血统论”，醉心于“路线斗争”，不准种果园，不准养鱼，而不管整个村子穷下去。“伤痕文学”揭露的“文化大革命”的重“破坏”、非“建设”思想，彻底地背离了 50 年代初期正在建设中的“稳健的社会主义”，也就彻底地背离了注重“民以食为天”的中国传统文化——特别是其主体儒家思想。它造成的结果是长期、普遍性的贫穷，断送了梁漱溟所称道的建国初年呈现的“上坡路”日子，可悲地重现了“下坡路”[①] 日子。《许茂和他的女儿们》中，当金东水在 1975 年冬天的集市上，不忍目睹半年没吃过肉的小女儿哭叫，脱下身上的旧毛衣，准备卖出给孩子买两斤猪肉的钱时，作品写道：

> 葫芦坝的前任支部书记、复员军人金东水，肩膀上露出棉花，站在一群衣着破旧的庄稼人当中，守着面前的衣物，等待着

---

① 梁漱溟：《中国建国之路》，《梁漱溟全集》第 3 卷，山东人民出版社，第 321 页。

那些同样的、也不富裕的阶级兄弟,用友谊的手拿出少许几个钱来,以援助他们,度过眼前的窘境和暂时的困难。此情此景,真有些叫人心酸!七十年代的连云场啊,同四十年代的面目有多么的相似!金东水清清楚楚地记得,他像长生娃这么大的时候,他和他的爹——长生娃的爷爷——也是站在这儿卖掉了家中惟一的一床棉絮。历史的惊人的重复,实在引人深思。

韩少功(1953～　)的短篇小说《月兰》(1979)呈现的不是《许茂和他的女儿们》那样的农村凋零百景,而是一幅农村小景。“优秀社员”月兰曾经一气拿出十几个鸡蛋、两斤甜酒将养生产队乏了力的耕牛,“如今”却总是伺机将她家的四只黄鸡婆放进生产队草籽田里觅食。月兰和许茂老汉一样,都丢弃了原有的“公而忘私”美德,而变得“自私”起来。这是多年极“左”的农村政治、经济政策给农民的心灵创下的“伤痕”。四只黄鸡婆不仅是月兰家的“油盐罐子”,还是海伢子上学的依靠。“……我不是想损害集体,我是没法子呀!没法子呀!人都吃不饱,我拿什么喂鸡?没法子呀!……”——月兰近似于“人穷志短”的辩白,无意却有力地诠释了先哲圣贤的遗训:“仓廪实而知礼节”①。月兰视为命根子的四只黄鸡婆被张工作队员用农药毒死。工作队为了以此教育农民,命令月兰写检讨四处张贴。这招致丈夫动怒,婆婆生厌,儿子有怨。月兰投水自尽是穷极无告的结果,是“人穷志不穷”的表现。而死前对于亲人所做的精心照料,是她“好妹子”品格的再次显现。月兰干净利落地向世人表明自己是多么愿意终生做一个“知礼节”的“堂客”。这又加深了丈夫、海伢子,甚至还有张工作队员心上的“伤痕”。

张工作队员在月兰尸体旁痛心疾首的自责,以及他的自言自

① 《管子·牧民》。

语——“这是怎么回事啊！你热爱社会主义，我们工作队员也热爱社会主义。我绝不相信那逼得你走上绝路的是你我都热爱的社会主义。可我怎么会成为杀害你的工具之一？到底是谁吃掉了你？这是怎么回事啊？”① ——甚至写农民“原生态”的《月兰》全篇都是为“社会主义”正名。小说中月兰家庭即景——矮小的房子，砖土结构的家具，菜色面相的人，凄凉的氛围——是极“左”年代中国农民生活的缩影。小说中务实派生产队长六叔说：“反正没吃没穿不是搞社会主义！”② 所有对“穷过渡社会主义”的严正拷问，都是对富裕的社会主义的强烈呼唤。

刘心武(1942～)的短篇小说《班主任》(1977)揭露了“文化大革命”中的法西斯文化专制主义对于民族灵魂的戕害，对于祖国未来的戕害。

小说中的“小流氓”宋宝琦是一个被法西斯文化的污水泼得灵魂变了形的“畸形儿”。作为“读书无用论”的牺牲品，他这样的“坏孩子”精神上的“伤痕”较为显见。

而团支部书记谢惠敏在《牛虻》这里竟然与宋宝琦走到了一起。虽然她以前都没听说过这本书，只见里头有外国男女谈恋爱的插图，就断定是黄书：“唉呀！真黄！明天得狠批这本黄书！”在她的心目中，早已形成一个铁的逻辑：确信一切用铅字新排印出来的印刷物，凡不是当时书店出售的、图书馆外借的书，全是黑书、黄书。她组织团支部活动总是念报纸，将“爬山”之类的活动排斥在外。她视穿短袖衬衫为“沾染了资产阶级作风”。她的精神和她浑身的关节一样“僵硬”。她是法西斯文化专制主义造就的“弱智儿”。

---

① 韩少功：《月兰》，《人民文学》1979年第4期。

② 韩少功：《月兰》，《人民文学》1979年第4期。

同为精神上的“伤残儿”，谢惠敏受到的伤害更深，更具“内伤”特点，更为可怜可悲。

《班主任》是“伤痕文学”的开山之作。作为“新时期”第一篇“问题小说”，《班主任》首先暴露“文化大革命”给国家、民族造成的“创伤”，向“四人帮”发难，发扬了“建国文学”在1956年间所体现的那种忧患意识、干预精神，表现了作家的“赤子”情怀。

《班主任》首先将“文化大革命”中“四人帮”所推行的文化专制主义界定为“法西斯文化专制”——它拒绝接受一切人类文化成果，是十足的“文化虚无主义”，具有“反文化”性质。它将“无产阶级文化”推上极端，是对于“无产阶级文化”的歪曲。

劫波度尽是顿悟。“谢惠敏现象”不是仅仅存在于“文革”10年。这种“品行端方”、“本质纯正”、无知无识、思维僵化的“弱智儿”，也是教条主义的标本，是自1957年以来，社会生活中普遍存在的精神现象。谢惠敏形象的塑造，是在一个更大的时间跨度里，对某种道德标准、价值体系的大彻大悟。《班主任》首先启示我们洗涤身上的“谢味儿”。它标志着教条主义精神大厦的倒坍。具有更为深刻的思想解放意义。而《班主任》发表在中国共产党十一届三中全会之前，那时不仅批判“文革”前的左倾路线尚属禁区，就连“文革”也尚未加触动。《班主任》率先突破禁区，与后来的十一届三中全会思想解放精神相契合。

冯骥才(1942～)的中篇小说《啊!》(1979)将“伤痕”径直地追溯到1957年。

某历史研究所研究员吴仲义在辩论会上多想鸣放几句。他急急巴巴地从座位站起来，口中的话眼看要变做声音时，一个同学按住他，迫不及待地陈述了自己关于领导在业务上存在着“内行，外行，半内行”三个类型的见解，成了替死鬼。吴仲义幸免于被1957年的历史重锤击碎，精神却被吓得变了形。拘谨、怕事，成了“套中人”，却孤芳自赏。因为他顺从生活的逻辑而形成的生活哲学，确保了他平安无事。然而，“文化大革命”红色恐怖疯狂般卷来，这个20年前被吓破了胆的人，神经自行战栗。这位研究历史的人当然地要联系历史。他感到：“五十年代飞去的祸事，好似澳洲土著人扔出的打水鸟用的‘飞去来器’，转了大大的十多年的一圈，如今又闪闪夺目地朝他的面门飞回来了。”① 一封向兄嫂澄清早年“过激”言论、向党和社会主义表示尽忠的家信丢失，他魂飞魄散，从整个内脏里发出一声惊叫：“哎哟！”他开始疑神疑鬼，仿佛单位的每件事都与信有关。加上贾大真、赵昌之类“运动”专家、“骑墙”高手的挤压，吴仲义精神终于崩溃。怕落网竟然怕到自投罗网的程度，投案自首，主动交待自己在一次朋友间的聚会上的“右倾”言论。断送了自身的清白历史，招来横祸，还殃及了早已落难的兄嫂和昔日的朋友。待到“落实”政策后，获释回家，发现那封让他和亲人吃尽苦头的信竟然是当初粘到了自己脸盆底上。他发出“啊！”一声惊叫。信的失而复得，加强了主人公带着“伤痕”的精神自行崩溃的特点——这与契诃夫笔下的小公务员之死一样，都是“白色恐怖”给人们精神造成的“创伤”。

《月兰》的“时跨”虽无外在标记，但是小说揭露的菜色面相，农民的“伤痕”，极“左”政策，时间跨度也超越了“文革”10年，而涵盖着“四清”运动，反右倾运动，“公社化”运动。

“伤痕文学”的众多作品，不约而同地表现出对于50年代初期中国社会生活的怀念。50年代的“建国”精神、“治世”气象，成为人们的“精神家园”，在不幸岁月给人们以有力支持。

---

① 冯骥才：《啊！》，《收获》1979年第6期。

《班主任》中不论是张俊石老师,还是给充满青春思想的石红以良好家庭影响的父母,都是50年代培养出来的。他们接受50年代文学的熏陶,汲取一切人类文学营养,具有较为健全的文化观念。

许茂老汉在性格被扭曲时不断地怀念50年代,慨叹那“真正值得纪念的金色的日月却是那样短暂”。他记忆犹新的是:“那时候,他个人的生活与时代的潮流是多么的和谐,共产党的政策,样样合他的心意,在葫芦坝这个小小的社会上,人心思上,他是拚着命在往前赶,同人们一道建设幸福的家园。”四姑娘秀云也记忆着那“建设幸福家园”的时代,欢乐的“少女时代”。因而,当她青春被践踏,个人遭遗弃后,记忆中的“家园”支持着她,不自暴自弃,执著、坚忍地重建家园:

> 在这连云场的街头,她手臂上挽着个布包,牵着小长秀,一旁走着长生娃,身后跟着老金。这个情景,可以说是一份宣言书,在向全世界宣告:一个新的家庭组织起来了!从此以后,葫芦坝上这几个被生活遗弃了的人,又有了归宿;一场重建家园的艰辛而又甜蜜的事业就从今天开始!

宗璞的短篇小说《弦上的梦》(1978)中的音乐家主人公在群魔乱舞年代里强烈地怀念:“在社会主义祖国的怀抱里!那五十年代的日子,是多么晴朗,多么丰富呵。”她梦见大提琴终于发出了辉煌胜利的乐音。她坚信“人的梦,一定会实现;妖的梦,一定会破灭。这是历史的必然”①。

“伤痕文学”处处体现着一种极为健全的文学思维。对社会、人民、执政党,直至有过失的领袖的描写和评价,体现出多重的思维方法,而不是走向极端。

---

① 宗璞:《弦上的梦》,《人民文学》1978年第12期。

爱伦堡1954年发表《解冻》(第一部),标志着苏联以批判官僚主义和极端个人迷信,宣扬人道主义为宗旨的“解冻文学”思潮的诞生。小说中三排工棚在暴风雨中倒塌,是以厂长茹拉甫辽夫为代表的官僚主义体系解体,人们从教条主义的“严冬”里解放出来的象征——“你看,到解冻时节了”①。

萧洛霍夫的《一个人的遭遇》(1956)以“眼泪”结束全篇,发出了“要关心人”的呼吁。

而“解冻文学”——尤其是它的后期,体现出极端倾向,是单一思维的结果。

特瓦尔多夫斯基的长诗《焦尔金游地府》(1963)用焦尔金在作家虚构的“死人的王国”里骇人的见闻和难言的遭遇影射斯大林时期。把那个时期的苏联社会写成人间地狱。

中国的“伤痕文学”启示人们的理性,把“神”还原为“人”。苏联的“解冻文学”则把“神”写成“鬼”。叶甫图申科的诗歌《斯大林的继承者们》把斯大林写成只知“中伤”,“监禁无辜者”,“忘记人民福利”的罪人。爱伦堡的回忆录《人·岁月·生活》咒骂斯大林“像人一样聪明,像野兽一样阴险”,指责他不仅“危害”苏联,而且“危害了”整个人类的进步。

“伤痕文学”将“虚无”写为清醒前的迷途,亦即“伤痕”,如刘心武的《醒来吧,弟弟》。“解冻文学”将其写成觉醒的表现,如叶甫图申科的《“虚无主义者”》。

“伤痕文学”揭露“文化大革命”及其法西斯专制的同时,就描写正义力量在其中的斗争。前者是处境,是命运,后者是人,是人民。从而构成了人对命运的抗争,在“浩劫”中求得民族的生存。“伤痕文

① (苏)爱伦堡:《解冻》,北京师范大学出版社,1982年版,第169页。

学”到处都有理性的声音,发达的意识,表现了中华民族在灾难中也是良知未泯,人心不死。

《我应该怎么办》中子君的第二个丈夫亦民称赞她的第一个丈夫是个“有骨气的人”。而亦民同样勇于为正义事业献身。子君的两个丈夫都是“有骨气的人”。正因如此,他俩才先后赢得了她的爱。

《神圣的使命》中不独王公伯怀有神圣的使命感,蒙冤遭摧残的白舜也“坚持了真理和正义,始终没有向邪恶势力屈服”——这又和妻子林芳的“血书”支持分不开。还有正直的青年教师吴正光,觉悟了的杨琼……全篇表现了“真理和正义的声音是消灭不了的!”①

陈世旭(1948～)的短篇小说《小镇上的将军》(1979)中遭“发配”的将军的满腔热血,以悼念周总理为契机,与边山小镇市民心中蕴藏的暖流融合到一起,汇成一股不可阻挡的洪流,表明浩然正气深深地植根于人民之中。

《许茂和他的女儿们》中的四姑娘秀云,在“伤痕”中成熟。她不像三姐那样锋芒毕露,而是温柔得近乎软弱。但是,是她继承了固执的许茂老汉的气质。一旦识破了郑百如是披着人皮的豺狼,她虽走投无路,却表现得难以置信般的刚强。她看到了她的遭遇不属于一般的婚姻家庭问题,而与重大的社会斗争息息相关。她与大姐夫金东水不约而同地关心着全局,关心着全局的转机,也不约而同地坚信会出现转机。她深沉,顽强,“守柔曰强”②。她对患难与共的金东水萌生了爱情,并且勇于执著地生死以求,表现了中国妇女的坚贞不屈精神和强大的生命力。许秀云、金东水、金顺玉、吴昌全、许琴、龙庆……构成了冰雪覆盖下的热流。

① 王亚平:《神圣的使命》,《人民文学》1978年第9期。

② 老子:《道德经》。

《蹉跎岁月》中的柯碧舟承担的家庭历史负担最重,"伤痕"最深,然而在作品所描写的所有"知青"中,他的人生最为坚实,最有前景。邵大山父女救下了他的生命,也给了他生命的启示。他热爱山乡,致力于建设山乡,并将个人的命运自觉地同人民、国家联系在一起。他和邵玉蓉在精神上结合了。他无权选择父亲,却执著地选择人生道路。这是从"伤痕"中走出来的作家的道路。在众多"知青"主人公的各式选择中,柯碧舟的属于高意识选择。杜见春纯洁,率直,有正义感。但是她受了"血统论"的影响,有干部子女的盲目优越感,与柯碧舟失之交臂。荒诞的岁月,使她一夜之间由"红五类"变成"黑五类"子女,让她游历了一场"地狱",体尝滴着血的创伤。她经受"伤痕"的同时,也就开始了柯碧舟式的人生。而当繁华、舒适、优越又都一齐向她发出诱惑时,她自然而然地喊出:"我不要!"她不将这些当作"本次列车的终点",义无返顾地登上了柯碧舟早已选定的返回曾经给他们以人生苦难和意义的大西南的长途列车。柯碧舟和杜见春,验证了一位老医生给作者的启示:"一个人和另一个人的关系,总是从他们最早的那一次相识就开始了。"① 小说以他俩开头,以他俩结尾。两人之间的爱情贯穿全篇。这是超越"伤痕"的爱情。"蹉跎岁月"是超越"伤痕"的岁月,《蹉跎岁月》全篇都在超越"伤痕"。

世界其他类似的文学思潮,没有中国"伤痕文学"这样的多重性。

第一次世界大战后,美国出现了"迷惘的一代"文学思潮,描写战争造成的青年的死亡,和从肉体到精神上的创伤。从小说主人公到作家,几乎都是响应美国威尔逊政府鼓吹的"拯救世界民主"口号,怀着满腔的"爱国"热情志愿奔赴战场,投入"消灭一切战争的战争"。海明威未满 19 岁时志愿赴欧参战,为救护队开车,在意大利前线受

① 叶辛:《在创作的道路上》,《山花》1981 年第 2 期。

了重伤,仅从左腿里就取出弹片237块。正如美国女作家斯坦指着海明威等人所说的那样:“你们就是这样的人。你们全是这样的人,你们所有在战争中当过兵的人。你们是迷惘的一代……”

第二次世界大战后,日本出现了“战后派文学”,描写战争给人肉体和心灵造成的创伤,探讨处于生死边缘上的存在价值。江马修的长篇小说《冰河》中的佃户阿胤,把两个儿子送上了战场,自己还每天打着小太阳旗,到很远的火车站送军人出征,被人们誉为大名鼎鼎的“太阳婆婆”。“模范妇女”敏子,亲手把弟弟三郎送上战场,自己担任妇女会会长,整天热衷于宣传出征军人的光荣,号召妇女在后方艰苦度日,支持前方打仗。她28岁没有结婚,对那些为生活所迫而不守贞节的妇女主张严惩。日军在前线节节败退,“恐怕出征军人全要归不来啦!”太阳婆婆疯了。敏子姑娘的弟弟病死在中国大陆,她自己恋上一个有妇之夫,结果怀了身孕,万分羞愧而投海自杀。

“战后派”和“迷惘的一代”所描写的“创伤”,都是在主人公由于愚昧或天真,为着一个“至高无上”的观念而献身的过程中造成,在狂热中造成,具有“自伤”的特征。他们——“创伤”主人公们,参与了制造更大的“创伤”的过程,带有“不义”的性质。过程结束,他们曾经为其献身的精神支柱崩溃,他们看到了自己的遍体鳞伤。他们在个人本位文化的框架内,主要探讨的是个人存在的价值,而非他人存在的价值。他们着眼于个人的“创伤”,而不是那个更大的“不义”。

“伤痕文学”就是描写监狱大墙之内的作品,其“伤痕”也具多重意义。从维熙的中篇小说《大墙下的红玉兰》(1979)作为“大墙文学”的代表作,打破了一个长期严加防范的禁区,揭露了“四人帮”横行时期社会主义的监狱竟成了关押正义之士、滥杀无辜的法西斯屠场的可悲现实。与有些作品——如《神圣的使命》、《许茂和他的女儿们》——选取了1975年秋由治理整顿政策出现的“转机”一样,《大墙下的红玉兰》——还有《我应该怎么办》、《小镇上的将军》等——选取了1976年丙辰清明前夕以悼念周总理为焦点的黎明前的决战。小说将这场关系到民族命运的大决战化为大墙之内的浴血搏斗，预示人民同"四人帮"决胜时刻已经到来，体现了中国人民的浩然正气。

索尔仁尼琴的《伊凡·杰尼索维奇的一天》(1962)，作为"解冻文学"、"大墙"题材的代表作，以主人公从早晨起床到晚上熄灯一天的经历为线索，描写劳改营的阴森可怖，管理人员的专横凶残。而所有的犯人则一律被写成无辜的受害者，表现出单一思维的倾向。

从维熙是在"大墙"内参与，索尔仁尼琴是在外面窥视。

中国的"伤痕文学"揭示"伤痕"的同时就提出治愈"伤痕"，洋溢着胜利者的自豪感，解放后的春天气息，以及百废待兴面前对于未来的信心，表现了植根于民族之中的"多难兴邦"① 的精神哲学。如刘心武谈《班主任》创作时所说："要把'四人帮'毒害下一代的社会现象反映出来，要引起人们的高度注意，要提出解决问题的根本途径，并同大家一起满怀信心地展望未来。"②

老鬼(1947～　)创作于"伤痕文学"高潮的自传体小说《血色黄昏》思绪如麻。这里有对于自己"文革"初期红卫兵狂热行为的记述：他曾与红卫兵战友一起造了妈妈——《青春之歌》作者杨沫的反，抄了她家，抢了她钱，刷了她的大标语，然后越境，想去抗美援越，事败后结伴步行到内蒙古锡林郭勒草原插队；有对于他出自阶级斗争的狂热，也出自自身在"文化大革命"初期养成的野蛮的习性、"拳头主义"而毒打仅仅养着18只羊的"牧主"贡哥勒的记述……这是卢梭《忏悔录》式的记述，将自己所有的劣迹，包括隐私都毫无保留地公诸

① 见《左传·昭公四年》；唐·陆贽：《论叙迁幸之由状》。

② 刘心武：《生活的创造者说：走这条路！》，《文学评论》1978年第5期。

于世。随着8年草原兵团生活，特别是全局意义上的“文化大革命”趋于失败，主人公清洗了自己的“拳头主义”，自己的鬼气和匪气，从“狂热”中醒悟过来——“我们被愚弄得像狗一样狂吠阶级斗争，乱咬人。”① 直到最后告别锡林郭勒草原，主人公还在为当初“用打击妈妈来表现自己革命”而忏悔，向摘了“帽子”却因自传主人公的拳头而加速死亡了的贡哥勒忏悔，为在这里“干过不少坏事，荒唐事，傻事”，而向锡林郭勒草原深深地道歉。像卢梭崇尚男女之间感情的纯洁，留恋于生活在女人身边的某种情趣一样，这里也抒写了自传主人公对女友的痴情的爱。他对她并无其他希求，“只要能握握她的手，再得到她一个微笑就够了，就足以使我在三间房的雨天中快乐一上午了！”

与《忏悔录》一样，《血色黄昏》的主调也是悲愤。作品毫无保留地揭露了主人公所在的兵团生活的阴森可怖、肮脏透顶的黑色内幕。主人公因给自己的班长提过意见，便被抓住他私下里非议林彪、江青而打成“现行反革命”，关进牢房，经历了肉体和精神上的种种折磨；知青被高压手段分化瓦解，有的莫逆之交变节卖友，有的自残、堕落，自尊沦丧，灵魂变形，有的为取宠返城而出卖肉体。更为悲惨的是，有60多名知青葬身于火海。而8年开荒的结果，是只能带来水土流失，造成对草原亘古未有的大破坏。《血色黄昏》是一部真实地反映上山下乡、十年“浩劫”给知识青年造成严重创伤的作品。它赤裸裸地揭露了在广大知识青年的赤诚与建设祖国边疆的事业之间存在着一个“二十二条军规”那样无法逾越的兵团各级军官的中间环节以及体现在这中间环节的铁的“阶级斗争”逻辑。而他们下自班长、上至政委，为争夺权力互相角逐、倾轧；为了满足自己的贪欲，公然成卡车

① 《血色黄昏》，第605页。

地往自家拉公物，甚至当初抄来的“牧主”家的东西也被他们瓜分净尽；为了满足自己的情欲，他们利用手中的权力，一个个地奸污女知青……《血色黄昏》揭露这些血淋淋的罪恶时，将声讨之笔直指“第一夫人”江青。

《血色黄昏》支撑这些如麻的思绪的是自传主人公的灵魂，一颗不屈的灵魂。它虽然尚且缺少静思，不时表露“革干”子弟意识，“激扬”有余，“深情”不足，但是，这颗灵魂始终强烈地追求着真、善、美。正是这位主人公和广大知青的赤诚的灵魂，构成了《血色黄昏》的浩然之气、阳刚之美。正如书名所示：那一望无际的草原地平线上血红的夕阳，“像一块青年的热血心肝，挂在寒冷的天边。”

美国的“迷惘的一代”和日本的“战后派文学”，无从表现自豪感，解放感，信心也无从而来。“迷惘的一代”主调是失落，是颗粒无收的秋后景象。主人公们不满现实，对贪婪、纵欲的美国社会风气极为厌恶，对美国精神文化的肤浅深感震惊。他们对此感到无能为力，于是以颓废和逃避消极处之。“战后派”反映的是日本战后混乱的社会，颓废的世态，色彩较为阴暗，主调是面对废墟的空虚感。

“哀而不伤”① 是中国“伤痕文学”特有的悲剧美学意蕴。它的哲学依据是“中庸”。讲求中和、中节，故“忧虽深而不害于和”②。张洁（女，1937～　）的诗意小说《从森林里来的孩子》(1978)，以音乐为题材，堪称“伤痕文学”的美学宣言。“同时代人里最有才华的一个”音乐家梁老师，被打成十七年文艺“黑线人物”，发配到“遥远的森林”。他宁死也不回北京去“认罪，投降，出卖，陷害别人”。伐木工人保护他。他在伐木工人的儿子孙长宁身上发现了潜藏着的才能。在

① 《论语·八佾》。

② 朱熹：《论语集注》卷2。

生命的最后一息，他培养这种潜能，令其升华，使之终于领略艺术的精髓：走出肤浅，摆脱功利，力求表现人民的深厚感情和祖国磅礴的生命力。“四人帮”和疾病，即将夺走他的生命，他将长眠在白桦树下，“但他并不感到悲观和消沉”，因为他的精神会在这个森林里的孩子身上，“活泼地、充满生机地、顽强地、奋发不息地继续下去”[①]。小说浓重地抒发了对祖国未来的坚定信心。

“伤痕文学”实现了双重的解放：思想从不合实际的先验理论中解放出来，文学从“指令性”的创作方法中解放出来。它使文学恢复了尊严，是“新时期”文学的一个良好开端。

① 张洁：《从森林里来的孩子》，《北京文艺》1978年第7期。

第四章

痛定思痛

——反思文学

由于“伤痕文学”没有日本“战后文学”以及美国“迷惘的一代”那样的“自伤”性质，中国不需要那样一个对于不义战争的全民族的痛苦反省过程，“伤痕文学”所描写的民族的良知，战胜“邪恶”便超越“邪恶”，“浩劫”过后便开始实施被长时间摧折的“务实”的建设蓝图，动手整治被“洗劫”了的家园。因此，“伤痕文学”中的“伤痕”成分不久便淡出，“反思”成分上升为主要特质，并且逐渐发展成为一个蔚为大观的“反思文学”思潮。

“伤痕文学”意在暴露“文化大革命”给国家、人民造成的创伤，表现正义力量同“四人帮”所作的卓绝的斗争；“反思文学”则是“痛定思痛”，意在对我们的昨天、今天和明天，对摆在我们面前的社会、人生种种重大问题进行深入的思考。

对历史的反思

“反思文学”在对社会、人生问题进行思考的时候，将人生的复杂经历、多重感受融入社会历程之中，形成了一个对于建国后 30 年历史的“反思”。而在这一“反思”中，众多作品不约而同地将目光由“伤痕文学”的“文化大革命”上溯到 1957 年的反右斗争。

鲁彦周(1928~　)的中篇小说《天云山传奇》(1979)由身为现任的地委组织部副部长宋薇于1978年冬天,在贯彻执行实事求是、纠正冤假错案精神的过程中,通过对于罗群案件的重新审理,将自己的爱情、婚姻——作为一个四十多岁女人的人生,置于建国后的历史进程中给予回顾、思考,从而构成了对于这段历史的"反思"。

宋薇在天云山考察队朝气勃勃的生活期间,与年轻的新政委建立了令全身心震颤的爱情。这是发生在共和国"早年"的爱情。然而,这被朝霞染红了的爱情却被"黑夜"吞噬了。1957年罗群因贯彻正确的知识分子政策被打成"右派"。宋薇后来不明不白地嫁给了她原先很讨厌的考察队的原政委、后来成了天云山特区党委组织部长的吴遥。吴遥和罗群两个人的不同命运,就是从反右斗争开始的,前者一步步提升,直到现在所任的地委副书记;后者注定每次运动都要成为挨整的对象,现在戴着一大堆帽子。小说重新评判罗群和吴遥,并非在一般好人、坏人意义上,而是涉及到较大时间跨度的历史格局。历史反思的问题尖锐地摆在宋薇面前:

> 这十年主要危害是"四人帮",那么再往前推,是不是就没有问题呢?反对了"四人帮",固然是英雄。在"四人帮"出现以前,反对了不良倾向,算不算是英雄呢?再具体一点吧,他反对的不仅是一般不良倾向,而且涉及到当时错误的路线、方针、政策,你敢不敢在政治上肯定他呢?①

宋薇是自1957年开始的极"左"错误路线的殉葬品。1957年吴遥代表特区党委跟她谈话,要她表态。她表示"一定站在党的立场上",跟罗群"一刀两断"。她就这样地埋葬了自己的青春和爱情。随

① 鲁彦周:《天云山传奇》。

后,市委书记对她谈起和吴遥结婚的事情,她依据“组织上对他的评价”,莫名其妙地跟自己曾经讨厌的吴遥结了婚,过上了吴遥所代表的“严寒的生活”。

勇于“反思”的宋薇在“实践是检验真理的惟一标准”大讨论的思想解放运动中,精神萌动。她敢于打开吴遥锁得严严的抽屉,找出“卷宗”重新审理,意味着敢于重新审视这几十年的“历史”。她的“历史反思”总是与“人生反思”密不可分。她不把自己的行为简单地推之于“历史环境”。她认为自己对罗群的态度不只是“感情上的不坚定的问题”,这里存在着一个“世界观”上的问题。吴遥狠狠的一巴掌,对于宋薇说来,“把我打懵了,同时也把我打醒了。”劫波度尽是顿悟。宋薇终于从20几年的迷误中醒悟过来。这属于“反思文学”对于“历史”的反省,中国当代文学对这一“历史”最早的反省。它表现了“大灾难”过后,人们对于“历史”的大彻大悟。而宋薇从地委副书记吴遥寒宫似的房子里出走,则象征着几十年来建造在沙滩上的教条主义精神大厦彻底倒坍。

宋薇告别了“房子”,便走上了“天云山”。这里是她惟一一次青春、爱情的摇篮。罗群已经带领人们重新开始了一度夭折的天云山建设事业。宋薇产生了“新生”的感觉。生命的“琴弦”重新拨动了。人生和“历史”,带着深深的“伤痕”,终于在其断裂处与“早年”衔接上了。

“反思文学”鲜明地表现了对于社会建设的赞美,对于极端化阶级斗争的否定。以“建设”为主调的建国初期中国社会,在“反思文学”中呈现出一幅“治世”气象;以“阶级斗争”为主调的自反右斗争到“文化大革命”的中国社会,呈现为一幅“乱世”景象。“反思文学”的“历史反思”,主要是对于“乱世”的反思。这一“反思”,实际上是对于阶级斗争理论的消解。教条主义精神大厦的倒坍就是极端化阶级斗争体系的倒坍。而“反思文学”对于“治世”的缅怀、向往,则自觉或不自觉地合乎以儒家为主体的中国传统文化。

古华(1942～　)的长篇小说《芙蓉镇》(1981)将一个湘南山乡建国后近30年的治乱变动、风气移易,尤其是以胡玉音命运为中心的人事沉浮,置于这一特定历史时期的政治风云变幻之中。小说透露了作家强烈的立足于山乡而表现我们国家一个特定时代面貌的意向。如作家所说,“寓政治风云于风俗民情图画,借人物命运演乡镇生活变迁”①。《芙蓉镇》构成了一部形象的建国后近30年中国治乱史的缩影。

古华对太平盛世始终不渝地歌颂与向往支撑着《芙蓉镇》。这地处五岭山脉腹地的山镇,由绿豆色的芙蓉河、玉叶溪环抱。绿荫夹岸,风光绮丽,民风古朴,讲究人缘,可谓“温柔富贵之乡”。解放初,湘、粤、桂三省十八县客商云集,经济贸易发达。小说的灵魂——“芙蓉仙子”胡玉音就是这“芙蓉国”的精华,太平盛世的佳作。她深得“天时、地利、人和”,成为“芙蓉镇”首富,“新楼屋”的主人。1961～1963年国民经济恢复时期,政策放宽,胡玉音逢集摆米豆腐摊。她受山里人纯朴的伦理观念支配,对主顾有说有笑,亲切随和得像待本家兄弟一样。她遵从“买卖买卖,和气生财”、“买主买主,衣食父母”的传统商业思想,米豆腐做得物美价廉,赢得了顾客,获得了商业上的成功。“新楼屋”是劳动致富的象征,富裕的社会主义的象征。作品对“芙蓉仙子”的讴歌就是对太平盛世的讴歌。古华本是一位讴歌“牧歌”的里手。

然而,《芙蓉镇》是一首“严峻的乡村牧歌”②。

---

① 古华:《芙蓉镇·后记》。

② 古华:《芙蓉镇·自序》。

建国后，"阶级斗争"在芙蓉镇总是跃跃欲试。区委书记杨民高心里有一本"阶级成分的账"。他横暴地扼杀了胡玉音与黎满庚由青梅竹马发展成的爱情，造成她心灵上第一个创伤。胡玉音做米豆腐发家致富、建造"新楼屋"时，"阶级斗争"已是"山雨欲来风满楼"。随着"新楼屋"的落成，胡玉音的厄运接踵而至：1964 年 2 月"社教"工作组进驻芙蓉镇，"新楼屋"轻而易举地被没收，丈夫黎桂桂被迫自杀，她自己成了新富农婆，被打入"五类分子"行列。在随后到来的"文化大革命"中，她沦为"黑鬼"，受尽了摧残、凌辱。

"1964 年"和"1969 年"两章是《芙蓉镇》的中心图画。作品描写"四清"和"文革"来到这五岭腹地时，充分表现了这些"运动"对古朴的风俗民情的破坏，对以"建设"为主调的正在形成的太平盛世的破坏，从而处处体现出"乱世"景象。李国香带领工作组在芙蓉镇亮相后，谷燕山和黎满庚便产生了不祥的预感：

> "老表，你闻出点什么腥气来了么？"
> "谷主任，胡蜂撞进了蜜蜂窝，日子不得安生了！"

胡玉音两口子更是胆战心惊，就像财主面临着"第二次土改"一样。黎桂桂竟然后悔不迭地说：

> "玉音，我，我们恐怕原先就没想到，新社会，不兴私人起楼屋。土改前几年，不是也有些新发户紧穿省用，捆紧裤带买田买土买山场，后来划成了地主、富农……"①

引人深思的是，《芙蓉镇》把整人女将李国香和"运动根子"王秋赦都写成非本地人。关于王秋赦，作品写道："论出身成分，他比贫下

① 《芙蓉镇》，人民文学出版社 1981 年版，第 70 页。

中农还低一等:雇农。……黄金无假,他王秋赦是个十足成色的无产阶级。查五服三代,他连父母亲都没有出处,不知是何年月从何州县流落到芙蓉镇这省边地角来的孤儿。更不用提他的爷爷、爷爷的爹了。自然也没有叔伯、姑舅、岳丈、外公等等复杂的亲戚朋友关系。”他们未能像胡玉音那样得“芙蓉”之精华。他们割断了同祖先的联系。他们具有明显的“外来”性质,仿佛是从天上掉下来的。他们的“翻身观”就是有朝一日也能到少奶奶的象牙床上滚一滚。他们翻身不久便又现出翻身前的破落相。他们永远是“流氓无产者”。他们以解放后十多年的“现贫农”自居。他们对劳动致富的农民眼红,日夜盼望再来一次“新的土地改革”。此外,作品又把他们二人写成一对“性变态”。他们不仅嫉妒胡玉音劳动致富,还怀恨她的婚姻幸福,潜意识中隐藏着“性嫉妒”。因此,平日的嫉恨自然地变为运动中的致人于死地。胡玉音和秦书田在凄风苦雨中成婚之后,竟遭到最为残酷的制裁,丈夫被发配十年,她的两个乳房被李国香叫人用铁丝穿起来。这份酷刑,是双重嫉妒——并且主要是“性嫉妒”的结果。这份酷刑又是一个象征:这是对人类的勃勃生机和顽强的生命的摧残。作者写道,胡玉音发育正常的乳房,是母性赖以哺育后代的器官。以五岭腹地的一个山镇为基地,描写建国后几次重大“运动”在这里的人事动因,将“四清”、“文革”与李国香、王秋赦写成互为需要,是《芙蓉镇》历史反思的一大特色,它表现了作家不仅对于极左路线的错误性具有充分的认识,而且对于其丑恶性也有充分的认识。由王秋赦在芙蓉镇发动基于现代个人迷信的“红海洋”运动,使人容易认识到那个更大的“变态”。

《芙蓉镇》不仅有一个“民俗风情图画”体系,还有一个作家——往往是通过人物——将刚刚发生在芙蓉镇的动态的“民俗风情图画”向全国播发的类似于“新闻联播”的引发体系,以满足表现我们国家那个特定时代面貌的意向，取得全局性反思的效果。

当胡玉音和黎桂桂面临被打成“新富农”时，作品写道：

> 胡玉音两夫妇是在新社会里攒了点钱，难道也要重新划成分，定为新的地主、富农？①

谷燕山被“四清”工作组软禁期间，他在屋子里踱来踱去地反思“四清”运动的来龙去脉：

> 彭德怀元帅，彭副总司令，用老戏里的话讲算一品当朝，开国元勋，五九年在庐山开会，都为了替老百姓讲话，反对大炼钢铁，吃公共食堂，被罢了官，上缴了元帅服，当了右倾机会主义分子……天底下的人哪个不晓得他受了委屈，背了冤枉，批他斗他是昧了良心，违了民意。后来我们国家过了三年苦日子，不再搞全民炼钢煮铁，不再发射牛皮卫星，不再吃公共食堂，还不是采纳了他的建议……可是如今的运动算什么？苦日子刚过完，百姓刚喘过一口气，生产、生活刚恢复了一点元气，就又来算三年困难时期的账！算困难时期政策放宽的账，算“右倾翻案”的账！真是过河拆桥，翻脸不认人……②

这里，将一个接一个政治运动的极左路线揭露得体无完肤，表现了中国作家强烈的干预精神和明晰的目光。此后，有的作家还用报告文学形式披露建国后一个个历史事件的真相，引人反思，以利于避免悲剧重演。如李慎之的《“引蛇出洞”始末》(1999)、苏晓康(1949～　)等的《乌托邦祭》(1988)、金辉(1954～　)的《“三年自然

---

① 《芙蓉镇》，人民文学出版社 1981 年版，第 77 页。

② 《芙蓉镇》，人民文学出版社 1981 年版，第 96 页。

灾害"备忘录》(1998)等。诗人艾青(1910~1996)对"文化大革命"和"四人帮"的出现,也发出过严厉的质问:"为什么,伟大的祖国/在推翻了三座大山之后/会出现林彪、'四人帮'……"(《在浪尖山》1978)

就胡玉音被人用铁丝穿乳房,《芙蓉镇》写道:

> 比这更为原始酷烈的刑罚,都确实曾经在二十世纪六十年代中下叶的中国大地上发生过。

胡玉音做剖腹产时,谷燕山守候在手术室门口,对生活中的苦与乐、爱与恨、永无休止的阶级斗争反思道:

> 做一个母亲真了不起。她们孕育着新的生命,生产新的人。有了人,这世界才充满了快乐,也充满了痛苦。这世界为什么要有痛苦?而且还有仇恨?特别是在我们共产党、工人农民自己打出的天下、自己坐着的江山里,还要斗个没完,整个没完,年复一年。有的人眼睛都熏红了,心都成了铁,以斗人整人为职业、为己任。这都是为了什么?为了什么?①

《芙蓉镇》的这种引发性的全局反思除了作家角度之外,大多以谷燕山角度进行。谷燕山角度灌注着作家的思想元素。强烈的忧患意识使作家具有"北方大兵"式的建立在功勋基础上的直谏精神,走南闯北中养成的开阔胸襟,以及植根于民族文化土壤之中的悟性思维。《芙蓉镇》对历次极左的政治运动给以辛辣的嘲讽,并且对其理论依据——"斗争哲学"的危害暴露无遗。《芙蓉镇》的历史反思是对于极端的阶级斗争的有力解构。

《芙蓉镇》恪守"民以食为天"的思想,重视百姓的"油盐柴米",而

① 《芙蓉镇》,人民文学出版社 1981 年版,第 210 页。

将“斗争和运动”视为其对立面。① 作品坚信前者恒久,后者短暂。小说中意识最为清醒的秦书田,内心严肃真诚,外表玩世不恭,去挨批斗就像去出工一样。他的乐观精神在于他深信:“世界很大,天长日久啊。而且世界的存在也不能只靠搞运动,专门搞斗争。天底下还有许许多多别的事情。”他的“生命之歌”点燃了蕴藏在胡玉音身上的生命之火。古华描写生命时表现出的火爆胜过其对立面——“斗争和运动”的暴烈。秦谷军的诞生意味着健康和生命战胜了病态和死亡。王秋赦吊脚楼的坍塌象征着极端的阶级斗争理论的倾覆。小说结尾由疯子王秋赦褴褛的衣衫前襟上挂满了金光闪闪的像章,声音凄凉地叫喊着“五六年又来一次啊——”,则是有力地宣布:“疯狂”的时代已被彻底埋葬,这种叫喊只不过是其残留在人世的“尾声”。

王蒙力求使他的小说成为“时间运行的轨迹”②。他的小说中的历史反思则形成了一个“风云三十年”运行的轨迹。《布礼》(1979)最早地展现了少年布尔什维克出身的主人公在自 1949 年到 1979 年间所有重要——或者严重年份里的内心活动,构成了一个历史运行轨迹中的心灵的历程。

高晓声(1928～　)的《李顺大造屋》(1979)以短篇篇幅,通过一个普通农民辛酸的造屋史,浓缩了近 30 年中国农村的历史,农民可怜的生存状态史。

方之(1930～1979)的《内奸》(1979)从更早的 1942 年写起。商人主人公通过 40 年的亲身历见,饱经从新四军、日本侵略者、国民党到新中国、文化大革命的人世沧桑,在历史反思的坚实基础上,思考了谁是“真共产党”、谁是“假共产党”这一重大问题,揭露的锋芒直指林

① 《芙蓉镇》,人民文学出版社 1981 年版,第 231 页。

② 王蒙:《倾听着生活的声息》。

彪、“四人帮”和“帮四人”，指出他们就是“内奸”。方之依据自己早年地下工作的体会，写出了他们起到了外部敌人所起不到的破坏作用。

李准(1928～　)的《黄河东流去》(1979～1984)标志着作家创作道路的一个新的转折，即如作家自己所说的，从一向的“配合政治运动的写作，转到研究我们整个民族的命运、个性和文化传统上”(李准:《文学语言及其他》)。作品通过对三四十年代中原黄泛区人民在水、旱、蝗、汤四大灾害逼迫下形成的大流民、大迁徙的描写，着重从伦理、道德、品质、情感以及整个精神、文化深刻层面，探讨、反思中华民族赖以度过苦难的坚韧的生命力，寻找我们民族的“精神家园”。这是具有“寻根”品格的历史反思。李准在卷首写道:《黄河东流去》“不是为逝去的岁月唱挽歌，她是想在时代的天平上，重新估量一下我们这个民族赖以生存和延续的生命力量。”

《黄河东流去》从赤杨岗村七户农民家庭的悲欢离合着笔。作家在作品中指出，中国的家庭结构是如此牢固，这可能是中国强大生命力所在(第 8 章第 3 节)。这种生命力又是与土地密不可分的。作品中的七户农民都深深地热爱着自己赖以生存的土地。不管流落到哪里，他们都紧紧地贴附在大地上。他们坚忍不拔，富于智慧，讲情义，重伦理。作品在这些普通人身上挖掘了我们民族最可宝贵的道德品质、意志力量和美好的精神世界——这一切是中华民族几千年的历史长河哺育的，几千年历史文化熏陶的。它是中华民族生命力之所在。作家在民族灾难史中寻找民族生存的力量，表现了对民族生存发展的坚定信心，对刚刚经历了 10 年“浩劫”的中国人民，是个有力的鼓舞。

反思文学中的“历史”具有明显的多重性质。它既有多灾多难的年代，又有朝气勃勃的“早年”和获得了转机的“今天”。结束了漫长的充满极端的阶级斗争的历史，国家及时地走上了以经济建设为中心的发展轨道。“反思”作家们敏感地发现了社会生活中“并没有忘怀严冬但毕竟早已跨越了冬天的春之声”①。他们是在恢复了生机的“今天”去回顾梦魇般的“昨天”,展望美好的“明天”。反思文学既是现实的,又是理想的,属于理想的现实主义。

对干群关系问题的反思

在建国后历史运行轨迹中,包含着一个干群关系变化的轨迹。它关系着社会的治乱,国家的兴衰。“反思”作家对此怀有深深的忧虑。反思文学拥有一个与历史反思关系密切的对于干群关系反思的主题。

张弦(1934 ~ 1997)的短篇小说《记忆》(1979)是较早的由干部自身角度对干群关系进行反思的作品。

《记忆》描写市委宣传部长秦慕平“复出”后,没把自己在“文革”中的遭遇当成政治资本,而是在其中进行自省。有所汲取,有所领悟。《记忆》体现了“反思文学”对于为老干部恢复名誉的“伤痕文学”的深化与超越。

秦慕平“文革”时无意中用旧报纸包鞋,偏巧一版上方有一张毛泽东接见某外国代表团的合影——“用宝像包破鞋”,被造反派打成“现行反革命”,遭到一连串的批斗、毒打。作为执政党的干部秦慕平的可贵之处在于,他能对自己的遭遇进行思考,扫清记忆里模糊之页上面的尘土,认识到今天对待他的这一套——用“圣物”致人于死地,并非无根无源,而恰恰在“昨天”他就用来整过别人:“四清”运动中,农村女放映员方丽茹在放映毛泽东接见外国友人纪录片时,因神不守舍,违反操作规程,把领袖形象颠倒了。主持本系统运动的秦慕平

① 王蒙:《倾听着生活的声息》。

发挥阶级斗争理论，无限上纲上线，把方丽茹打成“现行反革命”，送农村监督劳动。历史好像在验证某种“报应”规律似的，“文革”紧随着“四清”而来，打击方丽茹的极端理论，连同方法，一齐向秦慕平施行“报复”了。秦慕平把这一切归咎于“四人帮”，而把自己对人民犯下的过错则永远铭刻在记忆里。“复出”后，他自觉地贯彻中央的纠正冤假错案的精神，克服身边的阻力，首先坚持为方丽茹平反。

《记忆》在有限的空间和时间——秦慕平同方丽茹、李克安 14 年的纠葛中，注入了具有整体意义的、深远的思考。方丽茹作为人民的“镜子”，引起了秦慕平更为久远的记忆：“那是在冀中平原，在鲁东南，和南下的征途上。多少次呵，打了胜仗，走进村镇的小街，大娘嫂子们，一手挡住自己推让的胳臂，一手把鸡蛋强往荷包里塞。吃着那鸡蛋，味道多美呵！它满含着父老姐妹的爱戴、鼓励和期望。作为他们的子弟兵，为人民的解放事业而冲杀，而流血，而立功，心情又是多么自豪和快慰！”于是他深刻地反思道：

> 而今天，面对人民的真诚信托，作为一个党的干部，还能像当年那样于心无愧吗？①

《记忆》满篇是秦慕平对于对人民欠账的沉痛心理。《记忆》开创了反思文学对于干群关系反思的主题。

王蒙中篇小说《蝴蝶》(1980)的主人公沉痛反思的基石是他和海云的关系。

张思远是执政的布尔什维克。1949 年他对于这座中等城市突然拥有了巨大——简直是无限的权力。他也拥有崇高的威信。他作为执政党的化身赢得了海云的爱。海云也是一个象征。她热情、活

① 张弦：《记忆》，《人民文学》1979 年 3 月号。

泼而又轻信，是建国初期人民的化身。那时，像花蕾初放的海云与张思远呈“和谐”状态。而当海云获得了某些必然的发展时，张思远便显出了某种僵化、偏狭。“难道我管得了一个城市的几十万人，却管不了你一个吗？”的执政者意识，造成了张思远与海云的裂痕。

海云的摧折是在1957年。她为几篇“以反官僚主义为名向党进攻的小说”喝彩，被打成“反党反社会主义的右派分子”。此时，张思远把海云当成自己的敌人，实行残酷打击：

> 他背着手，踱来踱去，立场坚定，铁面无私。“只有低头认罪，重新做人，革面洗心，脱胎换骨！”他的每个字都使海云瑟缩，就像一根一根的针扎在她身上……

原本“底虚”的1957年，在张思远的反思意识里，巨石一样的沉重，难以释然于心。海云化作他乘坐的小汽车轮子下面的小白花。他“似乎看见了白花被碾压得粉碎”。他“感到了那被碾压的痛楚”，“听到了那被碾压的一刹那的白花的叹息”。

对于和海云的关系，张思远从最初开始反思，从执政者的地位入手反思：

> 那有轨电车的叮当声，便是海云的青春和生命的挽歌，从她找到我的办公室的那一天起，便注定了她的灭亡。①

> 如果我真的爱她，我就不应该在五〇年和她结婚，我就不应该在四九年和她相爱。②

---

① 《蝴蝶》，《王蒙选集》第2卷，百花文艺出版社，第111页。

② 《蝴蝶》，《王蒙选集》第2卷，百花文艺出版社，第111页。

对于海云命运的反思使张思远这位曾经拥有无限权力的执政者走下了"神坛",使这位赫赫的执法者意识到自己原来是被告,自己犯有罪过。他进行自我审判:

> 假设我们还有一千个一万个来世,我愿意一千次一万次地匍匐在海云的脚下,请她审判我,请她处罚我。①

反思文学所反映的干群关系破坏的悲剧并非由个人造成。《记忆》写道:方丽茹懂得她的遭遇并非由某一个人、某一种偶然的原因所造成,也并非她一个人所独有。《蝴蝶》中的海云至死也认为张思远不是坏人。破坏干群关系的是极左的政治路线。悲剧都产生于政治运动之中。李国文(1930~　)的短篇小说《月食》(1980)中的伊汝在党内经常敲响"不要丢掉密切联系群众的优良传统"的警钟。1957年他为此被打成"右派"。驱赶天狗的警钟不再鸣响。黑影侵入晶莹玉洁的月亮。伊汝从此失掉与太行山区人民的联系,失掉与新婚妻子妞妞的联系。月食是一个象征,象征"四人帮"横行期间,整个天地仿佛跌进了漆黑的深渊。月食的过程,就是极左路线形成、盛行、猖獗、结束的过程。李国文的长篇小说《冬天里的春天》(1981)以革命者于而龙的坎坷经历为主线,将十年"动乱"以及粉碎"四人帮"以后的现实与三四十年前游击队根据地生活时期的历史融会起来,探索错综复杂现实生活的历史渊源,表现于而龙真诚的信念和豪情,揭示冬天里孕育着春天的生机,只要和人民在一起,就会有春天温暖的主题。茹志鹃(女,1925~1998)的短篇小说《剪辑错了的故事》(1979)中的老甘在1958年"大跃进"运动中下令按亩产1.6万斤的虚假产量征购粮食,只顾自己邀功,不顾群众死活。他还以搞运动的方式指挥生产,

---

① 《蝴蝶》,《王蒙选集》第2卷,百花文艺出版社,第111页。

下令砍掉即将收获的梨园，并且把敢于进言的老寿打成“右倾机会主义分子”。作家将老甘的这种变着法儿整农民的作风同当年他发自肺腑的诺言——“老少爷们，革命的衣食父母，你们对革命的贡献，党不会忘记的。”——剪辑到一起，使之成为一组极不和谐的故事。它们不像是出自一个人的经历，可又确确实实是老甘的前前后后，从而显现了老甘的严重食言。作品俯拾即是的突兀之处和轻轻的揶揄，表现了作家和老寿一样，对老甘这个由来自人民的子弟兵，蜕变为骑在“衣食父母”头上的官老爷，内心里感到难以言喻的痛惜。

“反思文学”干群关系主题的多重性在于，它既敏锐地发现执政党的作风问题，急切地发出“党要管党”的呼吁①，又把这些在各种程度上失去了同群众联系的干部看作“自己人”。“反思文学”作家是在干群关系受到严重伤害之后，改革开放大业方兴未艾之时，他们自己，同时也呼吁全社会，特别是干部反思干群关系问题。其中有些作品旨在对“复出”的干部发出期望、批评、告诫。茹志鹃的短篇小说《草原上的小路》(1979)批评党的高级干部石一峰父子只对他们自己在“文革”中受到的伤害耿耿于怀，却忽视杨萌一家的不幸遭遇。杨萌的父亲是当年在石一峰的手下被错划为右派的。而石一峰走马上任后，不对自己曾经执行过的极左路线反思，极其冷漠地对待杨萌父亲的平反问题。《草原上的小路》向“复出”的干部提出了一个尖锐的问题：在刚刚经受过的灾难中应该学会点什么？金河(1943～　)的短篇小说《重逢》(1979)针对有的干部“复出”后，只谈自己受迫害光荣，只字不提自己的过失，塑造了地委副书记朱春雨形象，在公安局

① 见刘宾雁《人妖之间》：“翻阅一九七二年以来县委常委会议的记录，真令人感慨无量！那里讨论了一切问题——征兵，计划生育，刑事犯的量刑，播种计划……惟独很少讨论党本身的问题。共产党管理一切，惟独不管共产党。”(《人民文学》1979年9月号。)

审讯室与十年前为了保护自己而参加武斗、现已成罪犯的叶辉重逢，经历了良心上的审判，终于敢于站出来承认错误，承担责任，实事求是地对待同群众的关系。

叶文福(1944～　)的政治抒情诗《将军，不能这样做》(1979)以一位复员将军拆幼儿园、耗用几十万元外汇营造安乐窝的现实故事为线索，通过对于将军戎马征战几十年的光荣历史的回顾，表现这位将军在革命战争年代经受住了枪林弹雨的考验，在和平年代却被特权思想腐蚀了灵魂，迷恋于"一家人无止无休地享乐"。诗人以敏锐的洞察力，看到了现实生活中滋生的党内不正之风、腐败的苗头，尖锐、严正地指责了将军的不义之举，腐败行为，表达了人民的心声。

王蒙在短篇小说《悠悠寸草心》(1979)里以普通老百姓角度发出改进党的作风的呼吁，在中篇小说《蝴蝶》(1980)里以执政者角度作出应答。一呼一应，汇成一种调和的声音。它意味着无休无止的阶级斗争、社会分裂状态的结束，正在实现的是通过建设逐步形成社会的协调与统一。在王蒙笔下，吕师傅，唐久远，张思远，秋文，拴福大哥……都是自家兄弟。

对人生价值的反思

反思文学以对于历史运行中的人生的描写，实现关于人生价值的反思。

反思文学中人生的历史天幕多灾多难，人遍体鳞伤——尤其是心灵受到巨大创伤，人生被扭曲、剥夺。反思文学的使命则是治愈伤痕，思考如何实现人生价值。

"朦胧诗"最早地表现了对人生价值思考的主题。

"朦胧诗"一代青年诗人，经历了十年"浩劫"，经历了对人性、民族心灵的挤压、摧残，经历了从迷惘到觉醒的精神历程。他们从60

年代末、70年代初开始创作,在黑暗的年代里探寻真理、追求理想。他们劫后登上诗坛,带着精神上的“伤痕”,鞭挞那个疯狂的年代,否定已逝时代的价值观念,反思人的存在,表现为诗的觉醒和人格的觉醒,属于全民族思想解放运动的有机构成。

食指(郭路生,1948~)1965年开始了他的《海洋三部曲》的第一部分《波浪与海洋》的写作。1968年创作《相信未来》,1979年创作《热爱生命》。这些诗歌曾经以手抄本形式像火种一样在青年中广为流传。食指以他的自由意志与独立精神,使他成为替一代人立言的划时代的诗人,一代诗风的先驱。他的后继者在这种人格的启示下,开创了中国诗歌的新篇章。

北岛(1949~)写于丙辰清明的《回答》,首先以两句突兀而起的警句“卑鄙是卑鄙者的通行证/高尚是高尚者的墓志铭”,有力地揭露、嘲讽了荒谬时代,价值观念颠倒了的现实。四个“我不相信”的排比句,其气势,其语态,表现出“挑战者”对“荒谬”毫不妥协的怀疑和否定。而这并非虚无。否定中有对生活的重新选择,对“转机”的期待与肯定,对正义和真理的坚忍的追求。诗的结尾,把“星星”想像成“五千年的象形文字”和“未来人们凝视的眼睛”,突兀,新鲜,给诗带来凝重的历史感和开拓未来的使命感。全诗字里行间体现着从迷惘到觉醒的一代青年对生活所作的严肃“回答”,流露着深沉雄浑的男子汉风度。

顾城(1956~1993)的《一代人》(1980)用隐喻的方法在浓重的黑色背景上凸现了中心意象——一双不同寻常的“黑色的眼睛”,凸现了在荒谬年代扭曲着成长起来的青年一代在苦苦地“寻找光明”。这是在“转机”年代作出“回答”的一代人。也是“一代人”对时代,对人生选择所作的“回答”。

舒婷(女,1952~)的《致橡树》(1979),表现了女诗人对“浩劫”

过后自私、狭隘、卑下的社会风气的鄙夷，对自主独立的人格精神的抒发，对伟岸、挺拔、坚实的人格理想的向往。在述说个人感情的同时，也在塑造理想的民族性格，植根于“土地”的民族性格。而在《祖国呵，我亲爱的祖国》(1979)里，则运用“我是……”的句式，在“物”和“我”的交流中，实现了客体的物象与主体的“我”的融合为一。诗歌首先用“破旧的老水车”、“熏黑的矿灯”、“干瘪的稻穗”、“失修的路基”、“淤滩上的驳船”等密集的、具有历史感的意象，述说了祖国母亲所蒙受的灾难，描绘了在灾难中苦苦挣扎、艰难行进的祖国形象，抒发了自己同祖国患难与共的命运，对祖国深沉、炽热的感情。随后的“你雪被下古莲的胚芽”、“你挂着眼泪的笑涡”等连珠般的述说不尽的意象，表达了基于历史感之上的使命感，展现了一个新生的祖国的形象。“你以伤痕累累的乳房/喂养了迷惘的我、深思的我、沸腾的我/那就从我的血肉之躯上/去取得/你的富饶、你的荣光、你的自由”这样发自肺腑的语言的倾吐，完成了全诗四个意象群的递进组合，完整地述说了祖国从苦难到新生的发展历程，和一代人从“迷惘”，经“深思”，到“沸腾”的心灵历程，以及献身祖国复兴事业的热望。每节诗结尾那深沉的咏叹“——祖国呵！”是意象撞击中情感的自然喷发，传达出诗人对祖国的深情。

江河(1949～　)的《纪念碑》(1980)在“纪念碑”意象中，溶进了对民族、对历史、对自我生存价值的深深思考。

杨炼(1955～　)的组诗《诺日朗》(1983)以诺日朗(藏语译音，意即“男神”)为中心，将雪域高原神秘的自然景观及独特的藏传佛教文化熔铸成壮美的意象，在这种意绪的咏叹中，揭示自然和文化的奥秘，总体把握一个古老民族对生命创造和生存苦难的体验和领悟。组诗不仅与所有“朦胧诗”一起，以扑朔迷离的隐喻系统、新鲜活泼的情思，构成了中国诗歌的一块“纪念碑”，再现了中国诗歌“自由的、充满创造精神的繁荣”①,而且是新时期较早的探寻文化奥义的作品。

张贤亮(1936～　)在中篇小说《绿化树》(1984)里把荒谬的背景天幕化为一种感觉——“饥饿”。“饥饿”这个荒谬的处境迫使人将自己降低到“禽兽的水平”。而章永璘的精神价值就在于他具有与荒谬处境抗争的力量,具有“选择”的力量。他的内心就是一个战场,不断地进行“灵与肉”的搏斗,努力使自己与“饥饿的野兽”区别开。他反思道:“大自然赋予我这样大的耐力,难道就是要我在一种精神堕落的状态下苟且偷生?难道我就不能准备将来干些什么对社会有益的事情?”

正当章永璘陷于“目的”的危机时,马缨花为他解答了“饱了之后做什么”。马缨花以自己人生的原生状态,引导章永璘超越食的饥饿,“超越自己”,成为植根于这块土地的作家。

马缨花和章永璘都没把自己交给“命定”,而是实行“自由选择”。《绿化树》的主题是对于“自由”的反思。马缨花和章永璘自由地选择“行为”的同时也自由地选择了“责任”。这是一种“高水准”的选择。《绿化树》是结了果实的“反思树”。它体现了反思文学的关于人生价值的主题是“非环境决定论”,“非宿命”,是肯定人的意志力量的。章永璘明确表述:

> 我不认为人的堕落全在于客观环境,如果是那样的话,精神力量就完全无能为力了……②

路遥(1949～1992)中篇小说《人生》(1982)更为直接地思考了人生的哲理。

---

① 谢冕:《在新的崛起面前》。

② 张贤亮:《绿化树》,《感情的历程》,作家出版社,第49页。

高加林本来就是土地的儿子。但是他的生活空间是农村和城市的“交叉地带”①,时间又是城市与农村之间、现代与传统之间在文化上冲突剧烈的“变革时期”。他进城读了初、高中,对未来生出无数梦想。这些梦想都与城市密不可分。城市对他产生了诱人的魅力。这些梦想又可以归结为就是要离开土地。他十几年拚命读书,就是为了不像父亲那样当土地的“奴隶”,也不过父亲那样的低人一头的生活。

与父辈相比,高加林眼界开阔,富有知识,勇于进取,敢于鄙视权势。所谓“高加林情绪”就是对于社会不公的疾恶如仇。而所谓“高加林困惑”则是关于进取的困惑。他一切都是为了“进取”,一切——包括爱情——都是为了离开土地。

因此,高加林与刘巧珍爱情意向截然相反,其悲剧是注定了的。加林高中毕业没考上大学,灰溜溜地回到农村,巧珍高兴得几乎发了疯。她的梦想露出了光芒。她谋算,加林成了农民,大概就得找个农村媳妇。加林的教师职务被下了,又一次当了农民,巧珍便忍无可忍,大胆地表达了爱情,两人开始了一段爱情生活。此间,巧珍幸福得飘飘欲仙,而加林则感到人生落入低谷。他焦灼地等待命运的转机。两人爱情建立在一方幸福至极与另一方痛苦不堪的交汇点上。大马河桥是一个象征。它的清清的河水在这里与县河交汇。加林第一次卖馍返回,巧珍就是站在这里等他的。巧珍向往与加林在大马河岸的土地上一起过日子,而加林却心系流向远方的县河。因此,他接受了巧珍的爱情之后感到非常懊悔。他觉得自己“目前”的处境根本不是谈情说爱的时候。他甚至觉得接受了巧珍的爱情“简直是一

① 路遥:《关于中篇小说〈人生〉的通信》,《文论报》1982年9月10日。

种堕落和消沉的表现,等于承认自己要一辈子甘心当农民了"①。巧珍的爱情对于加林充其量是暂时的慰藉,作品意味深长地写道:"他的幸福正是在他不幸的时候到来的!"②

刘巧珍是陕北大地养育的儿女,深得大自然的和传统道德的精华。民歌既是她吮吸的精神乳汁,又是她精神世界的重要构成。在高家村,是她最为完美地继承了德顺爷爷身上所体现的生活哲学。他们善于发现平平常常生活中的深奥意义,热爱生活本身。他们的人生是最为"自由"的。他们的爱情观念也最为"自由"。巧珍刚懂得爱情的时候,就爱上了高加林。是他身上的文化素质和丰富的精神世界强烈地吸引了她。这鲜明地表现了她虽然未读书识字却全身心地倾向文化,向往文化。她为了爱情,"就是做出任何牺牲也心甘情愿"。她集中了陕北女子的天性:火一样的热烈,水一样的温柔。她虽然希望和加林一起在农村生活一辈子,但她知道加林的苦闷,又诚心诚意地盼望加林出去工作;加林到县里当了通讯干事,她忍受离别的痛苦,心甘情愿地在家里承担起应尽的义务;被加林抛弃,她曾痛不欲生,从爱情的梦境,回到现实,养育她二十多年的大地以宽阔的胸怀抚慰了她,她要继续在土地上寻找人生的价值;她断然地与马拴结了婚,两人一起重建人生和幸福,而对高加林还以德报怨。

巧珍和后来路遥在《平凡的世界》里塑造的贺秀莲是同族姐妹。她们是地地道道的农村姑娘。关于她们的感情生活,路遥在《平凡的世界》里分析道:"有文化的城里人,往往不能想像农村姑娘的爱情生活。在他们看来,也许没有文化就等于没有头脑,没有头脑就不懂得

① 路遥:《人生》,《1981~1982全国获奖中篇小说集》上册,上海文艺出版社,第380页。

② 路遥:《人生》,《1981~1982全国获奖中篇小说集》上册,上海文艺出版社,第383页。

多少感情。可是实际也许和这种偏见恰恰相反。真的,正由于她们知识不多,精神不会太分散,对于两性之间的感情非常专注,所以这种感情实际上更丰富,更强烈。”① 巧珍缺少的只是知性文化,有的是德性文化。她代表着既是属于传统又是朝向未来的道德原则。她即是“良心”,她象征着“土地”。德顺爷爷说:“巧珍,那可是一块金子啊!”②

高加林有的是知性文化,缺少的是德性文化,缺少与“根”的联系。在社会的急剧变化面前,离开了“根本”,成了“豆芽菜”,成了所谓“现代青年”——其行为哲学是个人主义。以个人为中心,他可以不顾与他人的关系,可以不择手段。他利用土地养育他的文化千方百计地离开土地;利用自己曾经鄙夷的权势来达到个人目的;为了远走高飞,他残酷地割舍了与巧珍的爱情,割断同土地联系的脐带。他自嘲道:“你是一个混蛋!你已经不要良心了……”③

高加林的可贵之处是善于反思。他从进去的“后门”被退回来,“脑子一下子变成了空白”,同时也就从腾达的梦境回到了现实。他及时地进行反思。回到大马河桥上,他便将这场悲剧的责任主动地由自身承担起来,接受生活对自己的“惩罚”,接受民歌——“哥哥你不成材,卖了良心才回来”——所含道德力量的深沉谴责。而巧珍的嫁人,是生活给予高加林既是全部意义上的又是永远意义上的惩罚。他痛悔道:“我本来已经得到了金子,但像土圪塔一样扔了。”④ 高加

① 路遥:《平凡的世界》,《路遥文集》第3卷,陕西人民出版社,第262页。

② 路遥:《人生》,《1981~1982全国获奖中篇小说集》上册,上海文艺出版社,第516页。

③ 路遥:《人生》,《1981~1982全国获奖中篇小说集》上册,上海文艺出版社,第469页。

④ 路遥:《人生》,《1981~1982全国获奖中篇小说集》上册,上海文艺出版社,第516页。

林在“人生”的这一回合虽然失败了,但“人生”并未在失败处结束。《人生》最后一章题为“并非结局”。这里写道:

> 严峻的现实生活最能教育人,它使高加林此刻减少了一些狂热,而增加了一些自我反省的力量。①

接受德顺爷爷关于“土地”哲学的启示,重新建立与乡亲,与“土地”的联系,依据生活的“原则”重新“活人”,这是高加林形象的人生反思意义。铲除高明楼之类的“乡霸”,消灭干部中的腐败现象,廓清社会生活的浊流,让年轻人的才能得以充分发展,则是高加林悲剧所提供的社会反思意义。

史铁生(1951～　)的《我的遥远的清平湾》(1983)像一首浓烈的陕北“信天游”一样,倾诉了知识青年对自己曾经生活过的黄土地和黄土地上的农民的眷恋之情。清平湾既贫瘠又富足。它赋予作家以文学生命和主题:热爱“土地”,热爱生活,才能找到生命的意义和人生的价值。这里是他哲学之路的起点,由此开始去领悟人世的沧桑,命运的神秘。梁晓声(1949～　)的《这是一片神奇的土地》(1982)和《今夜有暴风雪》(1983)以北大荒般雄浑苍茫的笔调描写知识青年苦难中激情、理想不泯,在建设祖国边疆的事业中实现自己的历史责任和人生的意义。

谌容(女,1935～　)的《人到中年)(1980)描写了中年知识分子陆文婷大夫的繁重、窘迫的人生状态,以及在此种状态下保持着心灵的高尚。她肩负生活和事业两副重担,心力交瘁,几近死去,却毫无怨言,仍为没能更好地尽职而深感内疚,表现出崇高的献身精神和克

① 路遥:《人生》,《1981～1982 全国获奖中篇小说集》上册,上海文艺出版社,第 512 页。

己待人的美好情操。作品旨在提出如何正确对待知识分子问题,反映"一部分"人的心理和要求。

刘心武的《爱情的位置》(1978)提出并回答了什么才是真正的爱情以及爱情在人生中占什么位置的问题。它冲破了多少年来形成的文学禁区,重新开拓了爱情主题。张洁的《爱,是不能忘记的》(1979)用"我"的自叙和"妈妈"的日记的第一人称方法直接抒写了阶级革命年代造成并遗留下的爱情与婚姻分离悲剧的痛苦,警示人们,特别是青年一代应该追求爱情与婚姻的结合,避免二者分离的痛苦,表现了爱情领域里的社会解放观念。张弦的《被爱情遗忘的角落》(1980)将爱情问题与社会问题交织在一起,描写造成小宝和存妮爱情悲剧的根源是十年"浩劫"下农村社会物质和精神的双重贫困,指出要创造应有的社会条件,才能真正普遍实现爱情与婚姻的美满结合。小说让读者在为荒妹萌芽的爱情而欣慰时,同时也真切地感受到农村面貌的改观。张抗抗(女,1950~　)的《隐形伴侣》(1986)通过对荒谬环境中人性二重性的剖析,提供了一份被社会扭曲、戕害的人性记录,表现了对合理的人性的追求。

中国人拥有自己稳定的"土地"——精神家园。"大灾难"过后,他们不会成为"迷惘的一代",不会无家可归,不会走向虚无。他们凭着与"土地"的牢固联系,重新植根于土地,治愈"伤痕",思考历史、社会、人生诸方面重大问题,以重建家园。"反思"作家不约而同地在自己的作品里思考"人和土地"的问题。天云山,马缨花,刘巧珍,清平湾……就是"精神家园",就是"土地"。"土地"是反思文学的总主题。

第五章

张贤亮的直觉艺术

张贤亮在复出后创作的“伤痕”小说里，就以“西部”的幽默对荒谬的年代做了无情的嘲讽。

《邢老汉和狗的故事》(1980)实际上是人的故事。狗不过是对于那个陕北女人的纪念。邢老汉和她之间的幸福是虚幻的、短暂的，注定化为乌有，就像陀思妥耶夫斯基《白夜》中的幻想者一样，与对方幸福的方向截然相反。邢老汉穷得打了大半辈子光棍。陕北女人来他这里，只是因为家乡每人一天半斤粮，她带出一张嘴来，省下点粮给家里人吃。贫协组长魏老汉在慨叹中幽默地说：“唉——可怜见的，妇道人家出来要饭……老是说啥复辟了，咱们要吃二遍苦、受二茬罪哩。我看哪，现时就复辟了，咱庄户人就正吃着二遍苦、受着二茬罪哩。”邢老汉依乡亲的主意，要女人把户口迁来，可女人说她家是富农。如魏队长所说：“这比她家有个男人还难办！”——别说迁户口，地主富农连逃荒的证明也开不出来。邢老汉不解地说：“穷得都要饭了，咋还是富农？”女人带着她和邢老汉大半年挣的钱粮的一半不辞而别，于是黄狗成了邢老汉和陕北女人惟一的联系。而随着“学习无产阶级专政理论运动”的开展，老汉忍痛把狗放出去，任它被“消灭掉”，因为通知说养狗就等于“窝藏了阶级敌人”。小说中西部人的幽默直指荒谬年代的所谓重大“理论”这一庞然大物，使之变形，显出它的怪诞和可笑。邢老汉想道:"先是因为身份问题妨碍了他的家庭幸福,终于连剩下的一点虚妄的安慰也被剥夺了。""他不知道这是为什么,只隐隐糊糊地听说这就叫'政治',这就叫'阶级斗争'。他微微地摇摇头,无声地叹息了一下;他觉得这样的'政治'和这样的'阶级斗争'是太可怕了。他觉得在这样的'政治'和'阶级斗争'中,生活已经变得毫无意思了。"①

在《土牢情话》(1981)里,张贤亮道出了描写"伤痕"的动机:"不毁灭过去,怎么能重新生活。"②

而《灵与肉》(1980)就带着"伤痕"反思了。

主人公许灵均解放前夕被资本家父亲遗弃。1957 年要完成抓右派的指标,社会又遗弃了他,将他又推到资产阶级中去,戴上顶"右派"帽子,流放到偏僻的农场,使其与马为伍。张贤亮在他的小说系列里塑造了一个以许灵均为代表的"右派"系列,疏导"右派情结"——"右派就是 57 年那阵子说了点实话的人"③。

将郭蝙子下午里对许灵均说的——"喂,'老右',你要老婆不要,你要老婆,只要你开金口,晚上就给你送来。"——和傍晚对李秀芝说的——"喂!你怎么不进来?进来,进来!这就是你的家,来认识认识,这就是我说的'老右',大名叫许灵均。啥都好,就是穷点,可是越穷越光荣嘛!"——连接起来,连同由他"包办"的这份"八分钱的婚姻",既是荒谬的情节,又勾画了情节的天幕;既是"伤痕",又道出了"伤痕"的时代背景。这"伤痕"并不仅仅是"右派"的,而是全民的。"天府之国"女儿外流,是"极左"政策下全民范围的饥饿和贫困的

① 《邢老汉和狗的故事》,见《灵与肉》,百花文艺出版社,第 53 页。

② 《土牢情话》,同上,第 142 页。

③ 《灵与肉》,同上,第 14 页。

缩影。

《灵与肉》信息密集。张贤亮小说的主要特征在这篇成名作里得到了充分的显露。

《灵与肉》体现了作者的多重思维。许灵均意识到他和秀芝的婚姻方式是“反常的”,并且深知其背景是“一场大灾难”,“这场大灾难又是民族的耻辱”。然而,灾难之中他没有忘记在“50年代那种开朗的气氛中”,他和所有的中学生一样,对未来怀有一个美丽的梦。中学毕业后,梦曾一度成为现实。“浩劫”度尽后,他感到“重续了22年前的那个美丽的梦”。他没有怀疑心中的“神圣的东西”①。西部广袤的荒原给他以有力的支持,他将“祖国,这样一个抽象的概念”,“浓缩在这个有限的空间”,“显出他全部瑰丽的形体”。许灵均也善于感知人与人之间的感情。以郭蝙子为代表的“西部”人压根儿就不以莫须有的标准看待他。他们理解他,保护他,给他的“八分钱的婚姻”办了一个充满人间温暖的婚礼。这是一份奇特的婚姻,纯靠偶然性排列组合。而许灵均和李秀芝不是只在偶然性中看到荒谬的一面,还体会到其中显示的奇特的命运,它把幸福出人意料地突然赏赐给人。

以郭蝙子为代表的“西部”人,还有李秀芝,在小说中构成了一个内部环境。这是一个正常的世界,一个“西部世界”。他们同《邢老汉和狗的故事》中的魏老汉、魏队长、邢老汉等人一样,以幽默抗衡荒谬的外部世界,以理性消解疯狂,使许灵均感到:“人,毕竟是美好的,即使在那黑暗的日月里!”许灵均为“西部世界”的乐观精神所感染,在“以劳动为主体的生活方式”中,在“平凡的质朴”中,获得了“西部”人那样的“愉快的满足”。许灵均已经融入“西部世界”,属于“西部世界”。

① 《灵与肉》,百花文艺出版社,第20页。

“西部世界”价值体系的核心是“土地”的思想，是对于“根”的确立。这个长期困扰着现代人的具有普遍性的问题在这里呈和谐状态。在这里，许灵均遭受双重遗弃的“过去”隐褪成了一场“模糊的梦”，好似是从书上读到的关于别人的故事。最后，他就变成了适合于在这块土地上生活，而且也只能在这块土地上生活的人：“他成了一名真正的放牧员！”和李秀芝的结合，“强化了他对这块土地的感情”，“使他生命的根须更深入地扎进这块土地里”。是留在“土地”上，还是随父亲去美国，许灵均未经灵与肉的搏斗，便选择了前者。“灵与肉”是他两相比较的结果。这是“自由选择”，“直觉”选择。

《灵与肉》透露了张贤亮直觉艺术最初的信息。

李秀芝进屋之后，对许灵均“竟没有一点陌生的感觉”。“她的直觉告诉他：这是一个能依托终生的人。”①

许灵均的切身感受就是：“任何理性上的认识如果没有感性作为基础就是空洞的。”而他对于“土地”的情感，正是通过20多年“人生的体验”② 才获得的。“这里有他的痛苦，也有他的欢乐，有他对人生各个方面的体验，而他的欢乐离开了和痛苦的对比，则会变得黯然失色，毫无价值。”这种多重的幸福观有点像沙枣——“这是西北特有的酸涩而略带甜味的野果，1960年饥荒的年代，他曾经靠这种野果度日。很多年没有吃了，现在吃起来却品出了一种特别令人留恋的乡土味……”

“她爷爷保险没有吃过沙枣！”秀芝把核吐到车外，笑着说。

这是她发挥了最大的想像力来想像这个从国外回来的公公了。

① 《灵与肉》，百花文艺出版社，第23页。

② 《灵与肉》，同上，第30页。

许灵均见到父亲后，不由地想：

> “他怎么会吃过沙枣呢！?”

许灵均与父亲、父亲的女秘书谈论婚姻时，他感到他和秀芝的婚姻又像正在呷着的咖啡。“咖啡苦中有甜，而且甜和苦是不能分开的。二者混合在一起才形成了这种特殊的、令人兴奋和引人入胜的香味。”他认定父亲和密司宋能品出咖啡的妙处而不会理解他和秀芝的“荒原婚姻”的神圣意义。

许灵均又回到了“土地”上。“他一下车，就有一种像是从降落伞落到地面的感觉，他的脚又踏着实地了。”他知道这里有他“生命的根”①。《灵与肉》超越了“伤痕”，表现对人生价值的思考，体现了“反思文学”特征。许灵均与父亲的一段对话，颇具这种“反思”特征：

> “你还要考虑什么呢？嗯?”……
>
> “我也有我所留恋的。”他转过身来面对着父亲。
>
> “包括那些痛苦吗?”父亲意味深长地问。
>
> “惟其有痛苦，幸福才更显出它的价值。”

许灵均的选择是高意识的。它表现了“大灾难”过后中国人精神的超越和伟岸。

创作了几部以改革为主题的社会小说之后，张贤亮于1983年初又发表了一篇描写个人体验的小说《肖尔布拉克》，重新走上《灵与肉》开创的“感情的历程”。

《肖尔布拉克》透露了张贤亮个人体验的世界里有一个关于性

---

① 《灵与肉》，百花文艺出版社，第28页。

爱、婚姻的天地。像艾特玛托夫的《我的包着红头巾的小白杨》的汽车司机主人公坐在长途火车里头，向记者慢慢“叙述”他的“不幸的故事”一样，《肖尔布拉克》全篇都是司机主人公在自己的驾驶室里给坐在身边的“记者同志”讲述的自己走过的一段人生路。汽车行驶在荒无人烟的戈壁滩。司机舍不得把他的故事很快讲完。他的慢慢道来便形成了小说节奏的舒缓、自由，与人生节律相契合，犹如蒙古民歌的“长调”。结束了长长的“引子”，遇到米脂姑娘，步入情节，宣布性爱、婚姻体验主题：

> 我看你还年轻，结了婚没有？没有。好，那我跟你说说这夫妻之道。我结了两次婚，可以说有那么一点经验。

《肖尔布拉克》表现的是主观的爱情哲学，表现婚姻是感情行为，诉诸直觉。“这里面没有学问，只能靠你的感觉。拿你们知识分子的话来说，就是一种‘直觉’吧。”① 司机主人公甚至率直地对他第二个妻子说：“客观地看，不论从哪方面来说，我都比那陕北小伙子强。可那姑娘偏偏不爱我，偏偏愿意跟那小伙子受苦。”他懂得了“这就是爱情！”他是痛痛快快成全陕北姑娘和她未婚夫的——“算了，你走吧。我图的是人心，不是这个。你好好跟他过吧，别再分心了。以后，咱们虽不是夫妻，还是朋友，有什么困难尽管来找我……”表现了张贤亮小说的一个不断加强的主题：“男人的风格”。

《肖尔布拉克》拥有一个广阔的空间跨度：河南司机，陕北姑娘，上海姑娘……汇合到新疆。司机说：“‘我们新疆好地方呀’这个歌我在学校就学过”，“可是你不到新疆，就不知道我们国家有多大。”《肖尔布拉克》也拥有一个较大的时间跨度：从理想如繁星的50年代，饥

① 《肖尔布拉克》，《文汇月刊》1983年第2期，第8页。

饿的60年代初，经“造反派”横行的“文革”10年，到改革开放初期。3个主人公都遭遇过不幸，都在“碱水泉”里浸泡过，良心都未被腐蚀，反而铸就了“一颗金子般的心”。作家通过司机的口述说道：“我的经验是：日子好过不好过，不在于在什么地方，而在于跟什么人在一起。”“咱们中国大得很，只要你们肯下力，没有绝人之路，在这儿，你们生活会好起来的。”自豪感几乎深入潜意识，与《灵与肉》同样一扫“大灾难”过后中国大地滋生的后殖民地意识。

简单地划分，《绿化树》(1984)在主题上是承接《灵与肉》的。

张贤亮个人体验小说的主要特征在《绿化树》里得到了充分的体现。

《灵与肉》荒谬的背景天幕在《绿化树》里化作一种感觉——“饥饿”的感觉。个人体验主人公章永璘所经历的一个时代的不幸——用《绿化树》语言来说是“真他妈的不易”——都融入“跃进”出来的“饥饿”意象里了：

> 九点钟才开饭，我靠在叠起来的棉花网套上，几乎要晕过去。如果这两个稗子面馍馍不丢，即使我不吃它也不觉着什么。而这巨大的损失加深了我的恐惧心理，竟使我觉得非常非常的饿。饥饿会变成一种有重量、有体积的实体，在胃里横冲直闯；还会发出声音，向全身的每一根神经呼喊：要吃！要吃！要吃！①

这是对于“饥饿”的非理性的个人体验，是柏格森“直觉主义”的艺术表现。《绿化树》是由一个又一个的“直觉”支撑着的。

---

① 《绿化树》，见《感情的历程》，作家出版社1985年版，第51～52页。

《绿化树》截取的是章永璘被两次劳动管制中间的一段所谓“自食其力的劳动者”生活，是“受我自己的意志支配”① 的生活，是存在意义上的“自由”的生活。他可以和炊事员讨价还价，不要稗子面馍馍而去刮笼屉布上的馍馍糙；他可以利用谢队长的信任，砌完炉子，偷偷地把打浆子的稗子面用来煎饼子；他用尽狡黠的心机，贱买老农的土豆多换老农的黄萝卜。章永璘自觉地意识到自己获得了这种自由。他在内心里欢呼：“只有自由的人才能进伙房刮馍馍糙，自由真好！”② 这是“上帝死了，做什么都是允许的”③ 的“自由”。

几乎在这样运用“自由”的同时，章永璘就开始了对于“自由”的思考。每经历一次这样满足食欲的同时，也就经历一次自己内心痛苦的过程：“白天，我被求生的本能所驱使，我谄媚，我讨好，我妒嫉，我耍各式各样的小聪明……但在黑夜，白天的种种卑贱和邪恶却使自己吃惊……我审视这一天的生活，带着对自己深深的厌恶。我颤栗；我诅咒自己。”“……我肚子一胀，心里就会有一种比饥饿还要深刻的痛苦。饿了也苦，胀了也苦，但肉体的痛苦比心灵的痛苦好受。”

这是关于“目的”的痛苦，亦即食饥渴之上的对于“目的”的饥渴：“我没有死，那就说明我还活着。而活的目的是什么？难道仅仅是为了活？如果没有比活更高的东西，活着还有什么意义？”

“饥饿”——这个荒谬的处境迫使人降低到“禽兽的水平”。而章永璘的精神价值在于他具有与荒谬处境抗争的力量，具有“选择”的力量。他的内心就是一个战场，不断地经历“灵与肉”的搏斗。他痛苦落入“为了活着而活着”的境地。努力使自己从馍馍糙、黄萝卜中“升华”出来，使自己“和饥饿的野兽区别开”。他自省道：“大自然赋

① 《绿化树》，见《感情的历程》，作家出版社 1985 年版，第 34 页。

② 《绿化树》，见《感情的历程》，作家出版社 1985 年版，第 45 页。

③ 见陀思妥耶夫斯基《卡拉马佐夫兄弟》及萨特《存在主义是一种人道主义》。

予我这样大的耐力,难道就是要我在一种精神堕落的状态下苟且偷生?难道我就不能准备将来干些什么对社会有益的事情?”达到了“自由选择”、“直觉”的深刻层面。

“自由选择”肯定人的主观能动作用,而不将自己交给环境,属于“非环境决定论”,“非宿命”。章永璘明确表述:“我不认为人的堕落全在于客观环境,如果是那样的话,精神力量就完全无能为力了……”① 章永璘形象的意义就在于非环境决定,非宿命,他直觉地体验“饥饿”,体验“饥饿”这个庞然大物,然后又以巨大的精神力量超越它,而直觉地选择“责任”:

> 我目前的境遇是铁的现实!
>
> 那么,这是宿命吗?但普遍性的饥饿正使千千万万人共享着同样的命运。是我耳边又响起了哲学讲师的声音:“个人的命运和国家的命运是联在一起的。”

章永璘的精神世界具有当代存在主义特征。萨特认为,人不能接受外界的命令,也不能接受外界的辩护。他主张人要对自己的行为负责,“把自己存在的责任完全由自己担负起来”②。章永璘和许灵均同样认为环境是多重的,同样善于在“荒谬”的大背景下发现那个健全的“西部世界”。《绿化树》中的马缨花、海喜喜、谢队长,和魏队长、魏老汉(《邢老汉和狗的故事》)、郭蝙子、李秀芝(《灵与肉》)、魏天贵、郝三、韩玉梅(《河的子孙》)构成了一个蔚为大观的“西部世界”。

“西部世界”的精神特征就在于最早体现在李秀芝身上的“土地”

① 《绿化树》,见《感情的历程》,作家出版社 1985 年版,第 49 页。

② 萨特:《存在主义是一种人道主义》,上海译文出版社 1988 年版,第 8 页。

的思想。他们的劳动、生活、心灵以及艺术，都紧密地依附于这块黄土高原上，“全然是和这片辽阔而令人怆然的土地融合在一起的”①。他们以“土地”的思想消解外部世界的“荒谬”，消解并非产生于“土地”之上的“空穴来风”。

马缨花是张贤亮小说中“西部世界”的灵魂。她平凡，复杂。她自身就是一个“西部世界”。

马缨花与《河的子孙》(1983)中的韩玉梅一样貌似放荡、满身风尘、遭人非议。她以其姿色为钓饵，诱使对她怀有非分之想的男人上钩，在“饥饿”无时无刻不在折磨人的年代，向她作慷慨的馈赠——瘸保管的白面、羊下水，会计的土豆，车把式的粮食。就连章永璘都一度慨叹她“真是个不可救药的风尘女子啊”。这是“荒谬”的时代在她身上创下的“伤痕”。这一“伤痕”凝聚为“美国饭店”意象。她虽早已把章永璘视作丈夫，却不与他正式结婚，以继续获取那些馈赠，而要等到“低标准”过去才去登记。

马缨花与韩玉梅一样纯洁，忠贞。她对章永璘斩钉截铁地说：“你放心吧！就是钢刀把我头砍断，我血身子还陪着你哩！”

“荒谬”的外部世界就是要她们放弃爱情，要她们沦落，而她们——陕北女人、韩玉梅、陕北姑娘、马缨花……这些“西部姐妹”就是不沦落风尘，就是对爱情矢志不渝。作家将她们一一放进“污泥”、“火坑”里，让她们身上沾满污泥、灰烬，伤痕累累。她们具有顽强的“意志”，伤痕多深，情义也就多真。她们出污泥而不染，烈火中炼真金。外表的不洁和内在的纯真成正比，是“西部姐妹”性格的美学特征。这种带有浓厚荒原气息的野性美，是荒谬的处境与自由意志造

① 《绿化树》，见《感情的历程》，作家出版社 1985 年版，第 37 页。

就的复合体。“啊，生活啊生活，艰辛的和美丽的都使我战栗！”① 而纯真是“西部姐妹”性格的内核。她们整个地属于“西部”。

马缨花对章永璘的倾心、爱恋以至献身，并非出于功利，而是基于千百年形成的“民族心理积淀”。她这个撒马尔罕人的后裔，几乎目不识丁，对外部世界所知甚少，但是她身上体现着由代代相传而来的准确无误的趋文化意识，就像许多植物所具有的趋光性一样。马缨花的口头禅“没起色”就是她的价值标准，其内涵就是文化。她不“希待”海喜喜，就是看他“放着书不念，倒喜欢满世里乱跑”，认定他是个“没起色的货”。章永璘对于她来说，是“唱诗歌的‘右派’”，是念书人。她看章永璘跟她儿时记忆中的爷爷一样，总是看书，并且也是那样捧着，也是“老厚老厚的一本”。她在这种气氛里获得一种精神上的享受。她把有一个男人在她旁边正正经经地念书，当作由童年时的印象而形成的一个憧憬，一个“美丽的梦”。

在“饥饿”迫使人降低到“禽兽的水平”的年代，马缨花不放弃自己的“憧憬”，不掩埋自己的“梦”。她鄙夷海喜喜“就懂得吃饱了不饿”。她超越“饥饿”，凭直觉选择“念书”，选择文化。在文化虚无的年代，表现出对于文化的“饥渴”。为整天念书的男人承担全部家务，她才感到满足，才“容光焕发”，而脑子里全然没有关于念书以及为念书的男人献身的功利性。这是中国妇女的传统美德，这片土地上土生土长的文化观念。这已成了马缨花的潜意识。因而她直觉地拒绝外部世界那个特定的巨大的“荒谬”。她不离开“根”。不用在这块土地上无根无据的荒谬理论看待章永璘。她一心盼望“低标准”快点过去，相信“低标准”会很快过去。困难时期，仍然葆有开朗、乐观的天性。而不论何时何地，她都所需不多。“喜光，耐干旱瘠薄”是树的、

① 《绿化树》，见《感情的历程》，作家出版社 1985 年版，第 192 页。

也是人的马缨花的习性。

正当章永璘陷于“目的”的危机时，马缨花为他解答了“饱了之后做什么”。马缨花以自己人生的原生状态，引导着章永璘“超越自己”，使他在“艰辛的生活”中认识到“生活的美丽”，因而有了一种“新的力量”迎接“险恶的命运”。

这种“新的力量”是“自由选择”的力量，马缨花和章永璘都没把自己交给“命定”，而是实行“选择”。马缨花所吮吸的哲学营养——海喜喜将其表述为“特克底勒尔”和“依赫梯亚尔”——与章永璘的在《绿化树》中沟通了。《绿化树》的主题是关于“自由”的，它表现的是“自由”的哲学。马缨花和章永璘“自由”地选择“行为”的同时也“自由”地选择了“责任”。这是一种“高水准”的选择，具有现代意义。存在主义哲学认为：“人可以作任何选择，但只是在自由承担责任的高水准上。”① 《绿化树》是结出果实的“反思树”。

马缨花引导章永璘超越食的饥饿，成为植根于这块土地的作家。她没有怎么涉足另一种“饥饿”——这既是她的文化心理表现，又是作者“启示录”系列小说结构的需要。马缨花将另一“饥饿”交给了黄香久。

不言而喻，《男人的一半是女人》(1985)在“启示录”系列小说结构上是承继《绿化树》的，而在对性爱、婚姻体验上，是承继《肖尔布拉克》的。

《男人的一半是女人》描写“荒谬”年代的劳改队，只是驱赶人们整天排队、出工、报数、点名，像工具一样地干活，天赋予人们享受正当快乐的权利被剥夺净尽。这种“法西斯文化专制”造成的“饥

① 萨特：《存在主义是一种人道主义》，上海译文出版社1988年版，第29页。

饿”——“性饥饿”无时不在。掉在土路上的一根橡皮筋——这是女犯们用来当作手镯的替代装饰品——就能引起男犯的遐想,编出一个故事。劳改犯的土坯房里,所有的梦中都有女人,如静电的火花,在这些男人脑海中荧荧地闪烁。这些“白日梦”和暗夜中的梦,是一种替代性满足,“一种愿望的达成”①。

《男人的一半是女人》和《绿化树》使用的同为来自《旧约》的“受难——蒙恩——救助——新生”环形结构。章永璘经受食饥饿时有马缨花出来解救;经受性饥渴时,黄香久走进了他的世界。“她就是从这条小路来到羊圈的”。这是时隔8年,他俩第二次邂逅。“凡是出现过两次的事物,肯定具有某种意义。那就是命运!”“蒙恩——救助”意蕴幽深。

黄香久是“西部”的又一个姐妹。她的出现,强化了“西部姐妹”的婚姻特征:她们都有两次或两次以上的“婚姻”,其中第一次或最后一次之前的“婚姻”都是不幸的。这是荒谬时代给“西部姐妹”留下的“伤痕”,是“荒谬”的真实写照,是“宿命”。黄香久眼睛看着地面说:“这八年,结了两次婚,离了两次婚,就这些。幸亏没生娃。”章永璘听了一点也不惊奇。他们对“荒谬”已有清醒感:“我看见、听见的出乎意料的事情太多了,到后来,竟没有一件事能出乎我的意料。她不那样生活还能怎样生活?幸福是一种奇迹。不幸才是常规。她对我的坎坷也没有感到惊奇。这样,我们倒是真正地相互理解了。”

作为天成姐妹篇的两个女主人公,黄香久是马缨花的化身。在《绿化树》里展现的是“灵”的圣洁,周身“散发着一种迷人的、令人心旷神怡的光辉”;在《男人的一半是女人》里展现的是“肉”的健康,她“沉甸甸的、周身都能颤动的肉体”令章永璘感到“世界因为她而光彩

① 弗洛伊德:《梦的解析》第3章《梦是愿望的达成》。

起来”。黄香久是马缨花的将来。

渴望结束“灵”的畸形,走进“肉”的健康王国的章永璘,因“心理上受到了损伤”,被剥夺了“自由意志”,失去了“创造力”,成了“废人”,“半个人”。他无法获得黄香久的认同,不能在“家”这个“独立王国”中,“潜心地思索其他九百六十万平方公里的前景”。于是他害怕回家,害怕夜晚。他感到“一种莫名的自卑”。他再“无心读书”,写论文。他只能苟且偷生,像大青马那样任人驱使,任人宰割。在作者看来,这是荒谬时代给男人造成的最为严重的“伤痕”。这是男子汉的危机:关于“行动”的危机,“献身”的危机。

张贤亮喜欢在小说里对全局发言,总是把个人命运同国家命运联系起来。《绿化树》里,章永璘在哲学上追究全民饥饿原因,认为属于“人的选择”问题,是“人犯了错误”,“与马克思主义无关”,因而“绝对无损于马克思主义的正确性”,“她的科学性和真理性是我深信不疑的”。① 《男人的一半是女人》借大青马口吐人言:“唉!我甚至怀疑你们整个的知识界都被阉掉了,至少是被发达的语言败坏了。如果你们当中有百分之十的人是真正的须眉男子,你们的国家也不会搞成这般模样。”② 把个人和国家的危机紧密地联系起来。个人和全体人民都可悲地陷于屈辱之中。章永璘的转机是一次“献身”行动。大渠由于洪水泛滥面临决口的危险。熟悉水性的章永璘把全部身心投入到抢险活动中,并且表现得自信而果断。“往常那套上下级关系全打乱了”,章永璘事实上成了指挥者,获得了周围环境的认同,也获得了自我认同。于是,他奇迹般地恢复了一个男人的创造力,成了一个“完整的人”,获取了黄香久的认同。

① 《绿化树》,见《感情的历程》,作家出版社 1985 年版,第 175 页。

② 《男人的一半是女人》,《收获》1985 年第 5 期,第 55 页。

获得黄香久认同与立意离开黄香久是同步发生的。章永璘的“完整的人”的概念,是“灵与肉”的一致。“须眉男子”的要素是强烈的性爱激情与强烈的政治激情的统一。他被“阉割”时,这激情是同时失掉的。“还写什么论文?!……我不过是‘半个人’,是‘废’人,我已大大降低了对这种工作的兴趣。”他体现着弗洛伊德动力心理学的最高层次。他恢复了“伊德”(id)这个人类“动力”来源,满足了人的原始本能欲望的同时,就要超越“快乐原则”,也超越“自我”,遵循“道德原则”,以实现“超自我”。他渴望“行动”,恢复了写作,并且要到“广阔的天地”去,到人多的地方去,要听到人民的声音,要把自己所想的告诉别人。他耳边总隐隐约约地听到远方有谁在呼唤。他超越“性饥渴”,经受着“献身”的饥渴——更高意义上的抢险活动中的更高意义的献身。

小说将章永璘的“献身饥渴”置于所谓反击“右倾翻案风”运动之中。丙辰清明前夕,让章永璘直觉感受到“整个中国的空气在孕育着一场真正的人民的运动”①。他将此看作国家和个人命运的转机②,相信个人和国家只有经过这场人民运动才能开始新生。小说的政治激情和性爱激情同样令人颤栗。

张贤亮在小说中写道:“政治的激情和情欲的冲动很相似,都是体内的内分泌。”③ 小说贯穿着主人公一个又一个的政治和性爱方面的直觉,让主人公在这两个方面去体验,在感觉,去“自由选择”。这是中国当代文学的“新感觉”。

“主题先行”的创作过程,亦即把所有的丰富的感觉用来验证一个哲理:“女人永远得不到她所创造的男人!”加上系列小说结构的需

---

① 《男人的一半是女人》,《收获》1985 年第 5 期,第 95 页。

② 《男人的一半是女人》,《收获》1985 年第 5 期,第 9 页。

③ 《男人的一半是女人》,《收获》1985 年第 5 期,第 36 页。

要，作者让章永璘永远也不停留在某个女子身边。而黄香久有着乐观、开朗的性格，善良、纯真的心灵，坚韧、顽强的生命力，她像是马缨花从圣母天国降落到黄土高原，失去了“圣洁的光辉”，成为完全世俗的人。“她身上没有一点模糊的地方，无性别的地方，仿佛她呼出的气息都带有十足的女性，因而对男人有十足的诱惑力。”她真正地属于“西部世界”。她更具有黄土地般的“伤痕上的美”，给章永璘带来更多的“痛苦中的快乐”。“黄香久”与“黄土地”——章永璘恍惚中将其幻化为同一意象：“你是这样的丑陋、恶劣，但又美丽得近乎神奇；我诅咒你，但我又爱你，你这魔鬼般的土地和魔鬼般的女人……”《男人的一半是女人》更加强烈地表现了张贤亮自《灵与肉》以来的个人体验小说的总主题：对其赖以生长的“土地”的深情的感激，以及对于“土地”的超越，带着“土地”所养育的精神，投身更加广阔的天地。它也更加鲜明地表现了张贤亮所崇尚的“男人的风格”的最主要特征——激情。

《习惯死亡》(1989)套用弗洛伊德“死的本能”的精神分析理论，以及雅斯贝尔斯“学习死亡”的存在主义哲学，让个人体验主人公不断地体验死亡。“死亡”代替“饥饿”成为小说的中心意象。然而，它已不具“饥饿”的文化韵味和全民的宿命韵味，“死亡”是“政治”的恶果。

《习惯死亡》的个人体验主人公已不再处于“培养”阶段，而是一个自我无时无刻不意识到的作家。《习惯死亡》又不是写“过去”——五六十年代以及“文化大革命”——而是写“今天”，写80年代末。

《习惯死亡》是作家对中国今天的种种“体验”，种种看法。

小说中的“今天”，没有自《灵与肉》开始的实在的背景天幕以及全民性的处境，有的只是作家主人公的感受。小说写道，在这里，“作家与妓女至少有一点相同：一方面受着生活的折磨，一方面又要强作笑颜，都是可怜虫。”这与《绿化树》结尾所描写的“1983 年 6 月，我出席在首都北京召开的一次共和国重要会议”，“在人民大会堂同国家和党的领导人共商国事”的心境、感受有了天壤之别。

同为作家主人公，从 1984 年的《绿化树》到 1989 年的《习惯死亡》所发生的灾难性的变化的契机是受批判。受批判是《习惯死亡》的主人公的处境，也透露了《习惯死亡》的创作契机。小说描写主人公以作家身份在美国逗留期间，当地的每一份报纸都登载一家通讯社发自北京的电讯。电讯对国内一家报纸上的批判他的小说的文章作了摘要，大致是说他的小说“暴露了社会主义阴暗面”。美国报纸还把对小说的批判和中国“最近在意识形态领域里的运作”联系起来，预示中国“将有另一次政治风暴”。①

所谓“不准暴露社会主义阴暗面”的禁律，早已被气势磅礴的“伤痕文学”所打破。至于小说揭露的“他们叫我们的文学不要去写什么‘反右’和‘文革’”，中国文学界并不受此束缚。“伤痕文学”几乎都是暴露“文革”的。暴露“反右”的作品也比比皆是。并且暴露“反右”和“文革”的作品获大奖者也不胜枚举。在“今天”找不到政治运动。《习惯死亡》大量罗织的是“过去”的“荒谬”和“伤痕”：饥饿，死亡，恐怖的“红海洋”，挑动群众斗群众，两报一刊，一打三反……早已为中国文学所超越了的“荒谬”和“伤痕”。《习惯死亡》丢弃了自“伤痕文学”以来的中国文学——包括作家本人自《灵与肉》以来的创作中所体现的多重思维，而采用了单一思维方法。在“今天”，在经历着中国文学包括作家本人所呼唤、描写、歌颂的改革的“今天”，《习惯死亡》写“我从未想过谁应对中国人的饥饿和死亡负责，仿佛饥饿和死亡本来就是我们生活的内容”，写“中国不停的政治运动”，写主人公依据

① 《习惯死亡》，《张贤亮小说自选集》，漓江出版社 1995 年版，第 449 页。

“过去”的荒谬，对于“今天”进行体验：他在80年代末，“连死都不怕却怕部署得前后有序的‘群众性政治运动’”，写“过去”的荒谬所造成的“今天”的“伤痕”、“死亡”：因为政治运动的子弹早就射进了大脑，埋伏在“脑海深处”，“始终压迫着我的一根脑神经”，便在2000年——65岁时开枪自杀。发生在“今天”的“死亡”不是政治运动的结果，而是小说处处体现的政治思维的结果。

《习惯死亡》创作中的单一政治思维，使以往作品曾经有过的对“九百六十万平方公里的前景”所作的思索，变成了对某种政治模式的追逐；使政治激情变成了政治运作；使对全局的发言变成政治调侃；使对理论的偏好变成对意识形态的热中。《习惯死亡》在以建设为基调的80年代，写对于“不停的政治运动”的恐惧，却搞起了政治——贵族政治，以至落于另一极端——与中国“今天”的社会进程甚不协调的极端，有悖于稳健主义传统的极端：

> 过去你把眼睛朝向现在而现在你把眼睛朝向过去……你不只一次地幻想过这个奇异的国家应该倒退到什么时光重新开始才能在现在和其他国家齐头并进。①
>
> 一九四九年？一九五六年？抑或是一九一一年还是更早一点？索性倒退到戊戌变法时让我们中国人再干一遍！
>
> 等我们懂得对马克思主义的理解法定地要以我们领导人的智力水平为限，超出了他们的程度便是犯法已经太晚。若干年后我提笔叙述这段经历，而那时的读者读了却哈欠连天。他们说我描写风景的文笔还可以，为什么非要去写“主义”？小说里

---

① 《习惯死亡》，《张贤亮小说自选集》，漓江出版社1995年版，第343页。

插进那么多理论实在倒胃口。他们不知道正是理论把我们折腾得死去活来，使我认为我的一生都白活了，活着还不如去死。①

后来我经常以为我所看见的世界和我所追随的真理不一样并不是世界的现实脱离了我的知识而是我曾经吃错了药。②

极端的政治思维使《习惯死亡》处处流露着"持不同政见者欲"，幻想着回国后受"政治迫害"，津津乐道于"政治避难"。

《习惯死亡》自始至终在对东西方文化进行比较，并且点出了所使用的方法："你忽然想到，被众多学者所纷纷解析的东西方文化的差异，其实并不能从理性活动中得出结果，那必须纯然用感觉方能洞悉其中的微妙。"这就确立了主人公——逗留于"新大陆"的中国作家身份——进行这一比较的优越地位。主人公的"微妙"感觉是："新大陆西岸湿润的夜风裹着一团用电子乐器中磨擦出来的火花炙热了你的面颊，你从这电子的节奏中听到了秋天金色的庄稼你以为土地又在召唤你去收割，这样的感觉你怎能用语言去表达？"③ "月亮虽不是美国的特别圆，但确实到处都有碧月的澄照"，旧金山的秋夜则"璀璨得完全是脱离了现实的谎言"。于是，主人公"蓦然悟到世界本来就应该是这个样子，再不可能是其他模样"；而主人公的视角一旦转到中国，则是一派破败景象，钢城 B 市的"光秃的树枝""与地狱里撒旦的头发相同"，首都北京也笼罩在"被污染的阳光"下。作品常常将两方并列起来进行比较："美国人要发泄他们过剩的精力中国人要排遣我们过多的郁闷"；在美国，连狗都可以名为"自由"，可是，"这个字

① 《习惯死亡》，《张贤亮小说自选集》，漓江出版社 1995 年版，第 439 页。

② 《习惯死亡》，《张贤亮小说自选集》，漓江出版社 1995 年版，第 441 页。

③ 《习惯死亡》，《张贤亮小说自选集》，漓江出版社 1995 年版，第 342 页。

眼在我们那里……直到今天还不能大声地喊。”因此，女主人公“只有嫁给一个美国人才能摆脱压在中国人心理上的阴影”①。

与所有的“西方文化中心论”者一样，《习惯死亡》也对中华传统文化持“虚无”见解，将对中国文化的否定追溯到“根”。当主人公进了中国驻外领事馆时，作品写道：“中国人进了中国人自己的机关即刻会冷得发抖。那会客室里摆设的假古董炫耀着中华文化，他战栗地感到虚假比真实更持久，更伟大。”主人公端详汉代造型艺术《马踏飞燕》，“渐渐悟到了中国人自古以来就想把一切矫健之物压在自己下面以证明自己伟大。于是他终于心安理得地匍匐着”②。他欣赏情妇对“龙”的贬斥：“你说你一听见我们是什么‘龙的传人’满身都会起鸡皮疙瘩，‘龙是一条毛毛虫，好可怕！’”③ 他烦忧于自己“不过是一个天外的游魂只偶然坠落在一块名叫中国的土地上，然而这个奇异的国度在你的肉身上盖上了它黄色的印记以后，你便怎么也刷剥不掉”④。以往作品的民族自豪感一扫而光。“黄土高原”的作家成了所谓的“蓝黄文化”论者。《习惯死亡》处处散发着后殖民地气味。在贯穿于中国20世纪文学的东西方文化大论争中，《习惯死亡》在80年代民族复兴的关头对中华文化，对中华民族，对中国发出贬斥和指控。以往的“西部幽默”变成了尖刻的嘲讽；个人体验变成了个人泄恨；丰富的直觉变成了直觉的匮乏，长篇小说成了贴给中国的一张长篇“政治大字报”。《习惯死亡》主人公对于生为中国人发出悲哀的绝叫，向着西方“乐土”发出虔诚的膜拜。

《习惯死亡》的政治思维，极端到将作为文化的“爱国主义”当成

① 《习惯死亡》，《张贤亮小说自选集》，漓江出版社1995年版，第456页。

② 《习惯死亡》，《张贤亮小说自选集》，漓江出版社1995年版，第338页。

③ 《习惯死亡》，《张贤亮小说自选集》，漓江出版社1995年版，第413页。

④ 《习惯死亡》，《张贤亮小说自选集》，漓江出版社1995年版，第342页。

政治宣传而给以嘲讽。因此,《习惯死亡》自然而然将《牧马人》电影故事《灵与肉》用"事实的记录"予以"修正"、推翻。《习惯死亡》就是对于《灵与肉》的推翻。

《习惯死亡》将国内报纸对主人公小说的批判写为一场"虚惊",原来是那家美国通讯社记者开了一个"政治玩笑"。但是,如作品所写"惊吓却是实实在在的",《习惯死亡》给《习惯死亡》里那家美国通讯社关于中国"将有另一次政治风暴"的预言提供的依据也是实实在在的。《习惯死亡》是在写中国就是"反右",中国永远是"文化大革命"。《习惯死亡》的"潜读者"是西方。

以往作品描写对于"反右"等荒谬事物给予抗争,超越"肉"而走向"灵",超越"伤痕"而获得"新生";《习惯死亡》则是以堕落来表现超越。小说套用了米兰·昆德拉的"政治加女人"小说模式,写主人公以一种变态心理疯狂地渔猎女色,其动因不在情欲,而在于政治,在于中国现实政治的压抑。因此主人公越渔猎女色就越反对现实政治,越反对现实政治就越渔猎女色。政治思维极端到给"堕落"改变褒贬色彩的程度:"用堕落来表现超越","用堕落来表现你的抗议",尽情地表现男主人公"放浪形骸的疯狂",并将此照例地与全局联系起来,但是却回到了"环境决定论"。当男主人公向一位"中国现代派"女诗人在国外谈了自己嫖妓心理时,女诗人激动地说:"我能理解你,我们不是被多少年钳制我们的混乱的道德体系所挽救,而是被它所折磨。我甚至这样想:中国本来就是一个大的修道院,只有中国变成一个大妓院时,中国才能进步!"① 小说描写几十年的"钳制"使男主人公丧失了"堕落的能力"。这里不再疏导"右派情结",而将其写成"病灶",在表演具有政治意义的"堕落"之上表演具有政治意义的"死亡"。

① 《习惯死亡》,《张贤亮小说自选集》,漓江出版社1995年版,第514页。

第六章 民族精神

——王蒙小说的灵魂

虽经“风云三十年”，王蒙“复出”后创作的小说仍然是继《青春万岁》表现布尔什维克情怀的。《青春万岁》表现从苦难中走过来的少年布尔什维克在明媚的春天里，温暖的阳光下的幸福感、自豪感，准备建设的激情；“复出”后的小说表现的则是一位饱经沧桑的布尔什维克面对满目疮痍、百废待兴的祖国产生的多重感情，其深处仍是一片赤子之情。

《布礼》(1979)最早地展现了这位布尔什维克在“风云三十年”里心灵活动的历程。这里反复不断地揭示主人公在1949到1979年间所有重要——或者严重年份里的内心活动，其聚光点是心灵所受的创伤：1957年的毁灭性的打击，1966年的狂热式横扫……王蒙属于真诚的布尔什维克。主人公钟亦成在“荒谬绝伦”年代精神不垮，像法国存在主义哲学家阿尔贝·加缪一样反对逃避荒谬，反对自杀。在“荒谬”年代，他不止一次写信给妻子凌雪说：如果我死了，只可能是被害，决不会是自杀。因为他永远铭记着1949年1月参加的第一次全市党员大会，互致的“布礼”，以及从1947年到1957年间的党内生活经历。他有“不可动摇的信念”①。《布礼》是王蒙反思小说的“信念篇”。

王蒙是关注“今天”的作家。对于“今天”,他尤其关注广为流行的某种社会思潮。《布礼》是立足于“今天”的作品。它在1979年里针对以“灰影子”为代表的虚无主义思潮,理直气壮地表达自己坚实的信念。它向当年的“布礼”发出故乡般的缅怀,并且时隔30年,再次郑重地致以“布礼”。钟亦成怀有加缪所说的对于“故乡”的记忆,和对于未来的希望②,因而不存在信仰危机。

王蒙小说表现的是稳健的多重思维而非极端的单一思维。他认为:“生活是杂色的,不是单色。”③ 钟亦成的坚实信念就建立在这种多重思维上。他看到了执政党内有许多宋明一类的无限上纲上线的“分析派”,也看到了有许多老魏这样的“愚公”。他相信“即使谎言和诬陷成山,我们党的愚公们可以一铁锨一铁锨地把这山挖光。”王蒙的少年布尔什维克出身的主人公危难之中还总是得到人民的支持。钟亦成劳动改造期间抢救火险的行动,遭到“分析派”的诬陷,却受到筑路工人们褒奖;张思远(《蝴蝶》)住进偏远的山村时是一无所有,告别时却是满载而归。在这里,他找到了“魂”;翁式含(《相见时难》)被下放到农村,由哺育过难以计数的世代农民的玉带河哺育了十年,玉带河农民给了他民族自信力。王蒙小说经常出现象征这力量源泉的“大地”意象。少年布尔什维克出身的主人公们以自己作为她的儿子而自豪。他们即使在严寒的冬天,也能感受到生活的温暖。小说《温暖》入微地表现了这一感受:

---

① 《布礼》,《王蒙选集》第2卷,百花文艺出版社,第27页。

② 加缪:《西西弗的神话》,三联书店1987年版,第6页。

③ 《倾听着生活的声息》,《王蒙选集》第1卷,第15页。

风大了。赵荣国问小姑娘:“噢,你不冷吗?”

小姑娘摇摇头。

钟亦成所受的伤害,是革命者受到的来自“革命”的伤害,是来自“自己的同志以党的名义射出来的子弹”、“十七岁的可爱的革命小将用皮带和链条”的伤害。危难之时,区委书记老魏像当年搞地下斗争一样,秘密地派凌雪伪装成护士去护理钟亦成。斗争已具“对敌”性质。但是小说不去揭示这种“革命”的极端性质,不去追究一出出悲剧的必然性及其对全民的惨重伤害,而让主人公只是感到“惶惑”①。甚而将那些“荒谬绝伦”的事情做如下理解:“也许,这只是一场误会,一场暂时的怒气。党是我们的亲母亲,但是亲娘也会打孩子,但孩子也从来不记恨母亲。打完了气会消的,会搂上孩子哭上一场的。”②将盛行于中国20世纪上半叶的阶级意识、党派观念带到了下半叶。如批评家所指出的那样,这种想法“无助于人们正确地反思历史,确定每个人对历史应负的责任;也无助于被冤屈的人们意识到自己向来自党内的横逆斗争,向恶抗争的权利③”。

《蝴蝶》(1980)对历史作了反思,并且是由对这一历史负有责任的人做出的。

张思远是执政了的布尔什维克。1949年,他对于这座中等城市突然拥有了巨大——简直是无限的权力。让这座城市要什么就有什么——物价稳定,秩序井然;不要什么就没有了什么——“土膏店”、妓院。他的每一句话都被倾听,被记录,被学习领会,贯彻执行。他也拥有崇高的威信。他赢得了海云的爱。张思远的存在不是作为个

① 《布礼》,《王蒙选集》第2卷,百花文艺出版社,第27页。

② 同①,第42页。

③ 曾镇南:《王蒙论》,中国社会科学出版社1987年版,第52页。

性而是党的化身。海云爱的是党。海云也是一个象征。她热情、活泼，然而轻信，是50年代初期时代精神的象征。像花蕾初放一样的海云与50年代初期的张思远呈“和谐”状态。此时张思远所代表的执政党、新潮流、新社会、新生活，是以建设为主调，生机勃勃，欣欣向荣，为海云成长提供了广阔的天地。海云是属于建设而不属于革命的。当海云获得了某些必然的发展时，张思远便显出了某种僵化、偏狭。他又运用起了阶级论。他认为海云还是一个“没有得到足够的改造和锻炼的小资产阶级知识分子”①。到了1957年，他又运用起了斗争哲学，把海云当成自己的敌对面，实行残酷打击：

> 他背着手，踱来踱去，立场坚定，铁面无私。“只有低头认罪，重新做人，革面洗心，脱胎换骨！”他的每个字都使海云瑟缩。就像一根一根的针扎在她身上……②

张思远在不断变异。1957年以后他成了一架阶级斗争的机器。他主持一个又一个的运动。他亲手办了一个又一个的“揪出来”和“定下来”。斗争是他得心应手的事情。他大讲特讲“无产阶级在斗争中体会到的是胜利的喜悦”，“只有没落阶级，才对斗争充满灭亡前夕的恐惧和感伤”。“文化大革命”风暴掀起，他认为这是无情的、伟大的、神圣的。他深信这是用革命手段改造社会、改造中国、创造历史所必需的。他成了“继续革命”的化身。他又举起了“阶级斗争之剑”。

张思远就是被儿子冬冬抡了巴掌，也还是用“阶级斗争的观点”去看待这一切。他认为这是“阶级报复”，“冬冬顽固地站在他的妈妈

---

① 《蝴蝶》，《王蒙选集》第2卷，百花文艺出版社，第95页。

② 《蝴蝶》，《王蒙选集》第2卷，百花文艺出版社，第98页。

的反动立场上”,“冬冬的行为就是右派翻天”。①

张思远所受的惩罚是“自我惩罚”。他是“赫赫威权的领导者、执政者”,没有人能够惩罚他。这位出生于本世纪上半叶的老革命家却受到了发生在下半叶的“文化大革命”的惩罚,受到了“革命小将”的惩罚。事后冬冬告诉他:“我打您……真真正正是为了革命造反,我们那一派的头头鼓励我……”这是来自“革命”自身的惩罚。像挨了儿子的耳光一样,张思远被关进自己在任时监造的,自己曾视察过的,用来关押阶级敌人的监狱,也具有深刻的自我惩罚意义。这是他长期热中的阶级斗争理论对他所施的惩罚。小说将其写为“报应”。并且,张思远承认,“这一切报应都是应当的”②。

张思远形象的意义在于“反思”。“他需要活下去,需要思考,需要找到他的儿子”。

张思远反思的果实,是阶级斗争理论的解体。

海云的悲剧命运既是张思远历史反思的开端,又是基石。

最初海云爱慕他,崇拜他,服从他,是一种“和谐”。那是“恋爱的季节”。然而海云并未归属于他。海云有其独立性而不会把自己全部交出。“难道我管得了一个城市的几十万人,却管不了你一个吗”的执政者意识,造成了张思远与海云的裂痕。张思远的历史反思是从“最初”开始的:

那有轨电车的叮当声,便是海云的青春和生命的挽歌,从她找到我的办公室的那一天起,便注定了她的灭亡。

如果我真的爱她,我就不应该在五〇年和她结婚,我就不应

① 《蝴蝶》,《王蒙选集》第2卷,百花文艺出版社,第110页。

② 《蝴蝶》,《王蒙选集》第2卷,百花文艺出版社,第86页。

该在四九年和她相爱。①

海云的摧折是在1957年。她为几篇“以反官僚主义为名向党进攻的小说”喝彩，被打成“反党反社会主义的右派分子”。而这几篇小说是二十多年以后张思远才看到的。他后悔当时竟想不起来找小说看一看。“然而即使有空去看小说也是没用的”。因为那已经进入了“失态的季节”，阶级斗争的巨轮驶向了极端。原本“底虚”的1957年，在张思远反思意识里，由夏天般的热情变成了冬天般的严酷。1957年的严酷景象巨石般压在他的心上，难以释去。海云化作他乘坐的小汽车轮子下面的小白花。他“似乎看见了白花被碾压得粉碎”。他“感到了那被碾压的痛楚”，“听到了那被碾压的一刹那的白花的叹息”。对于1957年的反思使张思远这位赫赫的执法者意识到自己原来是被告，自己犯有罪过。他进行自我审判：“假设我们还有一千个一万个来世，我愿意一千次一万次地匍匐在海云的脚下，请她审判我，请她处罚我。”《布礼》中“亲娘也会打孩子”的阶级意识，党派观念已化作乌有，《蝴蝶》将他们都还原为“人”。张思远通过自我审判主动地走下“神坛”。而他对于“在春天，在阳光灿烂的夏天刚刚到来之际就被撕掳下来”的树叶，对于被碾碎了的小白花的哀悼，不啻一首人的挽歌。

人的张思远，是在“山村”实现的。在这里，他的人格才得以确认。而十七年当中，他虽到处受尊敬，但这尊敬“一夜之间”便会适得其反。原来这尊敬是对市委书记的，他失去了市委书记便失去这一切。他“恍然大悟”。原来这些年对于“位置”的迷恋就是人的迷失。他以自己大起大落的人生浮沉开始领悟“庄生梦蝶”寓言浸透的人生沧桑的哲学意蕴，开始寻找自我。当他带着难以排除的优越感再次

① 《蝴蝶》，《王蒙选集》第2卷，百花文艺出版社，第111页。

来到山村时,他受到了冬冬和秋文——尤其是后者——的温和的"审判"。秋文是海云的未来,海云的新生。成熟是她新生的特征。她保持着超然的独立,是现实了的自我。她是一只悠游的蝴蝶。她自然而然地拒绝自身之外的"位置",是对张思远潜在的优越感的最后"惩罚"。而她向张思远发出"为人民多做好事,不做坏事"的忠告和期望,则是她所代表的社会整体成熟的表现。张思远从梦中彻底醒来。告别山村,"他一无所得?他满载而归。他丢了魂?他找到了魂。"

善于反思的张思远在1975年春天便"重新充满了对于某种转机的预感"。他"需要转机"。他"不畏刺目的阳光",抬起头来寻找第一个歌唱春天的云雀。他为中国人的生活水平感到脸红。

王蒙在《夜的眼》(1979)里最早地表现了"转机"。

王蒙"复出"后创作的短篇小说与《组织部来了个年轻人》一样,都将触觉毫无偏差地朝着"今天",捕捉对于"今天"的瞬间感受和像是朦朦胧胧的思考。然而,"复出"的王蒙如他自己所说,早就离开了"组织部",也再不是"年轻人",作品不再是少年小夜曲,而是"运用一切配器和声的交响曲"①,是"杂色"。就是在甚为短小的篇幅里,王蒙也让两种音调充分地鸣响,构成参照,形成比较,潜藏着两者之间的内在联系,表现平常而神秘的生活整体。而这两种音调在深层意义上则代表着两种社会思潮。

《夜的眼》表层上是"内地和边疆"的参照。作家陈杲从"一个边远的省份的一个边远的小镇"来到一座"大城市"参加短篇小说创作讨论会。一周来,陈杲不论是在创作会议上,还是在公共汽车上,到处听到人们在谈论"民主",到处是"……关键在于民主,民主,民主……"云云,让他感到"在大城市谈论民主就和在那个边远小镇谈

---

① 《王蒙小说报告文学选》"自序",北京出版社,1981年版。

论羊腿把子一样普遍”。“民主”和“羊腿把子”成了陈杲这位作家主人公所体察的两种社会心理、思潮的代名词，构成小说深层里的参照。

王蒙的主人公们经常产生的感受是“惶惑”。陈杲惶惑于讨论会上“奢侈的空谈”。他觉得：“没有民主，到了嘴边的羊腿也会被人夺走。而不能帮助边远的小镇的人们得到更多、更肥美的羊腿的民主则只是奢侈的空谈。”① 王蒙通过陈杲较为发达的意识阐明了“民主”和“羊腿”的相成关系。在“民主”作为一种社会思潮潮水般涌来之时，用“羊腿”对其加以定位，表现出睿智、勇气，以及一种有别于极端思维的健全思维。它具有民族文化根基，与先哲古训一脉相承。孔子的治国方略是先“富之”而后“教之”。管子也说：“凡治国之道，必先富民。”“仓廪实则知礼节，衣食足则知荣辱。”池田大作纵观中国历史，说中国人是希望和平安泰的“稳健主义者”②。

《夜的眼》最早地表现了中国经历长期“内乱”之后，时代精神的主调由“斗争”向“建设”转化的机运。主人公从心底里洋溢着对灯光——路灯、公共汽车售票员看票用的罩灯，对建筑工地，对上夜班的工人，对生活每种进步的热爱。惶惑中透出了喜悦。

《夜的眼》写正在告别“过去”的“今天”，写朦胧中的清晰，属“正在进行式的小说”③；而《蝴蝶》便有了“今天过去式”。张思远 1979 年欣慰地感到：“我们企盼过的，我们应允过的，我们拖欠过的，我们损害过的，终于我们要渐渐兑现了。我们总算学会了一点儿东西”。张思远“复出”后，全然没有像冬冬预料的那样“先杀一批”，没有实行“反报复”，而是从极端的“阶级斗争”恶梦中走出来，使“建设”成为

① 《夜的眼》，《王蒙选集》第 3 卷，第 148 页。

② 《展望二十一世纪》，国际文化出版公司 1985 年版，第 290 页。

③ 王蒙：《在探索的道路上》。

"今天"的最强音。他心里安然些了。"他并没有忘记使自己的工作对人民、对山村、对老张头和拴福大哥更为有利。不管有多少缺陷,他想不出有比现在的政策更好的政策,他想不出有比现在的做更对人民有利的做法……"1979 年问世的钟亦成的信念还仅仅属于追求;1980 年张思远的就已开始化为现实。比起《布礼》,《蝴蝶》的主人公在"故国八千里,风云三十年"① 大跨度内驰骋的意识,有了一个辐辏点,有了豁然开朗的"今天"。王蒙就是小说中在寻找的第一个歌唱春天的云雀。他的小说总是首先成为标志出"时间运行的轨迹"② 的里程碑。《蝴蝶》里已经有了"春天"的物象:"乡亲们继续招待,胃和头脑一起进行社会调查。豆腐和粉丝,果酒和老醋,全部是自己的副业。鲜鸡蛋,咸鸡蛋,松花蛋和臭鸡蛋,动物蛋白和零花钱都在增长。黍面油炸糕蘸蜂蜜,这是山里人最好的甜食……"《蝴蝶》已包含了《春之声》"序曲"。

张思远立足于今天,回顾中国的昨天,"展望明天"时,心里有了底气。他有了明确、坚定的使命:让大家都过上文明和富裕的生活。③ 心里装着秋文的忠告和期望,归途飞机上他感到"比任何一只蝴蝶都飞得高得多"。隔着舷窗注视神州大地,他如醉如痴。他妙悟道:"不管它飞得多么高,它来自大地和必定回到大地。无论人还是蝴蝶,都是大地的儿子。"④ 张思远的历史反思终于实现了一次顿悟。《蝴蝶》是王蒙反思小说的"顿悟篇"。开悟的张思远,其精神世界无比清明、透彻,像小说结尾描写他洗了澡的感觉:"洗过澡以后人们轻盈得就像蝴蝶。""蝴蝶"是他顿悟的契机,也是结果。"蝴蝶"升

---

① 王蒙:《我在寻找什么?》。

② 王蒙:《倾听着生活的声息》。

③ 《蝴蝶》,《王蒙选集》第 2 卷,百花文艺出版社,第 152 页。

④ 同上,第 153 页。

华为象征,一个具有整体意义的象征。

王蒙独特的经历使他获得了独特的关于社会和人生的体验。他将其同时注入到张思远与"海云——秋文"这一对相对对立人物身上,产生了入微的力量。小说以执政者张思远的自省为叙述角度,在相对对立的人物关系中产生一种融合的力量。《蝴蝶》发出的是融合的声音。社会融合的理想既是王蒙宽容精神的自然表现,又是王蒙小说的一个潜在的创作动机。张思远的自省是对于吕师傅所发融合声音的响应。

《悠悠寸草心》(1979)中的吕师傅是披上了理发师职业外衣的作家主体——"我在省委第一招待所——最初,对外叫做光华饭店——的理发室工作,已经快三十年了。"王蒙将"风云三十年"聚敛在他的理发室里——"小小的理发室也反映着人生的沧桑,何况到这里来整容的颇多头面人物。"小说以吕师傅角度叙述了三十年来执政党作风的变迁,其着眼点在于"今天":受到过群众保护、肩负着人民的期望的唐久远夫妇"复出"后滋生着制造特权的不良作风,面临着严重脱离群众的危险。唐书记夫妇的"后院"被暴露无遗。小说使用了幽默这一富有智慧的哲学形式,讽刺了堂堂皇皇后面的畸形与可笑的东西。这种含着眼泪的嘲笑不是对唐书记夫妇的苛责、声讨,而是怀有期待的温和的批评。如作家所说:"尖酸刻薄后面我有温情,冷嘲热讽后面我有谅解,痛心疾首后面我仍然满怀热忱地期待着。"① 小说在革命的尊严被"造反派"屙在理发室本是贮放热毛巾的保温桶里的粪便和蛔虫玷污净尽的年头过后,在百废待举、积重难返的现实面前,发出一种宽容、协调的声音,对于改进执政党的作风,表现一份期待,一份"悠悠寸草心"。

① 王蒙:《我在寻找什么?》。

王蒙小说强烈地透露着作家的社会使命感。这种使命感与中国知识分子的忧患传统一脉相承。自古以来,中国的“士”阶层不属于某阶级。它是“阶级融解下之产物”,其使命是“力促阶级之融解”。①《悠悠寸草心》和《蝴蝶》先后以普通老百姓角度发出呼吁,从执政者角度作出应答。一呼一应,汇成一种调和的声音。它意味着无休无止的阶级斗争、社会分裂状态的结束,正在实现的是通过建设逐步形成社会的协调与统一。在王蒙笔下,吕师傅,唐久远,张思远,海云,秋文,拴福大哥……都是自家兄弟。

在《相见时难》(1982)里,少年布尔什维克出身的主人公翁式含的心灵和信念在“新时期”里经受了一次新的考验,这是在经济遭受长期内乱破坏刚刚过后,中国与西方生活水平形成巨大落差面前的考验,“开放”面前的考验。

美籍华人蓝佩玉回国带来的冲击考验着小说中的各式中国人:领导层里的“风派”人物孙润成又随“风”倒;社会渣滓杜艳大“解放”;翁式含看到“另一个世界的价值标准”在影响着“这个世界”的某些人。

杜艳是《布礼》中的“灰影子”衍生成的现实人物,对内的虚无主义衍生出对外的殖民地性格,实行着“大开放”。杜艳是老舍《四世同堂》中的大赤包在“新时期”的再现,是精神上的“沦陷者”。王蒙最早地揭示了在建国三十年之后滋生于中国大地的后殖民地意识,并且对此怀有强烈的忧患。看了杜艳“坦率”的表演,蓝佩玉感到:

也可怜!这是“解放”吗?我倒觉得,更确切地说法是——

① 梁漱溟:《中国文化要义》,《梁漱溟全集》第3卷,山东人民出版社1990年版,第175页。

解体！不是有点可怕吗？①

蓝佩玉年轻时寻求人生道路曾一度寻求革命，在一定程度上偶然地“迷了路”、“误了点”，未能找到革命而在黎明前的黑暗中去了美国。尔后她经受了一连串的“荒谬”——“偶然性的荒谬”：在美国生活了30来年，却无法找到自己的位置；她不那么喜欢美国，但是却离不开它——“至少是现在”；她一直爱着中国，可却听说国内有的人“泄气了”；她回到梦萦魂绕的中国，却被奉为“外宾”；她到处寻找中国，却摆脱不了杜艳们的追逐……她总是经受迷失方位的痛苦。

蓝佩玉意识、感受到了自己与环境间存在的荒谬，这是她清醒感的表现。

身处美国，在诸如紧身衫、性刺激、吸毒等“消极文化”氛围中，她不甘愿作一个“渺小的雌兽”。她保留着“东方人的无法解脱的执拗的痛苦”。她保留着“理想主义”。对于她来说，“一个失去了理想的人并不等于忘记了理想。恰恰相反，理想因为失去了而更加迷人百倍。”她接受美国的“技术文化”而不接受其“精神文化”。她到处寻觅象征“民族精神”的香袋。

蓝佩玉顽强地保留东方精神的时候，却惊讶地发现一些同胞受到西方价值标准的影响，丧失了中国人的志气。这给她带来了痛苦。因为她一直相信：有一种光明，一种力量，一种希望，那是在中国。

翁式含体现着蓝佩玉所向往的光明、力量和希望。翁式含处于中国的深处，是深层的中国。

翁式含也意识到了自己与环境间存在的一连串的荒谬：作为少年布尔什维克，在解放后，按杜艳所说，三十年来他并不得意；“文革”期间，因为同蓝佩玉的关系，他被打成“叛嫌”、“特嫌”；而今，当年挥

① 《相见时难》，《王蒙选集》第2卷，第426页。

拳痛斥他和蓝佩玉相互“勾结”的孙润成竟要他出面帮忙巴结蓝佩玉这样的“海外关系”,致使他感到:“听孙润成的口气,好像我们派留学生还要借助于这位动摇逃走了的女士的帮助呢……”

多么不公正的历史,简直像一个恶狠狠的玩笑……”①

翁式含带着这样荒谬的三十年历史的负担,难于与蓝佩玉相见。《相见时难》将沉重的30年历史都渗透到了“相见时”里。

翁式含需要回答蓝佩玉的如下提问:

我之所以苦,是因为我背离了自己的理想。北京话这叫——活该!

你呢?你难道为忠于你的理想,为理想的胜利实现而受苦吗?为什么?

这是一个普遍性问题。或许是一个具有“反思”性质的问题。这是关于革命“所付代价”问题,“目的”问题。《蝴蝶》中的冬冬曾就革命目的问题提出过质疑:“为了我们,为了让我们受罪吗?”② 回应这个思潮是《相见时难》的一个创作动机。关于个人受苦,对于王蒙的少年布尔什维克出身的主人公来说是九死而不悔。钟亦成已经经受过了这种心灵的考验:“为了这信念,为了他参加的第一次全市党员大会,他宁愿付出一生被委屈、一生坎坷、一生被误解的代价……”③ 他为获得这一信念,为参与这一信念实现的过程而感到无比幸福。他是巨人。他对荒谬发出居高临下般的一笑。翁式含不加思索似地

① 《相见时难》,《王蒙选集》第2卷,第316页。

② 《王蒙选集》第2卷,第118页。

③ 《布礼》,《王蒙选集》第2卷,第27页。

将钟亦成的个人反思移情于整体反思，将“我”推及于“我们”，对革命发出了拒绝反思的“反思”：

> 蓝：你们受苦了。
>
> 翁：没什么。是我们自己决定选择了革命的道路。除此没有别的路。
>
> 蓝：然而这代价是可怕的。
>
> 翁：怕的人请走开。历史不会因为害怕付出代价而停止前进的运动……
>
> 蓝：然而并不能说都是前进的运动。例如，“文化大革命”。
>
> ……
>
> 翁：我们已经给历史做了手术。继四九年以后，这又是一次大手术……

翁式含为中国革命所作的声辩同雨果在《悲惨世界》里通过法国大革命时期的国民公会代表G为法国大革命，为“九三年”——包括它的恐怖行为所作声辩如出一辙。翁式含还斩钉截铁地把“文革”浩劫的病根归咎于中国传统历史文化，表现了王蒙自幼形成并矢志不渝的革命文化观：“……我们改变了中国的历史，我们把旧中国搞了个底朝天……然而旧中国的历史也向我们报复了，最腐朽的东西打扮成最革命的样子出现在那沉重的十年里……”①

王蒙还不惜使用《活动变人形》(1985)这一长篇篇幅，重新挖掘出“久已埋葬的过去”，拨动了自己“不愿也不敢轻易”拨动的穿行了中国整整半个世纪的“弦”，对中国文化本位论和欧化论展开双向的文化批判，并且双双判处“死刑”，从而得出不容置疑的结论：“革命的

① 《相见时难》，《王蒙选集》第2卷，第374页。

路是那样实在、曲折、漫长。即使可以批评革命没能够那么理想,像有些人所希望、有些人所应承的那样,又难道可以不革命么?"① 翁式含透露的将"文革"同中国传统文化联系起来的革命文化观,扩大为倪藻梦魇般的漫长回忆和反思,加强为《活动变人形》的主题。翁式含和倪藻面对"代价为什么这样高"的提问时,都运用"革命"思维模式,将革命自身的问题归咎于革命的"对象"——历史中国,将中国20世纪的弊端上推到五千年前。这与《蝴蝶》呈现给读者的关于极端的"阶级斗争"理论所实施的报复——"文革"的荒谬画面形成了一个致命的矛盾。将盛行于中国20世纪上半叶的革命文化观带到下半叶,像《布礼》的局限一样,无法认识发生在下半叶的"大悲剧"的性质,无助于铲除其根源。若不及时反思,这局限可能是致命的。为极端革命辩护,则导致"不断革命论"。这与民族精神不相和谐。90年代问世的"季节"系列(《恋爱的季节》、《失态的季节》、《踌躇的季节》)描写少年布尔什维克出身的知识分子主人公在五六十年代里的境遇和精神历程,从欣喜若狂,到大难当头,到如履薄冰。描写主人公所遭遇的精神打击和人性的摧残。这是作家对于记忆中的痛苦所作的疏导。比起80年代的三大"反思"中篇,这里没有了"今天",结构走向封闭,失落的少年布尔什维克主人公精神上同人民的联系不甚紧密,对灾难的历史动因挖掘得不甚有力。

好在王蒙和他的主人公都是执政党中纯正的务实派。他们几十年来致力于社会进步和建设。他们的社会思想和理想自然而然地合于以儒家为主体的中国传统文化。翁式含所经受的"相见时难",发生在"劫难"——作品由于存在致命的局限,将其称之为"挫折、失误"——刚刚度过的历史时刻。它是务实派在中国同世界经济先进

① 《活动变人形》,人民文学出版社1987年版,第333页。

国家之间出现的巨大落差面前的窘迫和痛苦，是强烈地意识到了的落后感。这是一种清醒感。

翁式含的窘迫和痛苦，包含着自觉的主人翁精神。翁式含多么愿意由他作向导，让蓝佩玉看到的是一个装点得整整齐齐的中国，繁荣富强的中国。翁式含主人翁精神的意义在于在“大灾难”过后，祖国的百孔千疮面前，他清醒地意识到自己既没有权利像蓝佩玉那样沮丧，又没有权利像杜艳那样“沦陷”——“因为我是现今的中国的主人。”他既自觉又自豪地承担起自己的义务与责任，他“需要的是在中国干”。他希望快些把“四人帮”造成的损失夺回来，让蓝佩玉下次回来看到的是出现了一个“崭新的面貌”的中国。

蓝佩玉和翁式含同样具有东方的悟性思维。她身处横向比较之中，却仍然不乏历史整体感，她懂得中国，善于作纵向比较，与翁式含“心有灵犀”。这通常表现在对立的形式中：

> “变了，变了，简直都认不出来了。”蓝佩玉说。
>
> “太慢了，太慢了，这儿的发展速度，实在是太慢了。”而翁式含说。
>
> 他们为彼此心情的不同而互相触动了一下……

如同蓝佩玉在翁式含家发现了“香袋”一样，她在翁式含身上找到了“民族精神”。她敬重翁式含的自尊、自信——“但愿中国人都能这样。”①

翁式含——蓝佩玉在一定程度上也是——身上的民族精神在“1979年”里经受着洗礼，同时也在洗礼中形成。《相见时难》是王蒙“反思”小说的“民族篇”。在本世纪下半叶新一轮中西文化大论争

---

① 《相见时难》，《王蒙选集》第2卷，第389页。

中,面对“另一个世界的价值标准”潮水般涌来、后殖民地意识在中国大地重新泛起,它以强烈的民族精神坚决地捍卫了中华民族的独立与尊严。小说以蓝佩玉准备登机回国开头,以蓝佩玉坐着飞机离开中国结尾。经过一番寻觅,她找到了中国。她觉得中国“伟大,深邃,痛苦!”“真是深不见底!”① 她在飞机上安然地睡了。睡梦中喃喃地说:“中国!”两年后,王蒙在《访苏心潮》中将这首“中国”畅想曲全部唱出,并且点出它的“国际主题”,凸现它的动态特征:

> 我在中篇小说《相见时难》里曾经写过,中国是这样伟大、深邃、痛苦,简直是深不见底。许多指手划脚地议论中国的人,其实还没摸着它的边呢。②

民族精神是王蒙少年布尔什维克出身的主人公在“新时期”形成的精神上的最高品格,是心系祖国和亿万人民命运的强烈政治激情。它是民族复兴的征兆,并且先知般地成为十年后神州大地兴起的民族主义思潮的先声。

其实,写《相见时难》之前,王蒙在《春之声》(1980)里就疏导了1979年里的翁式含式的窘迫与痛苦。《春之声》最为豁然开朗。这得益于东方的悟性思维。

对生活和社会的体味、推断“要有耐心,要有善意,要有经验,要知觉灵敏”——这就是王蒙在《春之声》里表现的悟性思维。

《春之声》的主体意识最为发达。刚从国外访问归来的工程物理学家岳之峰坐在春节回家的闷罐子车里,“各种信息在他的头脑里撞击”。整篇小说是一些形似散乱的时空碎片,相当自发的意识流动。

---

① 《相见时难》,《王蒙选集》第 2 卷,第 432 页。

② 《访苏心潮》,《十月》1984 年第 6 期,第 131 页。

这是王蒙追求的“没有结构痕迹的行云流水式的结构”①。这些碎片的依靠就是闷罐子车。闷罐子车是收拢这些碎片的主题。

岳之峰的情绪经历了一个由低到高的过程。三个小时之前他还坐在从北京到X城市的三叉戟客机宽敞、舒适的座位上。两个月之前他还坐在驶向汉堡的易北河客轮上。现在他和那些风尘仆仆的，在黑暗中看不清面容的旅客们挤在一起，就像沙丁鱼挤在罐头盒子里。他有点垂头丧气。在20世纪80年代的第一个春节即将来临之时，正在梦寐以求地渴望实现四个现代化的人们，却还要坐瓦特和史蒂文森时代的闷罐子车。一条信息线是：法兰克福，行人稀少的街道，礼貌的用语，喂食小鸟的孩子和紫罗兰……另一条则是西北高原，熙熙攘攘的人群，辛辣的烟草和热汗混合的气味，采摘野菜的农家孩子和麦苗……若依潮水般的社会思潮，仅用知性思维去理解，靠数学的绝对计算，必然得出无望的结论。而岳之峰的意识既流动在法兰克福——高速公路——闷罐子车的横向间，给人以落后感、差距感，又流动在历史——现实——理想的纵向间，从而感知到进步。“方言的浓度在旱烟与汗味之间，既刺激，又亲切。”“我亲爱的美丽而又贫瘠的土地！”一切都在相对之中。一切都是“杂色”。就是闷罐子车，“既不像想像那样温柔，也不像想像那样冷酷。”岳之峰拥有丰富的“记忆”。他和车里大多数回家过春节的人都不叫苦，更不咒骂。并且，闷罐子车里从“自由市场”、“包产到组”到“差额选举”、“结婚筵席”的“温暖的闲言碎语”，以及抱着孩子的妇女的道谢声，还使岳之峰兴致高了些。

知觉灵敏的岳之峰在旱烟和汗味之间嗅到了南瓜的香味。在X城火车站前广场还大饱眼福，看到小吃和土特产应有尽有。“花生、

---

①　王蒙：《倾听着生活的声息》。

核桃、葵花籽、柿饼、醉枣、绿豆糕、山药、蕨麻……”这些被长期严重忽视的物象在岳之峰的思维里具有了鲜明的时代感、历史的整体感。“就像变戏法，举起一块红布，向左指上两指，这些东西就全没了，连火柴、电池、肥皂都跟着短缺。现在呢，一下子又都变了出来……”它们是现实化了的“羊腿把子”。岳之峰将其看作“生活的密码”。学会破译密码，才能发现“转机”。转机——1975年春天《蝴蝶》主人公曾经预感过它，《春之声》主人公于八十年代第一个春节即将来临之际在生活中的每个角落都发现了它。表现“转机”，追求趋势性真实，曾是五十年代初期“建国文学”创作方法的特质，理想现实主义的特质。它依据的是注重趋势的东方哲学。它是有“明天”的文学。岳之峰想象：“也许伸手再抓两抓，还能抓出更多的财富。”

闷罐子车里响起了《春之声圆舞曲》，《春之声》里的“春之声”。一切都含有深意，都是象征。外表破烂寒伧的闷罐子车象征生活，崭新的内燃机车象征转机。《春之声》是一首“春节序曲”，它满篇都是“并没有忘怀严冬但毕竟早已跨越了冬天的春之声”①。王蒙将自己对祖国“春天”的感知化为一幅图画：闷罐子车满载着回家过春节的人们，随着春天的旋律“轻轻地摇摆着，熏熏地陶醉着，袅袅地前行着”②。

---

① 王蒙：《倾听着生活的声息》。

② 《春之声》，《王蒙选集》第3卷，第214页。

第七章

民族文化意识的觉醒

——寻根文学

塞缪尔·亨廷顿的《文明的冲突》预言下个世纪将会出现“文明的冲突”。它把中国说成“黄祸”,在冷战结束后,为美国人提供了一个新的“敌人”。对于我们中国,以至东方文明来说,亨廷顿的理论是一种“挑战”。我们从这种挑战声中所获得的警示应该是努力建设有民族特色的中华文化,克服民族虚无主义。民族文化式微,民族亦将衰微。民族文化不存,民族亦将不复存在。本世纪 80 年代中期中国文坛上兴起的“寻根文学”属于世纪性的文化反思。它一扫本世纪初叶在中国大地上滋生的时隐时现的民族文化虚无。寻根文学的兴起标志着民族文化意识的重新觉醒。

一

寻根文学与反思文学没有一道明显的界限。张承志(1948～　)的《黑骏马》(1982)和路遥的《人生》(1982)有不少相同的要素。它们都是反思人生的,都是通过人生的一场悲剧对人生的某种哲理实现一次领悟。《人生》所反思的哲理是属于道德领域的,而《黑骏马》中的哲理则具有浓郁的文化意蕴,从而使作品呈现出明显的文化反思特征。

白音宝力格在镇上“越学越坏”。被父亲送到草原上,在老奶奶的爱抚下,与索米娅一道在大草原的怀抱里生命和爱情同时成长起来。正当幸福的未来像明媚的春光一样迫不及待地要闯进他们的毡包之际,他得知索米娅已怀身孕,黄毛希拉玷污了她。他无法理解奶奶的泰然自若和索米娅为迎接新生儿所做的精心准备。也许是因为几年来的读书渐渐陶冶了他的“另一种素质”,也许是因为他压根就不是在草原上生长的牧人,他发现了自己和草原的“差异”。他不能容忍奶奶习惯了的“草原的习性”和它的“自然法律”。他感受到无法忍受的“孤独”。他和索米娅的被朝霞染红了的爱情骤然间被黑夜所吞噬。他为追求“更纯洁、更文明、更尊重人的美好,也更富有事业魅力的人生”,“愤慨和暴躁”地离开索米娅,离开奶奶,走出草原。

时隔九年,生活的经历将他造就成一个成熟的男子汉,使他更接近了人生真谛之后,他跨着联系十四年前毡包生活的黑骏马,像与这匹马同名的古歌所唱的哥哥找妹妹一样,穿越蒙古草原,寻找索米娅。“寻找”既是整篇小说的过程,又是它的主题。

白音宝力格依照《黑骏马》蒙古族长调的节律,舒缓而又起伏跌宕地回顾自己经历的人生历程。反思人生的同时,就在失去了的人生中重新寻找永恒的价值。

白音宝力格莽撞地离开草原之后的九年人生,化作一个与草原相对的意象——“城市”。《黑骏马》中的“城市”是脱离了“根”的人生形态。关于“城市”的人生,白音宝力格反思道:“像许多年轻的朋友一样,我们总是在举手之间便轻易地割舍了历史,选择了新途……白音宝力格,你得到了什么呢?是事业的建树,还是人生的真谛?在喧嚣的气浪中拥挤;刻板枯燥的公文;无休无止的会议;数不清的人与人的摩擦;一步步逼人就范的关系门路。或者,在伯勒根草原的语言无法翻译的沙龙里，看看真正文明的生活？观察那些痛恨特权的人也在心安理得地享受特权？听那些准备移居加拿大或美国的朋友大谈民族的振兴？”经历喧嚣的“城市”人生之后，白音宝力格才珍惜失去了的往日的草原上的人生，并且为此而陷于深深的痛悔之中：“哦，如果我们能早些懂得人生的真谛；如果我们能读一本书，可以从中知晓一切哲理而避开那些必须步步实践的泥泞的逆旅和必须口口亲尝的酸涩苦果，也许我们会及时地抓住幸福，而不至和它失之交臂。”他痛苦于居然不是唱，而是用亲身经历把《黑骏马》这首古歌重复了一遍。不论是古歌，还是这位主人公的人生，都是一首“不幸”的歌，并且随着“寻找”，使这种“不幸”带上了“永远”的性质。

像钦吉斯·艾特玛托夫的小说《我的包着红头巾的小白杨》一样，《黑骏马》里与“不幸”的歌相映衬，也含有一首“幸福之歌”。它不属于白音宝力格，而属于索米娅。索米娅与车老板达瓦仓患难中结合。尽管生活一点也不富足，但他们的家庭却不乏“热烘烘的天伦之乐”。她与白音宝力格重见时，并没有出现什么戏剧性的场面，也丝毫没有流露对往事的伤感和对劳苦生涯的委屈。她的常态是“安祥、自信而平静”。正像古歌《黑骏马》的终句：那骑手最后跑上山梁找到的那个女人，原来不是他所寻找的妹妹。草原并不是罗曼蒂克的摇篮，长调并不是牧歌，索米娅也不是总伴随着白云、鲜花、奶茶飘香的姑娘。她没能叫奶奶称心，到底没能逃脱蒙古妇女传统的命运，还是跨过了伯勒根的河水，成了白音乌拉地方的伯勒根。① 长调的底蕴是悲哀、苍茫、超越。索米娅和达瓦仓过的是“长调”人生，是超越悲哀，伴和着苍茫的“幸福”人生。《黑骏马》的中心图画就是蒙古人，蒙古人超然的人生。张承志谈到《黑骏马》时，说蒙古牧民是“那么豪爽骠悍又

① 伯勒根，蒙语，含义是“嫂子”。

老实巴交,那么光彩夺人又平淡单调,那么浪漫又那么实际,那么周而复始地打发生涯又那么活得惊心动魄,他们的生活那么洋溢着古朴动人的美,那么迟滞而急需前进。在这一切中,我深深感到了一种带有历史意味的庄严,感到了一种富有艺术底蕴的矛盾,感到了描写这种普通人民生活的教育意义”,并说《黑骏马》“不是爱情题材小说——我希望它描写的是在北国,在底层,一些伟大的女性的人生。”(张承志:《<黑骏马>写作之外》)。

面对这幅“幸福”情景,白音宝力格意识到了自己的处境,并且为此发出自我深省:“看来……真正被生活抛弃的,只是像我这样不能随遇而安的人。也许,这就是我的悲剧……”自省主人公剖析了自己身上同草原格格不入的“另一种素质”,将人生悲剧与“城市”联系了起来。

白音宝力格重回草原就有重新寻找的意义。这不仅仅是在天葬沟向亲爱的奶奶的遗骨告别并请求她的饶恕,接受达瓦仓对他的责备,经受荒僻草原上的“严厉的法庭”对他的灵魂给予的“审判”,“寻找”的意义主要在于重新发现作为普普通通的蒙古族妇女——奶奶身上的“伟大”的人性和人生,特别是他很难彻底理解的关于生命的哲学。奶奶引以为自豪的是一生从来没有把一条活着的生命扔到野草滩上,她用自己的奶喂活的羊羔儿能拴成一排,黑缎子似的钢嘎·哈拉,美丽的索米娅,总想成为男子汉的白音宝力格,小花其其格……都经奶奶抚养长大。奶奶对于生命的理解,是先后盛行于蒙古草原的原始崇拜、萨满教、喇嘛教精神在现实生活中的体现。《黑骏马》描写了这种民族文化精神植根草原、代代相传的特征。索米娅在纯真的初恋中就透露出些微的母性。在性爱与母爱冲突时,前者让位于后者,坚决地保护孕育中的生命,并为生命的诞生作精心准备。跨过伯勒根河以执著的生活热情建立新的家庭……以至请求白音宝力格将来有了孩子送到她这里抚养,因为她得有一个婴儿抱着,要不她就没法活下去。这让白音宝力格想起了奶奶,想起了奶奶总是一本正经地讲述而被他挤着鬼脸嘲笑过的哲理。索米娅由草原女儿发展为草原母亲。白音宝力格从她身上看到了像奶奶一样的“伟大的女性”已经成熟,寻找到了草原文化的“根”。

白音宝力格暗自答应索米娅的请求,意味着对于“根”的皈依。他将带着索米娅给予他的精神力量,将悲哀升华,建设更为文明的草原上的人生。

《黑骏马》将《人生》式的关于“土地”的主题深化为“文化”的主题——它径直地到民族文化中寻找“精神家园”。

创作主体的情感和情绪在《黑骏马》里完全化为客体的艺术世界了。而《北方的河》(1984)则具有了自叙传小说的特点, 较为强烈地流露了张承志的个性、气质。小说故事相当平淡。代替故事支撑小说的是主人公否定、对抗、征服外在世界的形式之上的张扬的个性和理想的精神。长篇小说《金牧场》(1987)也没有什么故事, 而是建立在六十年代中期到八十年代中期的中国社会生活和一代青年走过的人生道路——红卫兵重走长征路、插队落户、上大学、读研究生、出国深造——之上的精神漫游。在《金牧场》里, 以 M 为代表的蒙古草原已成了以 J 为代表的现代东京都市生活互不相容的精神领地。《黑骏马》中恒久的蒙古草原是可依据的现实。《金牧场》中阿勒坦·努特格(“金牧场”) 已成了钦吉斯·艾特玛托夫小说《布兰雷小站》(1980)中已经不复存在的阿纳贝特墓地。因此在《金牧场》里,“我们成了无家可归的人!” 作家的理想精神成了与现实相悖的价值判断, 超越世俗的人格理想, 无目的地的精神之旅。从《黑骏马》的和谐走向了《金牧场》的对抗。其动因则是奶奶身上所体现的像蒙古草原那样包容一切的生命哲学已被具有一神教性质的“拜草原教”

(张承志:《GRAFFITI－糊涂乱抹》 1985) 所代替。宽容精神也被“清洁的精神”(见张承志:《清洁的精神》 1994) 所代替。张承志的“草原”变窄了。由《金牧场》改成的《金草地》 (1994),“放弃三十万字造作的辽阔牧场, 为自己保留一片心灵的草地”。(《金草地》“前言”) 而《心灵史》(1991)则已是“让出狭隘的一片草地”, “刻画一个信仰”。(张承志:《〈美丽的瞬间〉自序》) 张承志狂躁的理想发端于“红卫兵的时代”,热衷于“大破大立”。如今仍在以嘶哑的声音呼唤着“大破大立”。

扎西达娃(1959～)在《系在皮绳扣上的魂》(1985)的世世代代描写不尽的寻找神佛的故事原型里注入了对于现代世界与民族传统关系的思考。“寻找”主人公所永远寻找的宗教里的理想园“香巴拉”既是先进的物质乐园,又是宗教福地——精神家园。

二

寻根文学作家将目光投向整体的现实人生,注目于民族的生存状况,普遍地发现民族文化的危机。他们对民族文化的历史进行反思,不约而同地在20世纪前二十年间发现了民族文化的“断裂带”。阿城(1949～)看到,“戊戌变法,辛亥革命,五四运动,无一不由民族生存而起,但所借之力,又无一不是借助西方文化……五四运动在社会变革中有着不容否定的进步意义,但它较全面地对民族文化的虚无主义态度,加上中国社会一直动荡不安,使民族文化的断裂,延续至今。‘文化大革命’更其彻底,把民族文化判给阶级文化,横扫一遍,我们差点连遮羞布也没有了。”① 郑义(1947～)写道:“‘五四运动’曾给我们民族带来生机,这是事实。但同时否定得多,肯定得

① 阿城:《文化制约着人类》,《文艺报》1985年7月6日。

少，有隔断民族文化之嫌，恐怕也是事实。‘打倒孔家店’，作为民族文化之最丰厚积淀之一的孔孟之道被踏翻在地，不是批判，是摧毁；不是扬弃，是抛弃。痛快自是痛快，文化却从此切断。”① 他发现，无论怎样使劲回忆，“竟寻不出我们这一代人受过系统的民族文化教育的踪迹”②。王安忆（女，1954～　）也感到自己“既不知道历史，又不知道世界，像是面临着一个断层”③。莫言（1956～　）也谈到，“我觉得鲁迅最缺少的是弘扬我们民族意识里面光明的一面，一味地解剖，一味地否定，社会是没有希望的。”（莫言：《我的“农民意识”观》。）

寻根文学作家早于对中国现代历史的反思，而先从文化入手对中国现代历史的开端——“新文化运动”进行反思，对自“新文化运动”开始的文化革命进行反思。他们不以“新文化运动”所贯彻的“革命”方法对文化进行“破旧立新”，甚而将民族文化等同于“旧”，将“西化”等同于“新”。他们遵从文化的继承性。阿城让他的小说人物——捡破烂儿的老头儿不经意间阐发了“新”与“旧”的理论：“什么是旧？我这每天捡烂纸是不是在捡旧？可我回去把它们分门别类，卖了钱，养活自己，不是新？”④

寻根文学作家主张对中国传统文化给予“重新认识”⑤。他们看到了中西文化的不同特征。王安忆访美归来，重见自己生长的土地，自己的文化背景，产生了异常清晰的意识，“越发觉出了我是我”⑥。

① 郑义：《跨越文化断裂带》，《文艺报》1985 年 7 月 13 日。
② 同上。
③ 王安忆：《归去来兮》，《文艺研究》1985 年第 1 期。
④ 阿城：《棋王》。
⑤ 阿城：《文化制约着人类》，《文艺报》1985 年 7 月 6 日。
⑥ 王安忆：《归去来兮》，《文艺研究》1985 年第 1 期。

阿城还让他的小说主人公就一个具体问题阐发了宏观的“本位”文化理论：“洋人总和咱们不一样，隔着一层。”① 关于中西文化的差异，阿城写道：“中西方文化的发生与发展，极不相同，某种意义上是不能互相指导的。哲学上，中国哲学是直觉性的，西方哲学是逻辑实证的。东方认同自然，人不过是自然的一种生命形式；西方认同人本，与自然对立。东方艺术是壮心之自然流露，所写所画，痕迹而已；西方艺术状物，所写所画，逻辑为本。”② 郑义也十分珍视“我们民族特有的价值观念，我们民族对自然、社会、人的睿智而至今仍不失其意义的彻悟，我们民族与众不同的精深的审美意识”③。“寻根”作家开始思考在传统文化的土壤中重奠文学根基。“寻根文学”作为思潮，是中国新文学关于民族传统文化的第一次自觉。它的形成显示着民族文化意识的趋于成熟。

寻根文学在创作方法上，不再像“新文化运动”以来的“新文学”那样将中华民族的存在方式、心理、文化、艺术以西方价值标准一律加以批判——阿城指出，这样的批判是“风马牛不相及”④ ——而是将其看作现实，看作正常的存在，看到它的源远流长。李锐提出：“我们再不应把‘国民性’、‘劣根性’或任何一种文化形态的描述当作立意、主旨或是目的，而应当把它们变成素材，把它们变为血液里的有机成分，去追求一种更高的文学体现。”⑤ 王安忆自觉地意识到以“一副新的眼光”看中国，“就会在原以为很平常的生活中看出很多不

① 阿城：《棋王》。

② 阿城：《文化制约着人类》，《文艺报》1985年7月6日。

③ 郑义：《跨越文化断裂带》，《文艺报》1985年7月13日。

④ 同②。

⑤ 李锐：《〈厚土〉自语》，《上海文学》1988年第10期。

平常来"①,就会在四千年的历史中发现"身受了这么多磨难而仍然屹立着的人生的价值"②。

阿城的《棋王》(1984)就是写一个人吃饭、下棋的极为平常的人生状况。王一生家境贫寒,常感饥饿,所以饥不择食,吃相不雅,并且形成"半饥半饱日子长"的忍饥挨饿哲学。他无法改变客观世界,却能塑造主观的精神世界。"何以解不痛快?惟有下象棋"是他的一句名言。他受教于捡破烂老头恪守"为棋不为生"行为哲学,保持内在的精神对外界事物的超越,在"楚河汉界"里领悟讲究"守柔曰强"③,讲究把握事物发展趋势④ 的东方文化精神。王一生知足常乐,随遇而安,在访友悟道中悠然自得,在对已被时代推向极致的斗争哲学无形的否定中,完成对生命内在价值的肯定,在"大灾难"年月里,保持着个性的超越与自由,体现出庄子独立的艺术人格。王一生看似阴柔孱弱、有所不为的外表下,积藏着不可剥夺的意志力量。九局连环棋战,他孤身坐在棋场中,似无所见,似无所闻,平凡的生命已与茫茫的宇宙气息贯通,实现了人生的有所作为。作家在小说结尾写道:"不做俗人,哪儿会知道这般乐趣?家破人亡,平了头每日荷锄,却自有真人生在里面,识到了,即是幸,即是福。衣食是本,自有人类,就是每日在忙这个。可囿在其中,终于还不太像人。"对于超越世俗功利的独立人格精神,对于自主的艺术人生给予了乐观的肯定。

阿城小说的主人公都内向、平和。除了"棋呆子"王一生,肖疙瘩(《树王》)也木讷得近于痴呆,经常处于"不说话"状态;《孩子王》中的"我"进亦不喜,退亦不忧,安常处顺,泰然从容;李二(《树桩》)多年默

---

① 王安忆:《〈小鲍庄〉·文学虚构·都市风格》,《语文导报》1987 年第 4 期。

② 王安忆:《归去来兮》,《文艺研究》1985 年第 1 期。

③ 老子《道德经》第 52 章。

④ 《孟子·公孙丑上》:"虽有智慧,不如乘势"。

默地面对那条哑了歌的街子，成了无名无姓、无声无息的“无字残碑”。他们追求内心的平静、自由。不以物喜，不以己悲，与自然默契感合，保持天性的完整。他们身上体现着崇尚虚静、天人合一的东方文化精神。“新文化运动”主张引进西方主破坏、重斗争的所谓“动的文明”，将这种主协调、重建设的“静的文明”当作国民“劣根性”加以批判。阿城自觉地寻找东方文化的精髓，在东方文化精神中寻找审美理想。他笔下的“痴汉”们精神并非麻木，而是执著。王一生对棋道，肖疙瘩对自然，孩子王对教书，李二对山歌都表现为痴呆般的执著。阿城将这些主人公们身上所体现的人格理想写成动态，置于“荒谬”的处境中，经受磨难。他们遭遇的都像肖疙瘩一样：“不破不立”的板斧向“树王”砍来。而他们对棋、树、字、歌却表现出同归于尽的使命感。平和之中有悲壮，阴柔之中有阳刚。《树王》描写肖疙瘩只身护树，要为“老天爷干过的事”留个证明。随着烈火毁灭整座山林，肖疙瘩失去魂魄，一病不起，随即自觉地死去，表现得一派悲壮。就是没有死去的棋王、孩子王……也都回归于原本的平常位置，透露出同样的悲壮。《树王》结尾描写肖疙瘩坟上长出一片草，生白花，“能看到那片白花，有如肢体被砍伤，露出白白的骨。”意味人虽死，骨犹存。小说的最后一个字——中国传统人格理论中的“骨”，是肖疙瘩的，也是阿城所有主人公人格的象征。

王安忆的《小鲍庄》(1985)是作家访问美国、经历了一次中西文化撞击，对自己的血缘、自己的种族、自己的国籍、自己的文化背景产生了一种从未有过的异常清醒的意识之后创作的本土文化小说。它标志着王安忆小说创作由雯雯视角向民族文化视角的转移，由写“我”的自我中心状态向写“我们”的群体中心状态的转移。《小鲍庄》展示的是中华民族在传统文化支配下的生存状态。王安忆告诉我们:“《小鲍庄》里描写的都是真实的故事。”① 他们都是在作家当年插队生活过的地方获得的。故事显得俯拾即是。小说装载着一堆现象。联系这些故事和现象的是民族的共同心理和文化背景。这就是所谓的“在原以为很平常的生活中看出很多不平常来”,在司空见惯的民族原生状态中重新发现人文价值,重新发现中国。

小鲍庄是个鲍姓的家族村落。联系、支配庄子里人与人之间关系的纽带是建立在血缘基础上的伦理。儒家文化将此作为基点,发凡成“仁义”。“仁义”作为本土文化,是人们在长期共同生活中形成的群体意识。庄上的人,祖祖辈辈,不敬富,不畏势,就是敬重个仁义。“仁义”是教他们困难中相互扶持、救助,是他们消弭一个个灾难而让日子过下来的东西,是至今仍然屹立着的人群中的人文价值。

小鲍庄不是超稳定的“世外桃源”,而是一个有历史感的“流动山庄”。作品带领我们看的是新社会里的小鲍庄,审视我们刚刚走过的一段路程,分析其中的文化原因。

鲍氏家族“仁”字辈的名字“社会子”、“建设子”、“文化子”,作为我们社会发展历程的标志,是社会主义文化在中国这块土地上的产物。社会主义文化在建国初期以建设为主调,呈现出欣欣向荣景象。小鲍庄人把“社会主义”看成新社会,相信它什么问题都能解决,而惟一的遗憾是:“可惜是太穷了。”② 鲍彦山家里的做月子吃芋干面——后来不能吃纯的了,还要掺红芋秧子;建设子因家里盖不起房子说不上媳妇;小翠子要饭流落到小鲍庄,做了建设子的童养媳;小翠子和文化子相爱,因大哥建设子娶不上媳妇,两人婚姻无法实现……这里几乎每个人都存在着问题,或者说每个人的问题都难以

① 王安忆:《〈小鲍庄〉·文学虚构·都市风格》,《语文导报》1987 年第 4 期。

② 《小鲍庄》,《海上繁华梦》,作家出版社 1996 年版,第 271 页。

解决。

经受磨难是小鲍庄人的生存常态,而敬重仁义也是他们的生存常态。鲍秉德家里的疯了,有人劝他离婚再娶,他一口回绝:“我不能这么不仁不义。一日夫妻百日恩,到这份儿上了,我不能不仁不义。”鲍彦山家招待要饭的母女几天,收留下小翠子做童养媳,小鲍庄的童养媳是最好做的了;鲍五爷的孙子死了,眼看成了“绝户”,队长劝慰他成不了绝户,说庄子上“仁”字辈的都是他的孙儿,众人也说“小鲍庄谁家锅里有,就少不了你老碗里的。”捞渣得小鲍庄文化之精华,自幼仁义,直至洪水中为救五爷献出生命,行出“大仁义”。

《小鲍庄》是中国新文学诞生以来第一篇以伦理,以仁义为正面主题的作品。“新文化运动”首先主张以西方的个人本位文化取代中国的伦理本位文化,将批判的锋芒指向儒家文化。时隔七十年,《小鲍庄》以新的视角描写了一堆真实的关于普通百姓的生存现象,充分肯定了支配这些现象的儒家文化的人文价值,以本位文化论者的姿态参与了纵贯中国20世纪文学的东西文化大论争。

这个论争也贯穿在《小鲍庄》里。人性未泯的老人鲍彦荣,被鲍仁文纠缠着,非要他把自己说成高大的革命英雄,因为后者要把他的生平著成一部长篇小说,题目已定为《鲍山儿女英雄传》;鲍秉德出于仁义不遗弃“武疯子”女人,鲍仁文却将此写成“阶级感情深似海”之类的广播稿;尤其是对于捞渣的评价。鲍仁文和地区报记者、省报记者非要把捞渣对鲍五爷的照顾和救助,打扮成对于“五保户”的责任和义务,硬说成是接受了“老革命”鲍彦荣影响的“小英雄”事迹,把捞渣的行为纳入“阶级”、“革命”模式。于是讲究“仁义”的小鲍庄成了富有革命传统的村庄。

王安忆以“淡淡的哀愁”描写了“文疯子”式的“作家——记者”思维模式的荒诞与可笑,描写了它与小鲍庄人的思维相去甚远。鲍彦荣回答提问，说的没有一点革命觉悟，而尽是真实的人性的故事；鲍秉德听了广播稿，总是有点恨着“文疯子”，好像“他给自己的事情做了包办”；捞渣父母听着《鲍山下的小英雄》的报道，脸上淡淡的，好像在听一个别人家的故事似的。文章里的捞渣，离他们像是远了，生分了。显出了“阶级”、“革命”模式的“外来”性质。鲍彦山认为“文疯子”是“一肚子酸文假醋”。“文疯子”式的喜剧是阿城指出的“把民族文化判给阶级文化”的喜剧。

捞渣是“小鲍庄”本土文化的产儿。捞渣的行为是以“仁义”为核心的儒家文化代代相传的结果。捞渣父母亲回答作家、记者提问，也就把被阶级文化扭曲了的捞渣还原为本土的了：

> “鲍仁平是从几岁开始照料并保护鲍五爷的？”
>
> “打小就跟鲍五爷亲呢。会说话就会邀鲍五爷吃饭；会走路就会去给鲍五爷送煎饼。”
>
> “他为什么会对鲍五爷这么好呢？”
>
> “他俩有缘分。鲍五爷不理人，倔，就理捞渣，和捞渣亲。”
>
> “鲍仁平生前最尊敬的是哪一位英雄人物？”
>
> “捞渣对大人孩子都很尊敬的，见了老人总问好：‘吃过了吗？’和小孩儿呢，从不打架磨牙。”
>
> “他这样做，是受了谁的影响呢？”
>
> “我和他娘打小就对他说：‘见了人要说话，要招呼，比你年长的人，万不可不理会。比你小的呢，要让着，这才是好孩子。’咱这庄上哩，自古是讲究仁义，一家有事大家帮，方圆几十里都知道。这孩子，就是受了这个影响。”

《小鲍庄》入微地描写了本土文化与外来文化的差异。采访的记者踩着刚出头的麦苗走过来。不论是地区报还是省报记者,都是在捞渣父母说到最悲伤处——“这孩子命苦,没吃过一餐好茶饭。”——时扫兴地离去。阶级本位文化违背了本土文化的“民以食为天”思想。

《小鲍庄》以本土文化化解外来文化,是中国当代文学最早地对阶级本位文化的反思。

使捞渣父母更为悲伤的是现在“能吃饱了,他又不在了。”——这是对捞渣死后的“今天”的无言的肯定。他们还总满意地指着粮食囤子给外人看。以“建设”为中心的体制思想与本土文化趋于和谐。小鲍庄人一句也不赞赏“贫穷的社会主义”。“富裕的社会主义”才符合民族文化精神。《小鲍庄》表现了儒家文化的源远流长,启示我们思考社会主义的“中国化”问题。

50年代初期的“建国文学”处处呈现不与儒家文化对立的“社会主义”;《小鲍庄》的主题则是兼容社会主义的儒家文化。小鲍庄人劝慰鲍五爷时,不经意地道出了两者间极其重大的关系:

> “现在是社会主义,新社会了。就算倒退一百年来说,咱庄上,你老见过哪个老的,没人养饿死冻死的!”①

《小鲍庄》也展示了民族文化支配下的生存状况的封闭凝滞、陈陈相因,尤其是在以拾来为中心的情节里。大姑与货郎、拾来与二婶的爱情、婚姻都遭到严重的阻隔、压制。王安忆在她随后创作的一组情爱小说“三恋”(《荒山之恋》、《小城之恋》、《锦绣谷之恋》)里,更加细致入微地描写了生活在社会群体中的个体生命的复杂形态,表现了对个体生命热情的关怀和肯定。

---

① 《小鲍庄》,《海上繁华梦》,作家出版社,1996年版,第257页。

与此同时,张炜(1956～)、矫健(1954～)也在对儒家文化进行挖掘。

《黑骏马》、《小鲍庄》、阿城的“三王”等,以及其他作家的“寻根”小说,都透露出“礼失而求诸野”意向。自“新文化运动”以来,民族文化精神一直未成为体制思想。民族文化的血脉不存在于“庙堂”而保存于民间。《黑骏马》到草原上普普通通的蒙古族妇女身上寻找人生真谛;《小鲍庄》到穷乡僻壤的家族村落生存状况中寻找人文价值;阿城小说里,文化精髓、人格理想都藏于民间。他把一组小说命名为“遍地风流”,体现出对于世俗人生的肯定。这些目不识丁的平民,靠耳濡目染、代代相传,继承着民族文化的精义,过着有根基的人生。

寻根文学作家自觉地以其理论和创作,“弥合一个深深的断层”①。

三

寻根文学表现出强烈的现代意识。在这里,现代意识不是建立在传统的废墟上,而是在传统的基础上长成。寻根文学对于现代与传统两者关系所表现的文化观念,大体上相同于新儒家的“返本开新”,“从老根上发新芽”②。他们都肯定传统文化的现代价值,主张建设民族本位的现代文化。

郑义的《远村》(1983)和《老井》(1985)都是描写太行山区贫瘠苦寒的土地上的人们艰难悲怆的生活历程。两部中篇情节都进入了“今天”而主题又都在“昨天”。“昨天”满是创伤、血污,不堪回首。“今天”让人雀跃,敲锣打鼓欢呼。而“昨天”支持人们坚忍不拔的东

① 王安忆:《归去来兮》。

② 梁漱溟:《精神淘炼要旨》,《梁漱溟全集》第五卷,山东人民出版社,第504页。

西又是“今天”不可或缺的。“昨天”通向“今天”。

《远村》的主人公杨万牛从朝鲜战场拖着寒腿、拿着奖状回来的时候,他心爱的女子叶叶已成了张四奎的人。在这物质和精神双重贫瘠铸成的悲剧面前,万牛和叶叶爱情的种子以扭曲的形式在贫瘠的土地上茁壮地成长起来,表现了顽强的生命热情和朴素的道德观念。作者将这地老天荒的偏远山村的生活画幅抻长,写到农业责任制以后,春水急泻,冰瀑崩塌,山野苏醒,晚辈人的婚礼欢天喜地——他们不必再走杨万牛和叶叶蹚出来的不是路的路了,中国农民进入了一个新的历史时期。因没了叶叶本已心灰意冷的杨万牛感受到了生活中有一种像春天一样充满生命力的召唤,他苦挣苦熬也要拉扯着叶叶给他留下的孩子顽强地活下去。《远村》表现的是:“正是依托这种生命力,我们民族才得以经历万般劫难,仍繁衍生息不止”①。

《老井》的主人公孙旺泉有着《远村》主人公般的命运。他也是由于双重的贫瘠给一个寡妇做了“倒插门”女婿,成为“生育机器”,与巧英则只能“打伙计”。但是,孙旺泉不只承受着沉重的历史负担,还具有摆脱负担的毅力,开拓未来的信念。他集新旧两代农民于一身,是旧生活与新生活的中坚环节。《老井》是《远村》的发展、深化。

老井村的开山老祖宗的传说,描绘了千年以前这里水源充足,草木繁茂。由于人们砍林伐木、开荒种地,致使河枯井下,环境变得“老井无井渴死牛,十年九旱水如油”,陷于极端贫困落后之中。纵然万般缺水,老井人绝不背井离乡。打出永不干枯的井,找到用之不竭的水是他们世世代代未曾熄灭的理想。万水老汉是老井人传统精神的化身。他有绑龙祈雨、鞭鞑龙王的壮举,在村邻械斗、庙会求雨、捐款打井等找水活动中总是挺身而出。他的父亲死于恶祈求雨,兄弟为

---

① 郑义:《太行牧歌·远村》。

挖井而疯，儿子活埋在井底。孙氏家族几十代人坎坷的命运，体现着老井村千年的艰难历程。孙旺泉继承了家族一脉相传的打井找水精神。他把自己的一生同苦难的乡土紧紧地联结在一起，肩起无法摆脱的重负，以执著的责任感和坚忍的献身精神，把青春、血汗灌注在繁荣乡土的事业上。他不再重复过去的打井方法，不再依靠"看水先生"，破天荒地"用科学看井"，终于在干裂的土地上找到了水，打出了永不干枯的深井——结束了老井村不幸的历史，使"千年过去，看不到任何富发起来的希望"的农民有了盼头，他们可以在这里"站稳脚跟"，种田致富，美化自然，繁衍后代。至此，如作家所说，"历史才走完千年螺旋，人与自然才在更高层次上趋于新的和谐"①。经历了打井找水苦难的孙旺泉看着先人的坟茔，看着村庄，看着千年前传下的锅片，意识到自己的根太深了。他觉得巧英像纯净的河水，翻卷着波浪，永远向山外奔流，而他自己则是一座沉重的大山，承受着，屹立着，目送着河水走向更广阔的世界。孙旺泉身上所体现的文化血脉正是我们民族自古至今生存、发展的精神支撑，是民族文化的根与源。关于孙旺泉形象创作的感受，作家写道："提笔之先，我自然偏爱赵巧英的。不料写来写去，对孙旺泉竟生出许多连自己亦感意外的敬意。诚然他有许多局限，但现实的大厦毕竟靠孙旺泉们支撑。若无一代接一代找水的英雄，历史之河便遗失了平缓的河道，无从流动，更无从积累起落差，在时代的断裂处令人惊异地飞跃直下。"②

霍达（女，1945～　）的长篇小说《穆斯林的葬礼》（1987）通过对一个穆斯林家族几十年曲折的生活经历的描写，回顾了中国穆斯林漫长而艰难的生活和命运。作品满怀深情地讴歌了回族人民勤劳、

---

① 郑义：《太行牧歌·老井》。

② 同上。

善良、宽厚、仁爱的品德，也深刻地批判了种种陈规陋习。在奇异而深厚的民族风情基础之上，展现了充满矛盾的现实，并且对未来发出了憧憬。

莫言以一系列的作品构筑他的艺术世界——高密东北乡。这是他的精神故乡："故乡的黑土本来就是出奇的肥沃，所以物产丰饶，人种优良。民心高拔健迈，本是我故乡心态。"① 莫言描绘这里的原始生命形态，对其中的原始生命力、自然人性给予赞美，以此观照城市文明对生命和人性的压抑，寻找现代人类的精神家园。

在《透明的红萝卜》(1985)里，莫言以黑孩的感觉系统为视角来叙述故事，描绘了一个儿童感觉化的世界，表现了黑孩身上蕴藏着的顽强的生命力——它被压抑到了极限，一旦得以释放，便分外执著、强烈。这是贫困、匮乏处境下的坚韧不拔的农民性格。黑孩珍视在荒凉无爱的世界里感受到的一点温热，在黑暗的生活里窥见了透明的红萝卜。玲珑剔透的红萝卜成了野性圣洁的意象。小说弥散着浓郁的乡土气息，被视为高密东北乡世界的第一块基石。②

由《红高粱》、《高粱酒》、《高粱殡》、《狗道》、《奇死》构成的《红高粱家族》(1987)以亲缘叙述者"我"的角度用多过程方法讲述"爷爷——奶奶"的故事。

戴凤莲花容月貌。但十六岁那年出落得丰满秀丽时不幸便降临头上：父亲将她嫁给酒坊老板生麻疯病的儿子，换回一头骡子，一褡裢银钱。绝望中的戴凤莲遭强盗抢劫也不感到恐惧，反而粲然一笑——这唤起了轿夫余占鳌的男子汉气概。他以野蛮、强悍的方式为陷于绝境中的新婚女子先后除掉了吃抃饼的恶人和酒坊老板父

① 莫言：《红高粱》。

② 参见张志忠《莫言论》。

子,以天赐般的情缘和戴凤莲实现了青春和生命的结合。戴凤莲成了酒坊的女东家。余占鳌开始在高粱丛中杀人越货,成了高密东北乡一带土匪司令,在土匪队伍间相互火并,野心十足,杀人如麻,而又讲究江湖义气。高粱酒作坊中的爱情生活也十分风流,表现出十足的野性。

民族灾难降临,余占鳌和戴凤莲身上的野性和原始的生命热情升华为现代民族精神。他们在高粱丛中与日本侵略者展开殊死搏斗,表现出凛然正气,建立了不朽功勋。他们是抗日先锋,民族英雄。

《红高粱》创造了非英雄模式的英雄。他们是"草莽英雄",是高密东北乡型的英雄。"他们杀人越货,精忠报国"——莫言把常识中相反的价值写为他的英雄身上并列的、不可或缺的要素,展现一种"反常"的英雄美学:

> 高密东北乡无疑是地球上最美丽最丑恶、最超脱最世俗、最圣洁最龌龊、最英雄好汉最王八蛋、最能喝酒最能爱的地方。

与以冷支队长为代表的自封的"英雄"相对照,余占鳌式的"民间英雄"得到确认。《红高粱》呈现的是立体美学。余占鳌与冷支队长严重的不同之处在于"打"与"不打":

> 冷支队长冷冷一笑,说:"占鳌兄,兄弟也是为你好,王旅长也是为你好,只要你把杆子拉过来,给你个营长干。枪饷由王旅长发给,强似你当土匪。"
>
> "谁是土匪?谁不是土匪?能打日本就是中国的大英雄。老子去年摸了三个日本岗哨,得了三支大盖子枪。冷支队不是土匪,杀了几个鬼子?鬼子毛也没揪下一根。"
>
> ……

奶奶按着左轮手枪,问:“打不打?”

余司令气哄哄地说:“你甭求他,他不打,老子打!”

冷支队长说:“打。”

《红高粱》正面情节就是余司令率队伍打这场伏击战。战斗前,他对部下说:

“丑话说到前头,到时候谁要草鸡了,我就崩了他。咱要打出个样子来给冷支队看看,那些王八蛋,仗着旗号吓唬人。老子不吃他的,他想改编我?我还想改编他呢!”

余司令的队伍以惨重的代价消灭了来犯的日本侵略者。而冷支队到底“没打”。打时他躲在山上。打完了他下山摘桃子。

余占鳌、戴凤莲的美学特征在于:与冷支队之间体现着美丑对照,而他们自身则属于“化丑为美”。莫言赞美他们身上原始的生命力量,愉悦、狂欢的生存状态。作品将此化为火焰般的“红高粱”意象,属于“爷爷”、“奶奶”的意象。

“红高粱”布满作品,照耀作品。它体现着天地之间生生不息的生命律动,凝聚着伟大民族的血脉、魂魄。“奶奶”和“爷爷”在生机勃勃的高粱地里相亲相爱,还他们以青春和新的生命,给他们以爱情的狂欢,“父亲”官儿可以说是秉领天地精华而孕育,是痛苦与狂欢的结晶。高粱地也是抗敌的青纱帐。他们在这里隐蔽自己,消灭敌人。此时,“每穗高粱都是一个深红的成熟的面孔,所有的高粱合成一个壮大的集体,形成一个大度的思想。”他们和侵略者的冲突处处表现为“红高粱”和“非高粱”的对立:

河上只有一座小木桥,日本人要在河上架起一座大石桥。

公路两侧，好宽大的两片高粱都被踩平，地上像铺了一层绿毡。河北的高粱地里，在刚用黑土弄出个模样的路两边，有几十匹骡马拉着碌碡，从海一样的高粱地里，压出两大片平坦的空地，破坏着与工地紧密相连的青纱帐。骡马都有人牵着，在高粱地来来回回地走。鲜嫩的高粱在铁蹄下断裂、倒伏，倒伏断裂的高粱又被带棱槽的碌碡和不带棱槽的石滚子反复镇压……

父亲告诉过我，王文义的妻子生了三个阶梯式的儿子。这三个儿子被高粱米饭催得肥头大耳，生动茂盛。有一天，王文义和妻子下地锄高粱，三个孩子在院里玩耍，一架双翅日本飞机，嗡嗡怪叫着，从村子上空飞过。飞机下了一蛋，落在王文义家的院子里，把三个孩子炸得零零碎碎……余司令一树起抗日旗，王文义就被妻子送去……

夕阳西下，汽车烧毕，只剩下几具乌黑的框架，胶皮轱辘烧出的臭气令人窒息。那两辆未着火的汽车一前一后封锁了大桥。满河血一样的黑水，遍野血一样的红高粱。

"爷爷"、"奶奶"们奋起保卫的是"红高粱"。"红高粱"使他们战无不胜，"红高粱"令他们演出一幕幕英勇悲壮的舞剧，"红高粱"就是他们的生命形式。"奶奶"把抃饼送到伏击地点，被日军子弹击中倒在血泊中，在生命最后时刻，她对这样的人生不尽地赞美，留恋，心满意足。她感念道："天赐我情人，天赐我儿子，天赐我财富，天赐我三十年红高粱般充实的生活。"

叙述者同"爷爷"、"奶奶"隔两代。作品在讴歌幻想中的遥远的过去时，不断地流露"我"的自责，与洸成血海的红高粱相对照，把"今人"悲哀地化作"杂种高粱"：

> 我反复讴歌赞美的、红得像血海一样的红高粱已被革命的洪水冲击得荡然无存,替代它们的是这种秸矮、茎粗、叶子密集、通体沾满白色粉霜、穗子像狗尾巴一样长的杂种高粱了……

> 杂种高粱好像永远都不会成熟,它永远半闭着那些灰绿色的眼睛……它们空有高粱的名称,但没有高粱挺拔的高秆;它们空有高粱的名称,但没有高粱辉煌的颜色。它们真正缺少的,是高粱的灵魂和风度。它们用它们晦暗不清、模棱两可的狭长脸庞污染着高密东北乡纯净的空气。

作家的悲哀所在是“在进步的同时,我真切感到种的退化”,都市文明带来的人性的异化。

《红高粱》回忆“爷爷”、“奶奶”的血气方刚、似锦年华,以“使我们这些活着的不肖子孙相形见绌”。缅怀先人在于激励后人,重新发扬“红高粱精神”,实现生命的复壮。《红高粱》的激情在于为民族“招魂”。

与英雄的红高粱家族相比照,莫言在《红蝗》(1987)里推出一个吃草的家族,作品描写这个家族纵欲、乱交等丑恶不堪的行为。红高粱家族生命的狂欢表现为民族气节,集“个性解放的先驱”和“抗日英雄”于一身。《红蝗》表现为极度地纵欲,一味地破坏——以“极度的纵欲”破坏“极度的禁欲”,以故乡农村自然的生存状态给现代都市文明注入生命的活力。

还有不少作家和莫言一样,在自己熟悉的地域寻求民族文化的源流和精髓,以鲜明的地域性增强“寻根文学”的斑斓色彩。

汪曾祺(1920~1997)以散文化小说形式描写建国前苏北城镇的市井生活。一幅幅苏北社会生活图画中,蕴藏着仁爱、同情、扶危济困、重义轻利的民族性中的优质。《受戒》(1980)中小和尚明海与村姑小英子的爱情，宣示了合乎天性的人性的胜利；《大淖记事》(1981)中挑担的巧云与小锡匠十一子不畏强暴的殉情精神，赋予爱情以生命之上的意义。刘绍棠(1936～1997)的《蒲柳人家》(1980)、《瓜棚柳巷》(1981)描写了京东北运河两岸人民舍己为人、坚持正义、反对邪恶的高尚品格，表现了中华民族的传统美德。

郑万隆(1944～　)的《异乡异闻》(1985)植根于他出生的黑龙江畔的赫赫山林，描写杂居在这里的汉族淘金者和鄂伦春族猎人在荒蛮与文明交接的地带，采掘“狗头金”、创造“酒馆”、“野店”，开拓疆土的同时也创造了自己的文化。郑万隆将先辈所开拓的一片“生土”当作自己的文学“生土”，“自己脚下的‘文化岩层’”给予开凿，在蛮荒古人的观念和习俗中透视它对现代人的投影。郑万隆认为“‘过去’就在‘现时’里”，“远古和现在是同构并存的”①。他在那苍茫、荒凉、神秘而又富有来自自然的生命力的世界里，寻找“生命的图腾”，以建立根系东方的现代理想、价值、伦理道德和文化观念。他说：“我的根是东方。东方有东方的文化。”② 与此同时，乌热尔图(1952～　)在兴安岭上发出一个鄂温克猎人的心声，表现人与自然的感应、生命与宇宙的和谐；贾平凹(1953～　)在古朴清幽的商州古地挖掘秦汉遗风；韩少功(1953～　)在湘西山区寻找绚丽奇诡的楚文化源流，中篇小说《爸爸爸》(1985)描写了一次历史的循环，表现了对生活本质的认同以及对历史前进的希望和惆怅，长篇小说《马桥词典》(1996)构筑了马桥这一语言王国，寻到了人的家园——语言这个“根”，通过“词”挖掘马桥社会的生存秘密，表现对民族文化的历史、现状以至未来的思考；李杭育(1959～　)在葛川江上打捞吴越文化“最后一个”碎片；

① 郑万隆：《我的根》。

② 同上。

李锐(1950~　)的《厚土》(1986)则描写了深厚的黄土地上雄浑的生命景观、自足自在的存在方式。

“寻根文学”左脚踏在传统的根基上,右脚总迈向“未来”。这与当初儒学创立的路径相似。儒学的创立有孔子“寻根”过程。孔子生活在二千多年前礼崩乐坏的时代。孔子的基本取向是“克己复礼”,即主张依据古老的周礼建立适应当时社会发展的伦理秩序。“寻根文学”寻找民族文化源流,开掘民族文化富有生命力的内核,将其引入现代。它意识到的历史使命是跨越文化断裂带,在传统与现代、中国和世界之间架起一道桥梁。《老井》的打井找水精神连接着“千年螺旋”的两端,通向人与自然和谐的未来。儿子的出生,使孙旺泉的奋斗有了“更为深沉的涵义”,“不单单是承继先人的事业,更是在为儿孙后代开拓。”《小鲍庄》先写庄子里的人们把敬重老人看作“天理常伦”,在结尾部分幽默地写到“老人问题”简直是个“世界性的社会问题”,所以记者为写捞渣的报告文学纷纷前来,表现出“寻根”作家强烈的现代意识。如王安忆所说:“乐土在彼岸”。①

① 王安忆:《归去来兮》。

第八章 改革文学

大多“反思”小说都立足于改革开放的现实上，认同改革开放政策，依据“今天”思考建国 30 年的历史、社会和人生。《芙蓉镇》最后一章是“今春民情”，时间为 1979 年。文中写道：“党的‘三中全会’扭转乾坤，力排万难，打破坚冰。生活的河流活跃，欢腾了。”《人生》的时间跨度里，“家庭承包”的春风已经吹进了高家村，叫高明楼书记无力阻挡。《蝴蝶》里的张思远归程中在飞机上感到比任何一只蝴蝶飞得都高，并且能够安然地熟睡，是因为他心里有了底气。他看到中国已在实行最好的政策、“对人民最有利的作法”。《相见时难》里翁式含身上的民族自信力主要来自玉带河农民。故国让蓝佩玉最感温暖的是翁式含的家，而蓝佩玉来访时，凑巧遇到了一位玉带河老农，老农按捺不住地说：“现在农村里也好了……哪儿都好了。”“反思文学”与“改革文学”密不可分。两种文学几乎同时问世，“改革”既是“反思”的依据，又是“反思”的结果。“反思文学”是在对于历史的回顾、领悟中面对“今天”，展望“明天”；“改革文学”则是描写如何变革、建设“今天”，实现“明天”。

社会心理和观念上的改革

“改革文学”描写的改革事业所面对的烂摊子，是长期的、一个接一个的政治运动造成的恶果,改革的深层意义在于社会心理、观念上的改革:摆脱极端的政治思维模式的禁锢,依据经济规律搞经济建设,把经济思维理直气壮地提升到社会心理之中。

蒋子龙(1941～　)的短篇小说《乔厂长上任记》(1979)中的电机厂,虽然"四人帮"倒台两年多了,它还两年多没完成生产任务,整个机电局都快被它拖垮了。现任厂长冀申"在政治上太精通、太敏感了"。他每天翻着报刊、文件提口号,搞中心,开展运动,领导生产。他决定在乔光朴上任前搞个"大会战",为自己捞取资本。乔光朴从"管理的角度"看出了此中问题。他认为:"完不成任务,靠月月搞会战突击,从来就不是搞工业的办法。"他进而分析道:

> ……在工业界,我知道是出现了一批政治导演。哪一个单位都有这样的导演,一有运动,工作一碰到难题,就召集群众大会,做报告,来一阵动员,然后游行,呼口号,搞声讨,搞突击,一会这,一会那,把工厂当舞台,把工人当演员,任意调度。这些同志充其量不过是个吃党饭的平庸的政工干部……①

乔厂长上任后,面对的仍然是政治运动后遗症:老的埋怨他袒护新的,新的又把他当老的来攻,如副厂长郗望北所指出的:"……工厂、车间、班组都搞一朝天子一朝臣,把精力都用在整人上……"

乔厂长所推行的改革,就是让阶级斗争的机器停止运转,把电机厂由政治斗争的舞台变为社会主义现代企业。他不记私仇。他坦荡地说:"当时批判我的时候,全厂人都举过拳头,呼过口号,要记仇我还回厂干什么?"与郗望北和谐地共事,是乔厂长——也是作家的熄灭政治斗争的决心和魄力的表现。他心里装的是:"技术上不出尖子

① 蒋子龙:《乔厂长上任记》,"上任"第3节。

不行，产品不搞出名牌不行！”他对全厂干部和工人进行业务考核，将企业的车轮彻底摆脱政治斗争的干扰而坚决地驶向经济的轨道上。

张锲(1933～)的报告文学《热流》(1980)以宏大的气势真实地展现了河南大地正在滚动的改革热流，推出了一批立志改革的人物。

王润滋(1946～)的中篇小说《鲁班的子孙》(1983)主人公黄志亮骑着一辆破旧的自行车，前座坐着自己的独生小女儿，后座坐着被乞食的妈妈所遗弃、由他捡起的小儿子，前后都摇着拨浪鼓走村串庄的惨相，是极“左”政策年代里农民生活的写照，善良农民辛酸史的缩影。而这位怀着靠手艺、凭良心吃饭的祖传信念的老木匠苦苦经营了二十年的大队木匠铺的倒闭，则象征着旧的经济体制的完结，“大锅饭”的“寿终正寝”。作品详尽地描写了以老木匠为代表的农民对倒闭的木匠铺的无尽依恋，以及对于改革的怀疑、恐惧。这是极“左”政策对人们思想长期禁锢的结果，旧经济体制下养成的“大锅饭”社会心理写照。具有讽刺意味的是，老木匠虽然嘴里总挂着班门的“良心”却总是受穷。一味地空谈和叹息拯救不了木匠铺。老木匠螳臂挡车的梦魇，则显示了旧经济体制崩溃的必然趋势。极度贫穷状态下的农村拜年风俗，也不过是只剩下了它的空空洞洞的外壳。作品有力地表明：穷就一无是处，穷就是最不讲良心的了。义无返顾地告别贫穷，是社会心理、社会观念上的重要改革。倒是富裕了的小木匠黄秀川才不光知恩还能报恩。他的一整套新技术，他的实干精神，造就了一个兴隆的木匠铺，给班门注入了新的生机。

陆文夫的中篇小说《美食家》(1983)将苏州关于“吃”的风俗当作一种特有的文化来描写，反映了社会生活、心理的变迁，人们笑着与“过去”告别。

刘心武的长篇小说《钟鼓楼》(1984)精心地描写了钟鼓楼前一个

四合院里的北京市民群落的社会生态景观，描写了这里各色人等的相互关系、矛盾纠葛和复杂的心态，反映了他们物质上、精神上的需求，他们的苦闷、烦恼，向往、追求。这里有平静的时间进程下面的生活变化，有像是《班主任》、《爱情的位置》、《醒来吧，弟弟》中的一代青年，正从他们所经历的坎坷生活中受到启迪，获得了日渐加深的历史感，并且藉此得以在时间的长河中确定自己的位置。作品透露出较为浓郁的"京味儿"，写活了钟鼓楼——钟鼓楼这片"小市民胜地"。

《钟鼓楼》没有了《班主任》所提出的那样敏锐、重大的"问题"，缺少《乔厂长上任记》、《鲁班的子孙》所体现的对全局的关注和把握，因而流露出了一定的"边缘化"倾向。

李延国(1943～　)的报告文学《中国农民大趋势》(1985)热情洋溢地描绘了胶东农村在改革中发生的巨大变化。作品不仅写出了农村政治、经济上的巨大变革，而且写出了农民从思维方式到行为方式的"全方位"的变革，写出了"从历史深处走出来的土地的灵魂"。从而勾勒出了中国农村从小农经济向商品经济社会过渡的不可逆转的大趋势，发生着隆隆时代巨响的大趋势。

"改革文学"以一幅幅真实的社会生活图画有力地表明,"改革"给中国社会带来了生机,"改革"是中国的活命水。

"改革"的渐进特征

"改革文学"描写的改革进程以及它所表现的改革思想,带有明显的"渐进"特征,表明中国的这场改革是"渐进"而不是"激进"的。它不对所有制、社会制度加以完全否定,不对其进行彻底"破坏",而是改革其中不合理的东西,解放社会生产力,给社会主义注入活力,将其由凋零引向繁荣。其指导思想是"实事求是"。它体现了中国文化传统中的稳健主义。

张贤亮的中篇小说《龙种》(1981)充分地体现了"国情"思想。主人公龙种被派到这个重点国营农场任第一把手后,满眼看到的是这片原本富饶的土地在逐渐贫瘠,而最令他惊异的是农业工人面对亲手创造出来的美丽的田园逐渐衰败却无动于衷,劳动者对他所从事的生产漠不关心。这与列夫·托尔斯泰的主人公列文1861年以后在自己的庄园里所见到的景象相似。关于出路,龙种也取得了与托尔斯泰相似的主张。龙种认为劳动者与生产感情上的分离,是"劳动者与生产资料分离的结果"①,在吃"大锅饭"的条件下,把再好的机器交给磨洋工的农机工人也无济于事。他拒绝盲目地模仿外国。不将一味地引进先进设备当成根除穷病的惟一药方。他不要美国农机而要"自主权"。他要在农场里实行"改革",而不是"改良"。他分析道:

> 现在,按马力来说,我们的农机已经不少了,可是生产还是上不去,年年赔钱,这问题显然不在机械化不足,而在于生产关系和分配关系……②

龙种探索的是全民所有的生产资料和生产劳动者在经济上直接挂钩的形式,以调动在国民生产中起主要作用的劳动者的积极性。他主张"走我们自己的路",把农场的经济权力交给农业工人,其中最为重要的是把土地的使用权交给农业工人,而其所有权还保留在国家手中。这种土地思想,与托尔斯泰和梁漱溟相似。托尔斯泰主张"取消土地私有权,实行耕者有其田"③。梁漱溟也主张取消土地私

---

① 张贤亮:《龙种》,《1981中篇小说选》第2辑,人民文学出版社,第204页。

② 同上,第166页。

③ 1901年5月7日《日记》,《列夫·托尔斯泰文集》第17卷,人民文学出版社,第255页。

有权而“奖励自耕农”①。

《龙种》探索的旨在对现存生产关系的改革，对社会具有深刻的变革意义。这是没有硝烟的“革命”，托尔斯泰式的“不流血的革命”②。

张贤亮在《龙种》中表现的是探索富裕社会主义的热情，而在长篇小说《男人的风格》(1983)中，则又将这种热情发展为自豪感。以国富民强为己任的市委第一书记陈抱帖的男子汉风格主要体现为对于社会主义的信心和自豪。

他在长篇“城市白皮书”中宣称，我们是有信心的，我们完全有能力在本世纪末实现我们制订的宏伟目标，我们一定能恢复社会主义的伟大声誉。他还将社会主义同资本主义加以比较：

> “自由竞争，弱肉强食”是资本主义社会的规律。我们社会主义社会，有没有一个个体与个体之间，个体与社会之间的关系的规律呢？我看是有的。我认为，这个规律就是“个人发展，社会选择”……只要同志们、朋友们在各自现有的条件下努力发展自己，显示出自己的才能，社会必定会把你们选拔出来，给予你们更进一步的发展条件。社会主义比资本主义优越的地方，就在于弱者不会被人吃掉，并且，每个人的发展，不必要以牺牲别人为条件，相反，每一个人的发展，都有利于全民的发展……③

蒋子龙中篇小说《开拓者》(1980)的主人公车篷宽作为省委书记，不等上边的具体指示，没有现成的方法供借鉴，率先在本省推行

---

① 《乡村建设理论》，《梁漱溟全集》第2卷，山东人民出版社，第531页。

② 《安娜·卡列尼娜》，人民文学出版社1956年版，第499页。

③ 张贤亮：《男人的风格》，百花文艺出版社，第324～325页。

经济体制改革,以竞争、市场机制取代行政命令,探索出一条具有全局意义的国有企业改革道路。车篷宽的开拓精神基于他对社会主义的信心。他所推行的经济体制改革是在社会主义体制内,是在发展、完善社会主义。他认为中国的改革不是从外国买一个现代化进来,而是通过竞争机制,创造名优产品,打退外国"经济的进攻"①。

几乎所有的"改革文学"作品,都否定"贫穷的社会主义",探索建设富裕社会主义之路。从而为社会主义正名。张洁的长篇小说《沉重的翅膀》(1981)描写的国务院某部围绕着工业经济体制改革展开的尖锐复杂的斗争,其焦点就是对于社会主义的理解。改革家郑子云作为一个知识分子出身的部长级干部,萦绕于脑际的是"社会主义生产的目的到底是什么?"他认为这不外乎两个,"一叫国强,二叫民富。"而在此两者之间,他认为"只有民富才能国强"。他主张:"一定要把人民的生活搞上去,多还点账,生活上去了,积累多了,重工业自然而然就上去了。"② 郑子云是怀着对于社会主义,对于党的十一届三中全会所确立的路线的坚定信心,才老骥伏枥,壮心不已,鼓起沉重的翅膀,飞翔在改革的天地里。李国文的长篇小说《花园街五号》(1983)以临江市"花园街五号"这座俄式别墅为中心,记载了这座城市五十年的历史,引发对于历史和现实的思考,回答究竟谁是花园街五号真正主人这样一个重大问题。作品描写刘钊一系列经济改革活动:改变亏损的拖拉机厂面貌,推进拖沓的沿江新村建设工程,筹划吸引外资生产出口矿泉水,主动要求抓临江大厦工程……突现这位八十年代改革者产生的历史根由。透过刘钊的历史命运和现实际遇,可以看到中国的一部经历曲折、失误,逐渐走上改革之路的社会

① 蒋子龙:《开拓者》,《1977~1980全国获奖中篇小说集》,上海文艺出版社,第1045页。

② 张洁:《沉重的翅膀》,人民文学出版社,第158页。

主义建设史,中国共产党人执政后思想上的发展与变化、迷误与觉醒、锈蚀与更新的历史①。

"改革文学"从国计民生出发,对社会制度、执政党、重大的历史决策,表现为实事求是精神。正是反映在文学中的这种多重思维,使中国的这场改革避免了极端,获得了稳健的发展。

生存——人的最基本权利

"改革文学"反映了中国这场改革从经济改革入手的特点,而社会经济状况获得改善的同时,也促进了社会政治状况的改善。

"改革文学"反映了通过经济改革,温饱问题获得解决的同时,人的自主意识和其他权利也得到相应的增强。它形象地表现了生存权是人最基本的权利这一社会思想。

何士光(1942~)的短篇小说《乡场上》(1980)中偏僻而恒久的山村乡场是中国农村的缩影,社会心理演示的舞台。两家孩子吵架,需要冯幺爸当场作证,聚光镜一下子对准他。他成了梨花屯乡场上这出正剧的主角。官司双方中的一方是乡场上食品购销站的会计,卖肉的。在那长期的阶级斗争严酷、政治生活反常的年代里,他"俨然是小街上的财界",而"财界人物本身就是官方,和宋书记,曹支书这样的政界人物有着天然的联系,更何况他们还有相互的需要和一荣俱荣、一损俱损的利害关系,终于紧紧地抱成一团,连他们的妻室儿女,三亲六戚一起得道升天"②。官司的另一方是社会地位"低下"的民办教师任老大家。而冯幺爸作为一个庄稼人,这些年来在乡场上就低人一等,他又偏偏比谁都更没出息。他长期以来像狗一样地

---

① 参见曾镇南:《评长篇小说〈花园街五号〉》,《人民日报》1983年9月6日第5版。

② 何士光:《感受·理解·表达》,《山花》1981年第1期。

活着，没有挣到做人的资格，失去了人的尊严。罗二娘非让他作证，就是认为他只有朝她摇尾巴的份，而断然不敢得罪她。因此，她对冯幺爸步步紧逼。曹支书偏袒罗二娘，不露声色地向冯幺爸施加压力。与此同时，在场的庄稼人给冯幺爸的是正义的压力。作品描写无法退避的冯幺爸，“竟叹了一口气，往旁边走了几步，在一处房檐下蹲下来，抱着双手，闷着，眼光直愣愣的”，“他的头低下去、低下去……”冯幺爸承受着沉重的历史的压力：得罪了一尊神，也就是对所有的神明的不敬；得罪了姓罗的一家，也就得罪了梨花屯整个的上层……回销粮……管训班，大年三十被支派去修水利……曹支书整人的种种“鬼名堂”。然而，这一瞬间既是历史负担的低谷，又是历史的转机。冯幺爸脑子里闪过曹支书对人民“专政”的一幕幕历史之后，也计数了“责任制”以来他家的种种现实：谷子，包谷，糯谷，洋芋，菜籽，麦子……他蹲下去时尚且人不人鬼不鬼，站起来时已是堂堂正正的人：

> “曹支书！这回销粮，有——也由你；没有——也由你，我冯幺爸今年不要也照样过下去！……老子前几年人不人鬼不鬼的，气算是受够了——幸得好，国家这两年放开了我们庄稼人的手脚，哪个敢跟我再骂一句，我今天就不客气！”①

这些，在罗二娘听来有点离题，可却是一篇严正的“人权宣言”。农村家庭联产承包责任制，给了农民经营自主权，使他们从农村极“左”势力的统治下解放出来，获得了人的尊严，人的社会权利。正如作品所写：

> 这才叫“手里有粮，心里不慌，脚踏实地，喜气洋洋！”

① 何士光：《乡场上》，《1980短篇小说选》，人民文学出版社，第477页。

作品在村民的欢声笑语中结束。这欢声笑语，连同整篇小说，带有强烈的历史感。它反映的是农民的又一次“解放”。作品写道：

> 穿上了解放鞋，这就解放了，不公正的日子有如烟尘，早在一天天散开，乡场上也有如阳光透射灰雾，正在一刻刻改变模样，庄稼人的脊梁，正在挺直起来……

《乡场上》有如一声春雷——从大西南传来的一声春雷，报道着农业改革给农民带来的经济、政治、精神面貌等方面的变革。正如作品所写的那样：“男男女女的笑声像旱天雷一样，一下子在街面上炸开，整整一条街都晃荡起来。”① 而作家的创作意图就是要把“生产关系的改革怎样促进了生产力的发展，怎样促进了人的面貌的改变，据实写下来”②。

张贤亮的中篇小说《河的子孙》(1983)把《龙种》所表现的土地的思想，置于二十几年的历史中展开，最终化为“归宿”；融入人的命运中深思，终于凝结为“河”的灵魂。

魏天贵在黄河边长大，与黄河有着血肉般的联系。而他真正热爱黄河，对黄河产生一种理性的自豪感，却来自被送到黄河岸边魏家桥村劳动改造的“右倾机会主义分子”尤小舟。尤小舟“啊，黄河，你中华民族的摇篮”的歌唱，“要保护好乡亲们”的嘱托，将魏天贵对黄河的所有体验升华为灵魂——民族的灵魂。

魏天贵担当执掌“庄户人的命运”的支部书记的二十多年生涯，既像黄河般的激荡，又像黄河的某一段落一样的浑浊。既保有尤小舟般的灵魂，又要应付贺立德式的极“左”路线的“铁的逻辑”。为了

① 何士光：《乡场上》，《1980短篇小说选》，人民文学出版社，第478页。

② 何士光：《感受·理解·表达》，《山花》1981年第1期。

保护好乡亲们,他使用一个接一个的机智而狡黠的计谋。三年困难时期,魏德富为了养活娃娃们,小偷小摸毛病复发。魏天贵暗中保护他,鼓动他再次出走草原;韩玉梅被城里的坏干部欺骗,却戴上了“引诱干部”的“坏分子”帽子。为了有奶水养活受辱而生的女儿,她不得不挂上邻村有粮食的大队干部。魏天贵劝她与邻村大队干部断绝关系,而找一个外乡男子,由他给安户口,分粮食,由他给她洗清历史;为了让乡亲们吃上羊肉,他和独眼郝三设计,捅了二十只乏羊,由郝三去蹲预期四年的劳改;他还谎报灾情多要粮食;私自酿酒兑水欺骗蒙族牧民;开黑田瞒产私分;“文革”期间上下得手,出尽风头……要保护好乡亲的“河”的灵魂,不得不以这样扭曲的方式表现出来。“全省农业战线上的一面红旗”魏天贵,如他姓氏汉字的构造,成了“半个鬼”。困难时期,魏家桥村没饿死一个人,但却付出了惨重的代价。魏德富一走杳无音信,丢下了烂眼圈的女人和一排挨肩的孩子,给魏天贵留下难言的隐衷和伤痛;事与愿违,郝三竟然被判无期徒刑。而郝三又为了让魏天贵放心,在劳改队自杀灭口。这给魏天贵带来极端的悲痛,时时怀念他,祭奠他。当困难过去,生活有些好转,痴情的韩玉梅扑向他怀抱的时候,他又推开她。他为了免去韩玉梅蹲劳改,不料却使郝三进了地府。郝三还活在他心里,睁着那只泪涟涟的独眼看他呢。

魏天贵个人的秘密太多了。它蕴含着“河的子孙”跌宕的命运。《河的子孙》更为周密深入地表现了作家对于“国情”的研究,以及关于土地的思想。张贤亮将小说置于中国农业改革的社会大论争中,把自己化作农村基层干部,产生了雄辩意义:

> 这二十多年来他是怎样走过来的,只有他自己心里最清楚。①

---

① 张贤亮:《河的子孙》,《1983中篇小说选》第1辑,人民文学出版社,第93页。

小说开头,让魏天贵在两个场合分别聆听了尤小舟和贺立德急切地向他发表的对于农村家庭承包制度的意见。现任县委书记尤小舟向他讲道:“现在,拿锹把子的都欢迎包干到户,而县上,乡下不拿锹把子的倒操起心来了,说它是个体经济。其实,劳动是分散来干,还是合起来干,这是劳动的一种技术要求,主要是生产力决定的。”现任地委书记贺立德则怀疑包干到户的“性质”,认为它是退回到“单干”,并且拿他这个“人人富裕”的大队做“我们过去的办法还是正确的”的例子。二人看法截然相反,魏天贵需要自己来“思索”。小说中关于起伏跌宕的二十多年农村党支部书记生涯和漫长回忆,就是主人公赶着驴车开动脑筋“思索”的产物。

魏天贵回忆中的伴和着泪与血的中国农民生活和命运的历史,迸发出的是要当家作主的呼声。小说结尾,经过长长“思索”的魏天贵,了结了自己对贺立德敬重、应付、利用的关系,剩下的只有鄙夷:“……仿佛‘过去的办法’真能让庄户人都富起来似的……”他充分地表现出性格中的桀骜不驯,向贺立德遥啐了一口,宣布与他的那一套“铁的逻辑”彻底决裂。魏天贵再不需要做“半个鬼”了。他发现土地家庭承包制已给农民带来了精神上的变化。《河的子孙》将《龙种》中的经济权利发展为人的权利。它强有力地表明:家庭承包制度结束了“大锅饭”的日子,“一些社队干部的瞎指挥、多吃多占、强迫命令,甚至压迫农民的情况也能杜绝了”①,使农民能够自主地在土地上安身立命②。魏天贵和韩玉梅的爱情在土地家庭承包制度中找到了归宿,所有的“生命之火”都在此找到了归宿。土地家庭承包制度结束

① 张贤亮:《河的子孙》,《1983中篇小说选》第1辑,人民文学出版社,第95页。

② 张贤亮:《河的子孙》,《1983中篇小说选》第1辑,人民文学出版社,第229页。

了一段“不正常的历史时期”,实现了广大农民“健康的本能”的要求,实现了“河”的精神。它给主人公的漫长回忆带来了“明亮”的结局,给小说带来了雄浑、乐观的调子。尤小舟在这改革大潮来临时对魏天贵讲道:

> 你看这黄河水,不管一路来人家扔了多少脏东西在里面……可只要它不停地流,不停地运动,它总能保持干干净净的。这在科学上叫“流水的自净作用”。我们中华民族也是这样,千百年来人家扔了多少脏东西在里头,可最终我们还是建成了一个社会主义国家。尽管我们的制度还很不完善,不可避免地还有人要朝里头扔脏东西,但我们是能“自我净化”的!一切扔在里头的脏东西,在我们民族的不停的运动里,都会沉淀下去的。①

“改革文学”的土地思想和关于“生存是人最基本权利”的观念,与讲究“民以食为天”的儒家文化传统一脉相承。属于东方文化形态的托尔斯泰主义对此也持相同见解。托尔斯泰写道:

> 我思索了人民的种种要求,觉得主要的是土地所有权。如果取消土地私有权,实行耕者有其田,这将是最可靠的自由保证。比 habeas corpus②更可靠。因为 habeas corpus 不是实际上的保证,而只是道义上的保证,即人们感觉自己有权保护他们的家。人们同样地,甚至更多地应该感到自己有权保护用来养活

① 张贤亮:《河的子孙》,《1983 中篇小说选》第 1 辑,人民文学出版社,第 230 页。

② 拉丁语:人身不受侵犯。(原书注)

家口的土地。①

路遥的长篇小说《平凡的世界》(1986)以坐落在陕北黄土高原上的一个偏僻山村为基点,对社会生活做全景式描写,形成一幅包括农村、城市、官场、学校、矿山等场景的广阔的社会生活图画。这是一幅动态的图画。它触及了从1975~1985年间中国社会政治生活中几乎所有的重大事件。描写了从大队到公社、县、地区、省会各级党政干部的工作和政绩,其中最为重要的是对于"改革"的态度。而路遥所关心的还是农民——平凡的人,平凡的世界。他的全景法的意义在于表现这场自上而下掀起的改革,给农村带来的反响、变动。他将他所关注的人生价值置于具有划时代意义的时间跨度里展现,反映了历史转折前后两种社会处境、两种人权状况下的两种"人生",从"存在"意义上讴歌了神州大地上的这场波澜壮阔的改革。

革命化盛行年代里的"平凡的世界"是一个一筹莫展的世界。孙玉厚家尽管有三个好劳力,却仍然"穷得叮当响"。善于描写农民居家过日子的路遥让我们看到的是孙玉厚家不论农闲农忙,每天都只能喝稀粥。孝顺的少安,吃了稠粥就自愧为不孝。全家挣扎在"饥饿线"上。家庭伦理支撑着全家在贫穷中煎熬,贫穷又使全家老幼无法尽慈尽孝。正如少安说的,"已经穷到了骨头上。"② "生存"尚未解决,"发展"便无从谈起。孙少安虽然取得了全县第3名的好成绩,但是高小毕业就回家务了农,挑起了全家生活的重担。孙少平从山乡圪塄来到县城读高中,精神飞入了一个广阔的天地,对未来怀着美好的向往,渴望到一个陌生的世界去闯荡,去建业,以发挥自己潜藏

① 1901年5月7日《日记》,《列夫·托尔斯泰文集》第17卷,人民文学出版社,第255页。

② 《平凡的世界》第1卷,华夏出版社,第307页。

着的才能。然而,高中毕业后他不得不回到双水村参加农业生产,经受着蜷曲的痛苦。家庭经济地位限制兄弟二人事业的进取的同时,也限制着他们各自的爱情、婚姻。少安没敢接受润叶给予他的温暖和爱情,致使由青梅竹马发展起来的爱情夭折在“摇篮”里,酿成两人的终生之恨。少平的初恋对象郝红梅为了摆脱与少平相似的社会地位,攀附上了顾养民,给少平带来失恋的煎熬。在此之上,少安、少平和广大农民一样,政治权利以至人身安全都没有保障。孙玉厚虽然很会给儿子起名字,祈愿“少平少安,平平安安”,可是家里“一点也不平安”。作为生产队长,孙少安把零零碎碎的荒地以“猪饲料地”的名义给农民稍微多分了点,便成了“走资本主义道路”的生产队长,在全公社三级干部大会上接受批判,并且批判会通过有线喇叭,向全公社现场转播,吓得孙玉厚老汉想吞老鼠药自杀。公社主任周文龙用“法西斯手段”对待农民。他一再强调,搞社会主义,搞农业学大寨,就要“武上”,就要“麻绳子加路线,”要揭开盖子,拉出尖子,捅上刀子。致使农民见了公社干部怕得要命,就像兔子见了鹰。①

《平凡的世界》同《河的子孙》一样,先是详尽地描写农民对土地承包制度表现出强烈的“健康的本能”,自发的要求,然后描写农业改革,如春雷惊天,自上而下地掀起。《河的子孙》把中央决策折射成农民的观念:我看现时中央出了能人②;《平凡的世界》则如实地叙述,将其写作支配人们行为的清晰的社会背景。《平凡的世界》第二卷第一章写道:“去年底召开的党的十一届三中全会,为整个国家做出了历史性的总结,同时又展示了辉煌的发展前景。”“一个新的历史时期开始了……”

---

① 《平凡的世界》第1卷,华夏出版社,第245页。

② 张贤亮:《河的子孙》,《1983中篇小说选》第1辑,人民文学出版社,第228页。

《平凡的世界》第二三卷,在广阔的社会背景下描写了土地承包制度的实施,农民获得了生存权、发展权,人生价值得以实现。喜悦的心情从笔端溢出。

这里描写的农民吃饱了饭的喜悦程度同第一卷里饥饿中的愁苦成正比。中国人自有历史以来的"吃饭"问题,是在《平凡的世界》这里"解决"的。

> 农历八月,是庄稼人一年中最美好的时光。不冷不热也不饥饿;走到山野里,手脚时不时就碰到了果实上。秋收已经拉开了序幕:打红枣,割小麻,摘豌豆,下南瓜……
>
> 庄稼人孙少安的心情和这季节一样好。
>
> 真是连他自己也难以相信,几年前他梦想过的一种生活,现在开始变成了现实。一群人穷混在一起的日子终于结束了,庄稼人的光景从此有了新的奔头。①

> 自从土地分开以后,孙玉厚老汉虽说是五十大几的人了,但精神倒好像年轻了许多。从去年责任组开始到现在一家一户种庄稼,仅仅一年时间,一家人就不再愁吃不饱了。对于农民来说,不愁吃饭,这简直是一件不可思议的事——这是他们毕生为之奋斗的主要目标啊!他们最基本的要求和最主要的问题就解决了。囤里有粮,心中不慌。孙玉厚老汉眉头中间那颗疙瘩舒展开了。②

"平凡的世界"里的农民解决了"温饱"便朝着"人生"更高的目标进发了。

---

① 《平凡的世界》第2卷,华夏出版社,第51页。

② 《平凡的世界》第2卷,华夏出版社,第144页。

少安较早就挑起了家庭生活重担，饱尝了生活的艰苦，吮吸了来自黄土地和父老乡亲身上的精神营养，坚韧、顽强、执著、乐观。他体现为“现实”。他心甘情愿地开始了自己的农民生涯。身在农村，安于农村，决心在双水村当一个出众的庄稼人。他忍痛割舍了同润叶的感情，迅速地抓住现实所提供的机遇，和秀莲结了婚，并且永远无悔。但是他有的是现实的人生哲学而没有庸人主义。他虽然不脱离社会现实作非分之想，却强烈地呼唤改革，敏锐地发现转机，不失时机地创立家业。借钱买骡子，置架子车，出外运砖，挣下一笔——对于一个经常手无分文的庄稼人来说——可观的钱；拿这笔钱作资金开办砖窑。少安是现实中的成功者。作品写道：“目光远大的孙少安，政策一变，眼疾手快，立马见机行事，抢先开始发家致富了……”少安代表着生活在农村、献身于农村的新一代青年农民。

少平在村里和家里的生活发生翻天覆地变化的时候却陷入了“极大的苦恼之中”。与《人生》中的高加林一样，他在县城读了高中，城市和知识打开了他的眼界，向往更大的世界，等待机会，以求有所作为。他属于不安于现状，精神上处于矛盾、躁动状态的农村青年。他体现为“理想”。他没像高加林那样精神上一度失去同“土地”的联系。他在“城市”接受了另一种文化的熏陶之后回到农村，仍然认为：“在这个世界里，自有另一种复杂，另一种智慧，另一种哲学的深奥，另一种行为的伟大”。他是两种文化交融的产物。正如作品所写的，“孙少平的精神思想实际上形成了两个系列：农村的系列和农村以外的系列。对于他来说，这是矛盾的，也是统一的……在他今后的一生中，不论生活在农村还是生活在城市，他也许将永远会是这样一种混合型的精神气质。”

少安注重经济基础，相对地表现为“务实”的儒家人生；少平注重精神追求，相对地表现为“超逸”的道家人生。

少安发家致富,实现了农民在特定历史时期里的生活主题。他不满足于现状,没有局限在小农意识里。朴素的“乡亲意识”,唤醒了他的社会责任感。他扩大砖厂,满足了登门求告者的要求,安排他们在这里就业,解救这些乡亲们的危难,较早地表现出集体致富思想。成为全乡经济活动的首要人物后,经弟弟点拨,他领悟了一种使命,用自己的财力和能力重建被田福堂搞“运动”毁掉了的双水村学校,成为全县第一个出资办教育事业的农民,遵循儒家先“富之”后“教之”的思想,造福社会,造福子孙。

少平追求的是精神的自由,意志的独立,男子汉的尊严。文学书籍使他的精神超越了世俗而进入了理想境界。他高中毕业时曾对田晓霞说:“我回到家里时,当然也为少吃没穿熬煎。但我想,就是有吃有穿了,我还会熬煎的。”他渴望独立地寻找自己的生活。他并不奢想改变自己的地位和处境。哪怕比当农民更苦,只要自主地生活一生,他就心满意足了。无论是幸福还是苦难,无论是光荣还是屈辱,他都愿意自己来遭遇和承受。白天和揽工汉们一起下苦力,晚上回到污浊的住处,躲进一年四季不能没有的蚊帐里读书,精神驰骋到文学天地里——这就是他精神追求的写照。男子汉的风范、尊严,是他的人格理想。他自己活得尊严也懂得让别人活得尊严。郝红梅背弃了与他的初恋,毕业前他却将她从羞耻的境地中挽救出来;给阳沟大队曹书记尽心干活挣工钱,却不接受他家的馈赠;他理智地把自己和干部子女田晓霞的感情限定在友谊范围之内;酒后在惠英的床上酣睡了一夜,醒后他立刻用成熟了的男子汉的正常心理,接受了这无意间造成的错误事实;他虽然赚的钱不够用,也不使用哥哥的,而支持哥哥为社会疏财;在矿井事故中,他舍身忘死抢救一个喝醉了酒的协议工而身受重伤,却淡然地看待矿上因此对他的表彰和批评;正当青春年华时毁了面容,经历了短暂的痛苦之后,他坦然如常,并且奇特地具有了另一种男子汉的魅力；他拒绝了留城机会，谢绝了美丽的金秀姑娘的爱情，义无返顾地回到煤矿，回到惠英嫂温暖的生活天地。他在争取到人的尊严的同时也主动地承担起了所有的责任。

孙少安和孙少平都是农民之子，黄土地之子。他们继承、发扬了黄土地所蕴藏的自强不息，生生繁衍的人生哲学，而没有高加林式的精神迷失。他们都对人生作了“自由选择”，都实现了存在主义的乐观哲学，即“使人生成为可能”——用陕北语言来表述：他们都“活成”了。孙兰香也“活成”了，孙玉厚老汉也到底“活成”了。这个“平凡的世界”里最平凡的家庭里的人都“活成”了。他们为家庭骤然红火起来而幸福、自豪。《平凡的世界》对《人生》作了重大的弥补，抒写了实现了的人生。《平凡的世界》又是对《人生》的续写。它反映了中国所发生的重要转机，给年轻人的发展创造了应有的社会条件，给人生价值的实现提供了社会的可能。不仅润叶和李向前“活成”了，润生和郝红梅也“活成”了。就连“逛鬼”王满银都浪子回头了，和贤惠的兰花重建家庭、人生。路遥为此表现出孙家的人一样的幸福感，自豪感。

这个“转机”就是“改革”。

善于对历史作纵向比较的孙少安经常体味转折前后的两种处境、两种人生。责任制实行之后，他跟着公社副主任刘根民从集市往公社走的路上，心里很快就排除了再一次遭批判的可能性，精神轻松下来。果然，就是这次他得到了运砖的活计；建新窑，对于他来说过去仅仅是梦想，而现在成了现实，他想：“应该感谢这新生活……”点火烧砖时，他觉得“信心十足”。他想：他要干什么事，就干成了。而过去，就是能干成的事，也常常干不成①！他和秀莲为砖厂废寝忘

① 《平凡的世界》第2卷，华夏出版社，第141页。

食。他感到“生活突然充满了巨大的希望。有了希望,人就会产生激情,并可以义无返顾地为之付出代价;在这样的过程中,才能真正体会到人生的意义。”① 送兰香、金秀上大学,两家人在地区所在地最好的饭馆一块吃一桌酒席。他端起酒杯,手有些抖,眼里闪着泪光,困难地咽了一口唾沫说:“太高兴了……几年前,咱们做梦也想不到有这一天……是因为世事变了,咱们才有这样的好前程……”② 他对“世事”的变化体会最深。他认为他家之所以兴旺,不是因为他家老窑风水好,也不是他们个人有多大能耐,如果世事不变化,他孙少安还是当年的孙少安;县上为他出资办教育立碑石,可以看作“孙少安夫妇的一块人生纪念碑”,而他想到的是,过去日日夜夜熬煎和谋算的是怎样才不至于饿死;如今却能拿出一大笔钱来为他曾在这里度过半辈子辛酸岁月的村庄做点事了,可以说,他整整一个历史时期已经结束而即将踏上新的人生历程。路遥将孙少安的人生转折与中国社会的转折融为一体,将“改革”与“人生”融为一体。《平凡的世界》是“改革中的‘人生’”。写孙少安就是写“改革”。孙少安就是“改革”。就孙少安出资新建的学校的“落成典礼”,作品写道:

> ……这里将要举行的不再是批判“资本主义”的大会。而恰恰是为了表彰一个发家致富的人为公众做出的贡献。这完全可以看作是整个中国大陆十年沧桑变迁的缩影。③

经济改革促进干部制度改革

“改革文学”充分地反映了这场改革自上而下性质;反映了改革

① 《平凡的世界》第2卷,华夏出版社,第317页。
② 《平凡的世界》第2卷,华夏出版社,第422页。
③ 《平凡的世界》第3卷,华夏出版社,第408页。

深受广大群众欢迎,而地方各级领导干部则表现出各种各样的态度和做法,正如《平凡的世界》所写的:“地、县、社、队各级领导,既有积极支持和投身于这变革浪潮的人,也有不少人处在不理解甚至反对的状态中。有的同一级领导中,往往给下级发出了相互矛盾或者对立的指示……群众中广泛流传的几句顺口溜形象地概括了眼下的形势:上面放、下面望、中间有些顶门杠!”

“改革文学”关注着“干部的世界”。其中大多数作品是通过描写干部来反映改革。描写干部中的改革家遇到来自干部中的阻力,围绕着“改革”在干部中形成的矛盾、斗争。随着积极推行和投身改革的业绩的显现,改革家走上了更重要的领导岗位——“改革文学”反映了“改革”促进干部制度改革的现实,表现了依据“业绩”考核、提拔干部的思想。

《平凡的世界》的社会全景中有一个引人注目的“干部的世界”——从大队、公社、县、地区,直到省里。作品描写各级干部在改革中的心态和表现。对于改革不太理解,领导不力,甚至起阻碍作用的干部,路遥对他们也怀有温情,只是发出轻轻的揶揄,而不写成“恶”。但是他却一丝不苟地描写“干部世界”各自的心理、品格、作风、专业水平,直至逐渐形成的不同的“政绩”。卓著的政绩都来自于黄土地般的精神世界;不佳的政绩的后面都隐藏着一个平庸灵魂。

田福军大学毕业主动要求回家乡工作。任原西县“二把手”期间,正值阶级斗争极端化,他忧心忡忡地自言自语:“上上下下都胡闹开了……”他有学识,有能力,对国家、人民怀有深深的责任感。他自觉地抵制极“左”政策,敢于坚持“实事求是”原则,与善于弄虚作假的“一把手”冯世宽政见不合,还得罪了黄原地区“一把手”苗凯。田福军心里装的是老百姓的“吃饭”问题。他与农民孙少安相通。他是“干部世界”中的孙少安。他关心孙少安在1978年春节前所作的自发性改革尝试，春节刚过就向孙少安预报“转机”。他坚决贯彻执行党的十一届三中全会精神，大胆坚持“实践是检验真理的惟一标准”的思想，积极推行土地承包制度，使他所领导的全省最贫困的地区走在了全省的前列。因此偏偏对他的告状信最多。而这场“倒田运动”的幕后人物则是苗凯“多年精心培养”的接自己班的人。这反映了“干部世界”问题的复杂、严重，特别是改革在这里遇到的重重阻力。田福军未被破格提拔，未成为耀眼的“新星”。那些政绩不佳、甚至不正派的干部也很少降职、免职，有的还照常提升。这反映了干部制度改革的迫切、艰巨。路遥总是在描写“平凡的世界”而不虚构“人工的天堂”。但是，十一届三中全会结束不久，一直不被重用的田福军被提拔到全省最贫困地区的行署专员重要岗位上。当地大多数人对此项任命感到满意，认为省委“有眼力”。在他经受被“倒阁”的困难之际，省委及时地肯定了他的工作。后来，他又被调任省委副书记兼省会所在地的市委书记这一正处于“危难”中的职务。他开始被委派一个又一个的重任。而在被重用的过程中，他与苗凯、冯世宽的地位都发生了戏剧性的变化。

这种戏剧性的变化在双水村也发生了。

“责任制”一实行，乡土政治家田福堂和革命的食客孙玉亭就开始被冷落。孙少安渐渐上升为双水村第一号“瞩目人物”时，田福堂之类的“风云人物”就有点逊色了。田福堂和孙玉亭离不开“大锅饭”，离不开“轰轰烈烈”的政治运动。农民有了经营自主权，他们便“日趋衰败”，像被抛弃了的孤儿。田福堂感到孙少安对他是一种真正的“威胁”。他挖空心思地让孙少安去有“钱”，而不让他有“权”。但是，这个古老的村庄需要新一代领袖来领导它进入新时代，社会生活自然而然地把孙少安推到双水村负责人的位置上。

不论是孙少安，还是田福军，被肯定的都是“业绩”，在改革大业中作出的“业绩”。改革造就了他们,任用了他们,选拔了他们。

张锲的长篇小说《改革者》(1982)情节就是选拔干部,主题就是把改革者选拔到重要领导岗位上。

《改革者》以省委书记陈春柱为视角,描写他察访C市,对该市市委内部围绕着改革而展开的矛盾斗争,对斗争双方的所作所为、是非功过做出评判,对该市领导班子调整问题向省委提出自己的明确意见。小说结构体现了关于“干部”的主题。

《改革者》的情节围绕着在“十个大庆”口号的背景下,盲目上马的C城“七二五”重点工程应否下马的焦点问题,展开了双方的矛盾冲突。

以市委书记魏振国为首的一方,上自省委下至基层,用同乡、同事、同学、亲戚、师徒、老上级、老部下等等关系编织起一张“无形的网”。对“七二五”工程,他们只知道按行政命令办事,讨领导的喜欢,而对于锐意改革的市委副书记徐枫则设置障碍、罗织罪名。

对于陈春柱来说,魏振国是他的老部下,曾跟随他出生入死,现在又成了他的侄女婿。徐枫也是陈春柱的老部下,1959年坚持“实事求是”原则,批评陈春柱,由陈春柱主持定成右倾机会主义分子,十一届三中全会后又由陈春柱亲自过问平了反。而本应下马的“七二五”工程就是陈春柱听了一些片面的汇报遥控指挥推上去的。在C市干部矛盾的双方中,他自然地“希望真理是在自己亲人的一方”。

陈春柱对于徐枫的评价经历了一个先抑后扬的过程。当他想找徐枫谈谈话,徐枫忙得脱不开身时,他不禁一阵火起,认为徐枫“实在过于狂妄”,甚至感到“难怪徐枫每到一处,都很难和周围搞好关系,也难怪二十多年来,几乎每一个政治运动徐枫都要受到冲击,成了一个‘老运动员’!”当徐枫在会议上就“七二五”工程对陈春柱作了未点名的严厉批评时,他俩的矛盾在形式上又酷似1959年了。然而1959

年的悲剧没有重演。陈春柱下来察访的本身就是克服官僚主义的举动。察访过程中,他逐渐发现魏振国意志衰退,不思进取,并且被不少心术不正的人所包围,学会了一些政治伎俩,成了改革的障碍。侄女陈颖也同从前判若两人。他还发现亲自决定上马的“七二五”工程已成了C城发展的严重包袱。他很内疚,决心由自己加以纠正。而对于徐枫,他渐渐地为其有关经济体制改革的周密设想和大刀阔斧的举措心悦诚服,暗自叫好。他愿意倾听徐枫对他的批评。他为徐枫锐气不减当年而由衷地高兴。因而,当魏振国利用私情向他建议将其对手调走时,他却做出相反的决定,向省委建议彻底调整C市领导班子,调走魏振国,启用徐枫做C市第一把手。他确信只有徐枫才能挑起领导C市发展的重担。

陈春柱经历的表面上的痛苦抉择、自我否定过程,实质上是一颗忧国忧民心灵的表现过程。这颗未被腐蚀的心灵战胜了一己私情,打破“关系网”,让“改革者”担负起领导改革的重担,在经济体制改革中,同步推行反腐败斗争和干部制度改革。

克服“浮躁”,走中国改革之路

改革既是社会心理、人的观念的变革,又是中华文化精神经受的一场“洗礼”。在转型期复杂的社会现实以及现代西方文化对中国传统的冲击面前,社会心理不免产生“浮躁”。贾平凹的《浮躁》(1987)反映了这种心态,并且将其化为“商州州河”意象。“改革文学”以忧虑的眼光反映了改革大潮中社会心理上产生的“浮躁”,表现了克服“浮躁”,坚实地走有中国特色的改革之路的思想。

高晓声的短篇小说“陈奂生系列”(1979~1982)在从农村到城市较为宽阔的背景下描绘农民在历史转折之后的心灵变化历程。《“漏斗户”主》(1979)描写陈奂生由常年负债户到足粮户的转折,新生活具体地来到了他的面前，心头的冰块一下子完全消融了，眼含热泪看着自己分得的成堆的粮食。《陈奂生上城》(1980)描写陈奂生获得了温饱，用剩余的粮油做油绳上城里卖，赚到的钱甚为微薄，与城市消费存在巨大的差距，然而对于陈奂生，这是几十年来没有的转变。他格外地悠然，自足。《陈奂生转业》(1981)描写陈奂生被人利用不明不白地当了一次采购员，靠着与吴书记的一点交情为社办工厂买到了短缺原料，得到了一笔可观的奖金。这给陈奂生带来了困惑。他拿了钱，好一阵心里不落实。他认定这笔"飞来横财"不是他的劳动所得，而是损人利己。他经历的是"发财"和"良心"二者之间如何协调的困惑。在《陈奂生包产》(1982)里，经历一段犹豫、痛苦，他终于找到了实现"发财"和"良心"之间协调一致的途径——"包产"。陈奂生没在变革时期的种种社会现实面前失去劳动者的本分，依靠良心走出歧路，信心十足地走上劳动致富道路。整个"系列"表现了作家对农村刚刚展现的新生活热泪盈眶的赞美，对社会上方兴未艾的"陈奂生热"①较早的忧虑，对农民根深蒂固的"土地"思想坚决的肯定。

《鲁班的子孙》描写小木匠黄秀川进城要手艺，带回来一整套新技术的同时，也带回来另一套价值观，把贿赂当权、盘剥乡亲当作发财手段，把自私、贪婪、冷酷、虚伪奉为经营原则，背弃了班门祖训和道德传统。反映了在改革过程中出现的社会物质生产发展与道德水准下降的不协调现象，表现了作家对此怀有的深刻忧虑。在小说结局"明天的故事"里，老木匠黄志亮将古老的班门道德原则和现代技术、文明结合起来，使小木匠一手开办起来又毁掉了的木匠铺渐渐恢复了生机，社会物质文明与精神文明实现了更高层次的协调和平衡。这正是作家的社会理想所在，即"改革应该使我们的人民变得更善

① 高晓声：《陈奂生包产》。

良、更文明,而不是相反。”①

《平凡的世界》中孙少安成为“农民企业家”之后,在家里对长辈更加孝顺,对弟弟妹妹更加友爱;在村里对乡亲的义务感也更加强烈。朴素的家族观念和乡亲意识激励他投身改革,改革成功后他更为自觉地恪尽家庭伦理和社会伦理。在整个《平凡的世界》里,伦理不是随着改革淡薄,而是随着改革加强。我们从中看到的是:这是一个有文化根基的“世界”,这里的人们依据这个根基去接受新事物,变革人生,变革社会,带着自己的文化同一个更大的“世界”相互融会。

列夫·托尔斯泰对中国自上个世纪末叶开始的“维新变法”曾进言道:“改革就意味着成长、发展、完善,是不能不表示同情的。但是改革只是模仿,把一些形式(在欧洲和美洲的有识之士看来,都还完全站不住脚)输进中国,那是一个最大的和致命的错误。改革必须从一个民族的本质中生长出来,而且应该是一些新的、同其他民族完全不相像的形式。”② 托尔斯泰的“进言”和全部托尔斯泰主义,在其诞生的当时以及后来一大段时日,未被中国知识界广泛地理解,但是却同深深地植根于中国老百姓间的传统文化水乳交融。因此,罗曼·罗兰于1928年在论文《托尔斯泰与东方》中写道:“现在中国虽闹着政争与革命,但这不过在历史的永久性中兔起鹘落的一片断;托尔斯泰的主张和中国数千年来圣哲的教训既是一致的,那么怎见得中国人民不会一步步接近托尔斯泰的思想呢?”③

中国的“改革文学”克服了本世纪上半叶中国文学和社会上的某些思潮对西方文化的盲目模仿,以及对民族文化的虚无。“改革文

① 王润滋:《从〈鲁班的子孙〉谈起》,《山东文学》1984年第4期。

② 《致张庆桐信》,《列夫·托尔斯泰文集》第16卷,人民文学出版社,第326页。

③ 《东方杂志》第25卷19号,第57页。

学”和改革本身同样具有鲜明的中国化特征，表现出深厚的民族文化根基。这是中国走向成熟、复兴的征兆。它正在验证托尔斯泰的另一个论断：“只有认识到在他们的制度里面什么东西是重要的，有意义的，并懂得如何去尊重这些东西的那样的民族才有前途——只有那样的民族才真正够得上称为有历史的民族。”①

① 《安娜·卡列尼娜》，人民文学出版社1956年版，第362页。

第九章

《平凡的世界》

——中国农民二次翻身的史诗

《平凡的世界》的小说时间是自 1975 至 1985 十年。这是中国当代最具有历史意义的十年，从万物不生的“浩劫”到神州大地欣欣向荣的十年。它横跨中国当代前后两个历史时期。其间重大的历史事件是如列夫·托尔斯泰的《安娜·卡列尼娜》所描写的“不流血的革命”——“但也是最伟大的革命”。《平凡的世界》像《安娜·卡列尼娜》一样描写在我们这里一切都翻了一个身，一切都刚刚开始安排下来，描写重大的历史转折所引起的社会心理的波澜和人的命运的变迁。《平凡的世界》属于《安娜·卡列尼娜》一类的“心理历史小说”①，即“现代史诗”。赵树理的全部作品反映了 20 世纪中国农民的翻身和翻身的挫折；《平凡的世界》则是中国农民二次翻身的史诗。

《平凡的世界》以编年史方式描写重大历史事件密集的十年间中国城乡广阔的社会生活——农村、城市、官场、学校、矿山……规模宏

① 1865 年 3 月 19 日《日记》，《列夫·托尔斯泰文集》第 17 卷，人民文学出版社，第 113 页。

大,结构开放,不断地从一个场景过渡到另一个场景,由一个情节蔓生出另一个情节。而在这里支撑小说的并不是引人入胜的情节。《平凡的世界》的支撑点是处于变动状态的深刻的社会心理。

同时代专事描写社会心理的现实主义小说,其心理存在往往呈单一状态。在周克芹的《许茂和他的女儿们》里,金东水身上体现的是务实精神,郑百如处处表现的是阴谋夺权。在贾平凹(1953~)连续发表的描写农村改革的三部中篇小说里,才才老成忠厚、迂拙朴讷,门门头脑灵活、眼界开阔(《小月前本》);禾禾、烟峰勇于改革创新、敢想敢做,门门、麦绒勤劳节俭、因循守旧(《鸡窝洼的人家》);王才抓住时机,经商致富,韩玄子保守落后,重农轻商(《腊月·正月》)。就连在路遥自己的中篇小说里,也是刘巧珍代表农村世界,黄亚萍代表城市世界,让高加林往返于"交叉地带"(《人生》);高广厚代表平民世界,卢若华代表干部世界,让刘丽英往来于其间(《黄叶在秋风中飘落》);郑小芳代表理想世界,岳志明代表世俗世界,让薛峰在二者之间做自由选择(《你怎么也想不到》)。所有这些单一社会心理存在,双方处于静止而绝对对立状态。而小说的解决则都是以作家的理想世界取代与之相对立的世界。此间,路遥的处于"交叉地带"的主人公都经历着二元对立的痛苦。薛峰自我分析道:

> 当我离开小芳的时候,我就身不由己地又卷进了我已描述过的那个世界。
>
> 这一切是多么令人矛盾和痛苦!
>
> 到后来,我慢慢对我的两个世界都适应了。我甚至想在这两个世界中间取长补短,把自己塑成另外一种人。①

① 《你怎么也想不到》,《路遥文集》第1卷,陕西人民出版社,第332页。

《平凡的世界》中的社会心理存在超越了单一状态，具有了复杂的性质。一个个的心理存在之间，克服了绝对对立状态，相互隔绝的两个世界化作了一个“平凡的世界”。

1975 年里的“平凡的世界”是一个冰封的世界，处于停滞状态。《红旗》杂志发表《论对资产阶级的全面专政》，批《水浒》，“农业学大寨”运动……构成了冰封时期的背景天幕、人们生存的社会处境。

在这冰封的处境下，人们的生存活动几乎被冻结，常年挣扎在饥饿线上。

善于描写农民居家过日子的路遥让我们看到孙玉厚家的光景已经临近崩溃。劳动力虽好，苦没少下，可是年年下来总是两手空空。不论农闲农忙，全家每天只能喝稀粥。真是“穷到了骨头里”。孙玉厚老汉感到一筹莫展。他心里是一堆难题：他在这土地上都快把自己的血汗洒干了，家里的光景还是像筛子一样到处是窟窿眼。两个顶小的孩子少平、兰香硬撑着上学，烂衣薄裳，少吃没喝。大儿子少安 23 岁了，还没娶上媳妇。他拿什么给儿子娶呢？就是能娶回来个媳妇，又往哪儿住呢？全家一眼土窑，他老两口和近 80 岁的老母亲住着。少安就在窑旁边戳了个小土窝窝安身……

《平凡的世界》从存在的意义上描写了冰封时期人生的不可能，所有的主人公都“没活成”。孙少安虽然取得了全县第 3 名的好成绩，但是高小毕业就回家务了农，挑起了全家生活重担。孙少平从山乡圪塄来到县城读高中，精神飞入了一个广阔的天地，对未来怀着美好的向往，渴望到一个陌生的世界去闯荡，去建业，以发挥自己潜藏着的才能。然而，高中毕业后他不得不回到双水村参加农业生产，经受蜷曲的痛苦。家庭经济地位限制兄弟二人事业上进取的同时，也限制着他们各自的爱情、婚姻。少安没敢接受润叶给予他的爱情，致使由青梅竹马发展起来的爱情夭折在摇篮里，酿成两人的终生之恨。

少平的初恋对象郝红梅为了摆脱与少平相似的社会地位,攀附上了顾养民,给少平带来失恋的煎熬。

在此之上,《平凡的世界》描写了少安、少平和广大农民,在革命极端化年代里,政治权利以至人身安全都没有保障。孙玉厚虽然很会给儿子起名字,祈愿“少平少安,平平安安”,可是家里“一点也不平安”。分猪饲料地时,孙少安作为生产队长给农民稍微多分了点零零碎碎的荒地,便成了“走资本主义道路”的生产队长,在全公社三级干部大会上接受批判,并且批判会通过有线喇叭向全公社现场转播。公社主任周文龙用“法西斯手段”对待农民。他一再强调,搞社会主义,搞农业学大赛,就要“武上”,就要“麻绳子加路线”,要揭开盖子,拉出尖子,捅上刀子。致使农民见了公社干部怕得要命,就像兔子见了鹰。

孙玉厚老汉听有线广播里批判孙少安,吓得想吞老鼠药自杀。《平凡的世界》好几个主人公想吞老鼠药。在生存与死亡之间,他们一度自然而然地选择死亡。作品在荒谬意义上对生存处境作了深刻的批判。

这些主人公到底没有自杀。不以惊人情节取胜的《平凡的世界》也没有描写那个特定的历史时期社会生活中并不鲜见的将人迫害致死的现象。《平凡的世界》以“平凡”的情节见长。

它描写的是现实生活中的芸芸众生的平平凡凡的人生。作为跨度宏阔的现代史诗,《平凡的世界》的重心不在“伤痕”,而在表现这些芸芸众生如何超越“伤痕”,度过“大灾难”,获得“新生”。

孙玉厚老汉在大女婿王满银被“劳教”时,大儿子少安被批判时,家境陷于困境时,都曾处于“死不能死,活不能活”的两难处境。而在所有的危机时刻,支持他活下来的都是家庭,都是做父亲的责任,对子女的义务。“他之所以还活着,不是指望自己今生一世享什么福,而完全是为了自己的几个子女。只要儿女们能活得好一些，他受罪一辈子也心甘情愿。”少安被批判后终于没走上绝路，是由于对于家庭的感情。他意识到自己需要继续和父亲一起撑扶这个家，撑扶家里一群人。

家庭伦理支持人们度过了一个一个的灾难。“大灾难”又使家庭伦理得到发展、巩固。《平凡的世界》主人公们没有被“荒谬”打败。他们以家庭伦理作为自己精神世界的基石，展现自己苦难的人生——黄土地的人生。

孙少安虽然是个念书的好材料，但是高小毕了业，不用父亲说他也知道自己的学生生涯结束了。他珍惜自己学到的一点文化。他担起家庭生活的重担。他决心把少平和兰香的书供成。他将远大理想寄托于弟弟妹妹，送别了童年女友润叶，把自己的人生现实地扎到家乡土地上。他由于精明强干、吃苦耐劳，18 岁时被选为生产队长。他不以空头政治而以农民的务实精神管理农业生产，使他的生产队收人年年领先，使“乡土政治家”田福堂感受到潜在的“威胁”。而当已经具有青春思想的田润叶把青春、爱情呈现给孙少安，田福堂又感受到一种新的“威胁”时，孙少安再次表现为现实。他和润叶可谓青梅竹马。但是从高小毕业开始，他就感到他俩各走各的路了，童年的友情，只能保存在记忆里。十年过后，当他收到润叶由童年的友情发展成的火热的爱情时，他感到突然福从天降，幸福得不由哭了起来。他心里扎下的对润叶的爱情不比润叶心里的浅。他想到如果和润叶一块生活一辈子，整个世界都眉开眼笑。然而，他不把爱情、婚姻建立在幻想的基础上。他是务实的农民，他很快就回到自己所处的实际生活中来。他清醒地意识到，一个满身汗臭的泥腿把子，怎么可能和一个公家的女教师一块生活呢？他要是答应了润叶，就等于把她害了。他爱润叶，就要替润叶着想：她如果和他真的一块生活了，那苦恼将会是无尽的。她会苦恼,他也会苦恼。而那时的苦恼要比现在的大多少倍。于是,这位从不做非分之想的青年农民,以男子汉的果断,又带有几分现实主义者的残酷,将自己与润叶火热的爱情冻结成“友爱”保存在心间。他不抱怨命运,不悔恨自己的人生,不断地带着对于润叶的留恋和怀念,以农民的务实方式,去山西领回了可心的农村姑娘贺秀莲。

田润叶对于孙少安来说是城里的教师,对于县革委会副主任的儿子李向前来说她又是农民的女儿。李向前看上了她,他母亲托人向她说亲,她非但不受宠若惊,反而陷入苦恼之中。她觉得李向前本人不值得她爱,他家的荣华富贵更不在她心里。不媚俗,不合污,表现出内在的刚烈。而当她意识到自己已是妙龄,产生了爱情的骚动时,想到的自然是少安。她认为爱情不一定非要门当户对。门当户对不如有情有意。她柔情似水。她摆脱了羞愧,给少安写下了“我愿意一辈子和你好”的情书,大胆地与少安在光天化日之下坐在村边地头上,由悠扬的信天游“墙头上骑马呀还嫌低,面对面坐下还想你”相伴随。她和《人生》中的刘巧珍都属传统型陕北女子。她们深得黄土地的精髓。她们从广袤的大自然、深厚的传统文化、红火的信天游、资深的前辈、常年不辍的劳动中获取丰富的精神营养。她们纯洁、善良。她们具有一副旺盛的生命力和一个丰富的感情世界。她们爱得热烈,全身心地投入而不能自拔。她们心甘情愿地为爱情献身而不掺杂任何功利。她们是会爱的一族。尽管少安畏怯、退避,润叶并不死心。她知道少安心里也爱着她。她理解他的难处。这时她又有情长意密的信天游相伴随:

正月里冻冰呀立春消,
二月里鱼儿水上漂,
水呀上漂来想起我的哥!

想起我的哥哥，
想起我的哥哥，
想起我的哥哥呀你等一等我……

她的少安哥竟然没有等一等她，而与一位山西姑娘一起过光景了，这失恋的打击是沉重的。她感到整个世界都一片昏暗。她陷于绝望之中，一度想找几包老鼠药了却人生。这时，她想到了亲人。她要活下去。她活着，自己一个人痛苦；她要是死了，会给众多的亲人带来痛苦……此刻，她全身流露着悲哀之美。

在社会各界子女集中的县城高中读书环境里，孙少平是自卑的。他虽然个子在班上最高，心里却总觉得低人一头。而贫困又养成了他的自尊。过分的自尊，使他对所有家境好的同学——尤其是顾养民产生一种对立情绪。《平凡的世界》不是对立的世界。初恋失败所造成的痛苦渐渐平伏。他理解郝红梅的处境。他时时刻刻意识到自己是个普通人，而不做太多的非分之想。他还从顾养民身上获得启示：在最平常的事情中可以显示出一个人人格的伟大来。“平凡的美”作为一种人生美学对他具有着深远的影响。

孙少平自幼喜欢读书，高三时又有幸由田晓霞将他引导到一个新的天地，使他的灵魂开始在一个大世界中游荡。他渐渐能够用较为广阔的眼光看待自己和周围，克服了自卑和过分的自尊而产生了自信。他本质上仍然是农民的儿子，但要竭力超越他出身的阶层。田晓霞将他引向的是一个精神天地。高中毕业不得不回农村时，他对他的这位精神向导说：“我回到家里，当然也为少吃没穿熬煎。但我想，就是有吃有穿了，我还会熬煎的。”蜷曲在农村的日子里，他一直关心和注视着双水村以外的大世界。他不像少安那样全身心地扑在农村。他自己身在村子，思想却插上了翅膀，在一个更为广大的天地里恣意飞翔。……体现出“飞翔的美”。

这些黄土地的儿女,没有屈从“荒谬”的摆布。他们一个也没有堕落,一个也没有沉沦。他们在“大灾难”中,依据更大的伦理——社会伦理、国家观念,对整体的生存环境,对民族命运表现出深切的忧虑,对“荒谬”这个庞然大物进行抗争,与全体中华儿女的情绪息息相通。

田福军身上体现着《平凡的世界》中最为强烈的忧患意识。作为知识分子出身的干部,他根系黄土地。他体尝农民的疾苦。他在一户农民家吃午饭,把碗里的玉米面馍放回锅里,和这家八口人同吃锅里的糠团子。饭未吃完,他到一户全家即将饿毙的农民家,紧接着,他又了解到许许多多要饿死人的情况……这既是极左政策下农民悲惨生活的缩影,又是田福军为民请命精神的写照。在“四人帮”横行的年代里,田福军作为县革委会副主任,处在政治漩涡里,知道得多,思考得多,而说得则少,只言片语流露出内心的痛苦。听说了下面召开“阶级敌人批判大会”闹剧后,他半天没说话,点了一支烟吸了几口,自言自语地说:“上上下下都胡闹开了……”听到了白明川就“反击右倾翻案风运动”表示对国家前途的忧虑后,他说:“明川,你能考虑这么重大的问题,很不简单。好!尽管我们都是些普通人,无法改变我们国家的局面,但我们应该有一双分辨黑白的眼睛,有一颗能严肃思考我们国家命运的头脑……你感觉到的问题,任何一个有头脑、有良心的中国人都会感觉到的。这不是我们几个人的忧虑,而是全中国人民的忧虑……”忧患之美溢于言表。

在同龄人中,田晓霞的忧患意识起点较高。她接受父亲的影响,认为一个有文化的人不知道国家和世界的现状是很可悲的。在孙少平的眼光仅仅限于一己天地时,田晓霞的胸襟已相当宽广了。她不接受教条主义理论的禁锢,而任精神在广阔的天地里驰骋。她对一些社会问题进行严肃的思考,取得较为独立的见解。她关心着人民的苦难，国家的命运。她属于黄土地儿女敏锐的神经。她身处黄土地，精神融会于伟大的思想解放运动。她体现为自由之美。

孙少安听凭命运安排，回乡务农，可是并不甘于忍受极左政策摆布。长期的农业劳动生活，使他清楚地看到造成农民挨饿问题的根源在于农民失去了经营自主权，在于"大锅饭"。因给农民扩大猪饲料地挨批判后，他更加执著地等待全局性的转机。"四人帮"垮台后，他受到来自安徽的启示，率先在自己的生产队建立承包责任组，大胆地进行改革尝试。这次尝试遭到县革委会主任冯世宽以至地区革委会主任苗凯粗暴制止，却得到田福军的坚决支持。孙少安是农村中的田福军。产生于黄土地的务实思想使二人精神息息相通。他们一见面便讨论农村问题。就是在"严冬"里，他们还探讨过农民的温饱问题。他们的结论就是改革。他们是严寒大地下面的"暖流"。他们热切地等待着大地解冻。

《平凡的世界》以田福军、孙少安、田晓霞、孙少平……构成的黄土地世界所蕴藏的巨大的"暖流"呼应具有划时代意义的党的十一届三中全会，反映了中国这场自上而下推行的改革拥有深厚的群众基础。1979 年夏，田福军一任黄原地区行署专员，就大刀阔斧地在全地区农村搞起了生产责任制。有的地方实行了包产到户，田福军指示不准拒挡。小说描写这是"继土改和合作化以后，中国近代历史上农村所经历的又一次巨大的变革"①。中国大地再次焕发出活力和生机。发家致富成为农民生活的主题。孙少安置田福堂的压制于不顾，率先在田家圪塄生产队实行责任制，农民们从"大锅饭"里解放出来，生产积极性得到充分发挥，往日吵吵闹闹的田家圪塄劳现在整天鸦雀无声，人们都把精力投入到地里了。他们起早贪黑，精耕细作，

① 《路遥文集》第 4 卷，陕西人民出版社，第 91 页。

不光把麦田比往年多耕了一遍,还把集体多年荒芜了的地畔地塄挖起。麦田整得松松软软,边畔刮得干干净净。农民与土地这样亲密的关系,我们只是在土地改革之后几年里的作品中读到过。善于描写农民居家过日子的路遥,在这里展示的是一副百废俱兴的农村生活图景,历史感强烈,久违了的喜悦从笔端溢出。这里描写的农民吃饱了饭的喜悦程度同先前饥饿中的愁苦成正比:

> 自从土地分开以后,孙玉厚老汉虽说是五十大几的人了,但精神倒好像年轻了许多。从去年责任组开始到现在一家一户种庄稼,仅仅一年时间,一家人就不再愁吃不饱了。对于农民来说,不愁吃饭,这简直是一件不可思议的事——这是他们毕生为之奋斗的主要目标啊!一旦有饭吃,他们最基本的要求和最主要的问题就解决了。囤里有粮,心中不慌。孙玉厚老汉眉头中间那颗疙瘩展开了。

"吃饭"问题成为中国当代文学一个重要而普遍的主题,这是古今中外文学历史上的罕见现象。"吃不饱"可谓赵树理创作的最终主题。"吃饭"问题的解决,由高晓声的《"漏斗户"主》(1979)、何士光的《乡场上》(1980)、王蒙的《蝴蝶》(1980)等作品像"春之声"般地传来。而这一问题的来龙去脉,即农民与土地的关系,土地制度的改革——中国这场改革从这里入手,这场意义深远的改革的初期进程,在《平凡的世界》里得到了详尽的描写。改革在这里得到了全面的反映。中国人自有历史以来的"吃饭"问题,是在《平凡的世界》这里"解决"的。是路遥以小说形式探索着这一伟大历史事件的深刻意义:

> 两年之间,不仅黄原地区,整个中国发生了多么大的变化呀!许多不久前人们连想也不敢想的事,现在却成了我们生活

中最一般的现象。中国的变化震动了资本主义国家,震动了社会主义国家,也震动了中国自己。

阐述这个变化的深远意义也许不是小说家所能胜任的。我们只是在描绘这个历史大背景下人们的生活时,不由地感叹:我们这一代人经历了如此深刻而又富于戏剧性的历程!现在还是孩子的人们,将不会全部理解我们这代人对生活的那种复杂的体验。

这样,同为"现代史诗",《平凡的世界》比《安娜·卡列尼娜》少了一层忧虑,多了一层喜悦。俄国1861年自上而下推行的"改革"是以西欧道路代替腐朽的农奴制度。托尔斯泰的探索主人公列文看到,从西欧移植来的雇工制度给俄国带来的是农民普遍的懒惰、怠工、酗酒、偷窃,是土地大量的荒废,社会普遍的贫穷,国家财富急剧减少,以及农民和地主的严重对立。列文为此甚感不安。他对俄国的前途怀着深深的忧虑。他睡不好觉了。他锲而不舍地探索一条俄国道路。他感到最重要的是调整农民和土地的关系,使农民关心土地上的收成。而中国的这场从农业入手的改革,是以土地承包制度代替"公社"制度。与中国历史社会的"地主——自耕农"土地所有制度一脉相承的土地承包制度的精义是农民相对地有了土地,土地相对地有了主人。农民和土地的这种密切关系在中国历史社会曾经创造过世界上最为先进的农业,在中国当代也必然创造出新的"奇迹"。《平凡的世界》以按捺不住的喜悦描写了这一"奇迹":

农历八月,是庄稼人一年中最美好的时光。不冷不热,也不饥饿;走到山野里,手脚时不时就碰到了果实上。秋收已经拉开了序幕:打红枣,割小麻,摘豇豆,下南瓜……

庄稼人孙少安的心情和这季节一样好。

真是连他自己也难以相信，几年前他梦想过的一种生活，现在开始变成了现实。一群人穷混在一起的日子终于结束了，庄稼人的光景从此有了新的奔头。

《平凡的世界》是对于《人生》的续写。它反映了中国社会的巨大变革，给人的发展创造了应有的社会条件，给人生价值的实现提供了社会可能，黄土地儿女们在解决了温饱的同时便朝着人生更高的目标进发了。

孙少安敏锐地发现转机，不失时机地创立家业。责任制实行之后，他跟着公社副主任刘根民从集市往公社走的路上，心里很快就排除了再一次遭批判的可能性，精神轻松下来。果然，就是这次他得到了运砖的活计。他马上借钱买骡子，置架子车，出外运砖挣下一笔在经常手无分文的庄稼人眼里看来可观的钱；拿这笔钱作资金开办砖窑。点火烧砖时，他觉得"信心十足"。他感到"生活突然充满了巨大的希望。有了希望，人就会产生激情，并可以义无返顾地为之付出代价；在这样的过程中，才能真正体会到人生的意义。"孙少安是农村中的改革家。他最早地发家致富，并且渐渐地上升为双水村第一号"瞩目人物"。而与他相对的"乡土政治家"田福堂则只能试图成为阻挡历史车轮前进的螳螂。

孙少平在村里和家里的生活发生翻天覆地变化的时候却陷入了极大的苦恼之中。这又与少安形成鲜明的对照。少安代表着生活在农村、献身于农村的新一代农民，少平则属于不安于现状，精神上处于矛盾、躁动状态的青年。少安注重经济基础，相对地表现为"务实"的儒家人生，少平则注重精神追求，相对地表现为"超逸"的道家人生。少平追求的是精神的自由，意志的独立，自主的人生。无论是幸福还是苦难，无论是光荣还是屈辱，他都愿意自己来遭遇和承受。他离开故土，离开"老窝"，闯荡世界，寻找生活的"新大陆"。白天和揽工汉们一起下苦力,晚上回到污浊的住处,躲进一年四季不能没有的蚊帐里读书,精神驰骋到文学天地里。文学作品使他的精神超越了世俗而进人了理想世界。

孙兰香是出落得令人惊叹的山乡姑娘。他窈窕、美丽,但自己却不特别留心于此。她读初中时曾打算辍学回家,而从进入高中那天起,考大学就成了她追求的目标。她意识到全家人含辛茹苦地供她读书是多么不容易,她只有考上大学才算不辜负亲人们的一片苦心。高考制度的恢复,极大地激励了她这样有抱负的青年。她能够充分发展自己的天赋了。她甚至在高三时就敢于设想将来要乘宇宙飞船到太空去。她在大学里的专业到底是研究宇宙。她的精神天地就是广大深远的宇宙。这位山乡圪塄养育的热爱宇宙的姑娘体现着孙玉厚老汉家及整个山乡圪塄的荣耀,体现着孙少平苦苦追求的人生的实现,体现出黄土地世界、"平凡的世界"已是一个开放的世界。

《平凡的世界》在当代存在主义哲学的意义上描写新的"世事"使所有的主人公的人生都成为可能了——用陕北语言来表述则是"他们都活成了。"

儿女们活成了,孙玉厚老汉也就活成了。就是他本人的光景也"发达"多了。生活的变化使这位老汉的心情也发生了变化,甚而竟然恢复了"年轻时的气魄"。他坚决地主持着让少安和秀莲去新整修的院子过"年轻人的日子",而不必再为老人牵肠挂肚;他豁达地支持少平到外面闯世事,而由他自己在家种庄稼。他懂得了"骄傲"。最令他骄傲的是小女儿进入"大学堂"——听人说还是"重要学堂"。他做梦也想不到能有今天这等荣耀。他对儿子说:"你爷爷和我,苦熬了一辈子又一辈子,谁也没能在双水村站到过人前面。现在,咱站到人前面了……"

在所有同行中,路遥对"活成了"的不容易体验得最深,对因为

“活成了”而生起的幸福感体会得也最强烈。这是“平凡的幸福”。

《平凡的世界》描写在新的历史时期里，过去极其反常的社会生活走向正常。地主的后代金二锤参加中国人民解放军，意味着所有像他这样家庭出身的人开始真正地享有包括政治权利在内的一切公民权利。这些从前的社会弃儿今天也能“活成”。他们为此摆起喜庆筵席。他们重新受到村人的尊重。倒是总是穿不上鞋的“革命家”孙玉亭心里生出被遗弃的感觉。

《平凡的世界》是真实的世界，可信的世界。路遥像史家一样描写新的历史时期，“不虚美，不隐恶”①。诸如贫富悬殊、干部特权、假冒产品、犯罪团伙、迷信活动等应运而生的各种社会问题在《平凡的世界》里都得到了反映。社会产生了新一轮的不平衡。然而，《平凡的世界》没有迷失在这一大堆现象中。路遥不赞成作家对现实生活持“旁观”态度。他在创作随笔中写道：“作家对生活的态度绝对不可能‘中立’，他必须做出哲学判断（即使不准确），并要充满激情地、真诚地向读者表明自己的人生观和个性。”② 他赞赏列夫·托尔斯泰的下述观点：“在任何艺术作品中，作者对于生活所持的态度以及在作品中反映作者生活态度的种种描写，对于读者来说是至为重要、极有价值、最有说服力的……”③《平凡的世界》以热情、明朗的态度讴歌改革。善于对历史作纵向比较的孙少安经常体味改革前后的两种处境、两种人生。送兰香、金秀上大学，两家人在地区所在地最好的饭馆一块吃一桌酒席，少安端起酒杯，手有些抖，眼里闪着泪光，困难地咽了一口唾沫说：“太高兴了……几年前，咱们做梦也想不到有这一

① 班固《汉书》“司马迁传赞”。

② 见《早晨从中午开始——〈平凡的世界〉创作随笔》，《路遥文集》第2卷，第20页。

③ 同上。

天……是因为世事变了,咱们才有这样的好前程……”作品将主人公们人生的转折与中国社会的转折融为一体,将“人生”与“改革”融为一体。《平凡的世界》是改革中的“人生”。《平凡的世界》体现的是注重“趋势”的东方哲学。作品写道:“在我们生命结束之前,也许还不会看到这个社会的完全成熟,而大概只能看出一个大的趋势来。但我们仍然有理由为自己生活过的土地和岁月而感到自豪!我们这代人所做的可能仅仅是,用我们的经验、教训、泪水、汗水和鲜血掺和的混凝土,为中国光辉的未来打下一个基础。毫无疑问,在这一历史进程中,社会和我们自身的局限以及种种缺陷弊端是不可避免的。但这决不能成为倒退的口实。应该明白,这些局限和缺陷是社会进步到更高阶段上产生的。”①

贾平凹的小说缺的是这种东方哲学。《鸡窝洼的人家》(1984)近似于改革政策的图解。《浮躁》(1987)是文人就狗肉喝烧酒侃改革。而《废都》(1993)则迷失在现象之中了。

黄土地儿女与全体中国人民一道从极左政策统治下解放出来,实现了自主的人生,获得了二次“翻身”——《平凡的世界》反映这个变动而又没有停止到这里。黄土地儿女们没有走向另一极端,没有迷失在“自我”之中。他们都自由地选择了责任。

兰香在大学里与吴仲平建立了真挚的爱情。然而她的内心深处生出了某种“遗憾”——吴仲平是省委常务副书记吴斌的儿子,而她多么希望吴仲平也是个平民子弟。不是她自己有什么门当户对的观念,而是她怕别人有这种观念——她担心并难以忍受的正是这一点。她一再地婉言拒绝去趟吴家的邀请。又一个田润叶长大了。兰香虽然已经出落得亭亭玉立,但实际上仍然是兰香。她归根结底是农民

① 《平凡的世界》,《路遥文集》第 4 卷,第 436 页。

的女儿,在艰苦的乡村成长起来,不论她的思想如何在太空中翱翔,精神却密切地和双水村连结在一起。她带着平民的自尊、自傲,以自己的天资和刻苦努力跨越了门第的鸿沟,在新的高度上实现了人生的和谐。

田晓霞受惠于家庭精神生活的高起点,丝毫不看重自己的高门第。就像姐姐田润叶爱情萌发时回村找孙少安一样,田晓霞念高中时和同村而不熟悉的孙少平初次相识,后者身上的许多品质就引起了她的格外重视。孙少平在家务农,她破例地回村登门做客,这令村人惊奇,令伯父田福堂不解,而在她是自自然然的事。她貌似超凡入仙,可又实实在在是个黄土地女儿。这个喜欢披着上衣的姑娘,有着细腻、丰富的感情生活,与孙少平经历了一个奥妙而完整的感情历程。读师专中文系时,她周围的青年,一个个都是以天下为己任的雄辩家,古今中外,旁征博引,思想一个比一个解放,幻想一个比一个高远,抨击时弊一个比一个猛烈。他们学习刻苦钻研,吃穿日新月异,玩起来痛快淋漓。可是她却在揽工汉孙少平身上发现了另外一种类型的同龄人。她十分佩服孙少平的独立思考、精神追求和对于苦难的超越。她从这位她从前的"学生"身上获得了关于人生的启示。她发现,班上没有一个男生能代替少平跟她在这样广度和深度上交流思想。她终于寻找到了内在意义上的男子汉。少平到了大牙湾煤矿后,光彩照人的晓霞以记者的身份"采访"了他——实际上她是探访了她的这个"掏炭的男人"。她在内心深处已将少平视作自己的"掏炭丈夫",并且为此感到骄傲。孙少平的精神力量在田晓霞这面镜子面前得到了真实的照见。田晓霞是塑造真正男子汉的女性。对此,具有优势眼光的孙兰香评说道:晓霞姐这样非凡的女性也许只能爱她二哥少平这样的男子。田晓霞这位"自由"的女性的爱情哲学已经达到了"自由"的高度。

田晓霞形象体现着“自由”的特征就在于善于驾驭自由,而不让它产生迷失。在爱情生活中乐于献身的田晓霞,对于社会事业的投入精神也达到了献身的高度。这位“解放”运动的先驱也是建设事业的先驱。她像勇于投身“解放”运动一样地勇于投身抗洪斗争。她的智慧,风度,天职感,忘我精神在这短暂的抗洪一幕中得到了完美的表现。田晓霞的死亡是《平凡的世界》众多主人公中发生的惟一的死亡,但她又是最为不朽的。她用自己的死换取了另一个更年幼的生命。路遥以小说形式塑造了一个值得在最高一级意义上追认,值得全国人民学习的人物。田晓霞的优秀之处就在于她始终对自己的优秀全然不知,对自己的非凡全然不知。她自由地选择“平凡”,选择黄土地。田晓霞形象在小说中的意义在于她不知不觉地以自己的人生——包括死亡——创造着“平凡的世界”的和谐。

孙少平比高加林还坚决地离开了农村——就这一点来说,孙少平是高加林的续写。但是,仅此而已。实际上,孙少平是高加林的对照。孙少平实现了离乡的志向,却没有发生高加林式的迷失。路遥通过孙少平形象的塑造,更深一层地表现问题不在于离乡还是返乡,而在于怎样走人生之路。孙少平在生活“地带”上彻底地离开了农村,但是他的人生道路却一步也没有离开黄土地根基。他在农村长大,深刻地认识到这黄土地养育出来的人,貌似粗俗,但精人能人如同繁星。他感到在黄土地世界里,自有另一种复杂,另一种智慧,另一种哲学的深奥,另一种行为的伟大。他是立足于黄土地根基去大世界追求人生。他憧憬未来,而又永远凝视双脚踩踏的土地。

他时时领略人生的深奥,命运的神秘。当他少年时期的恋人郝红梅历经了诸多磨难最终投于他的同村同学田润生怀抱时,命运却把他跟另一个同村人田晓霞扭结在一起了。然而他不奢望命运的宠爱,他理智地把自己和田晓霞的感情限定在友谊范围之内;金秀蓓蕾般的情感世界先是走进来了风度和学识俱佳的顾养民,尔后在感到后者身上少了一点刚健的缺憾下,她又主动地走进了孙少平的感情世界。这令少平感慨不已。他不由想到,命运总把他和顾养民纠缠在一起。十年前,郝红梅离他而去爱顾养民;而今天,金秀却要离开顾养民而爱他。并且,她使他想起死去的晓霞。兰香也又一次占据最优越的角度看到金秀很像晓霞。金秀是接替晓霞来表示命运对少平又一次宠爱的。然而,少平尊重人生的奥义而不沾沾自喜。男子汉的风范和尊严,是他的人格理想。他自己活得尊严也懂得尊重别人的尊严。郝红梅背弃了与他的初恋,毕业前他却将她从羞耻的境地里挽救出来;给阳沟大队曹书记尽心干活挣工钱,却不接受他家的馈赠;他虽然钱赚得不够用也不使用哥哥的,而支持哥哥为社会疏财;酒后在惠英的床上酣睡了一夜,醒后他立刻用成熟了的男子汉的正常心理,接受了这无意间造成的错误事实;在矿井事故中,他舍身忘死抢救一个喝醉了酒的协议工而身受重伤,却淡然地看待矿上因此对他的表彰和批评;正当青春年华时毁了面容,经历了短暂的痛苦之后,他坦然如常,并且奇特地具有了另一种男子汉的魅力;他不能简单地接受金秀的爱情,否则,他认为那毁的不仅是金秀,还有他自己的心灵;他拒绝了留城机会,而对煤矿有了一种不能割舍的感情。他的离乡,压根就不是奢想改变自己的处境和地位。哪怕比当农民更苦,他也要过自主的人生。他义无返顾地回到煤矿,回到惠英嫂温暖的生活天地。他在争取到人的尊严的同时也主动承担起了所有的责任。

少安发家致富,实现了农民在特定历史时期里的生活主题。这时,他看到了农村贫富差别拉大的现实问题。他永远也不是那种不管别人死活的人,他与"经济暴发户"无缘。他的辛酸生活史使他时刻保持着对普通人痛苦的敏感而入微的体会。他不能锅里有肉,而平静地看着周围的人吞糠咽菜。“朴素的乡亲意识”使少安内心升腾起某种庄严的责任感。他扩大砖厂,满足登门求告者的要求,安排他们在这里就业,解救这些乡亲们的危难,较早地表现出集体致富思想。成为全乡经济活动的首要人物后,他面临“富了以后做什么”的难题,产生过困惑,走上过迷途。经弟弟点拨,他审视双水村历史上和现实中影响较大但功过不同的几个人物,领悟了一种使命。遵循儒家先“富之”后“教之”的思想,用自己的财力和能力重建被田福堂搞“运动”毁掉了的双水村学校,成为全县第一个出资办教育事业的农民。县上为他出资办教育立的碑石,可以看作“孙少安夫妇的一块人生纪念碑”。如今,他能拿出一大笔钱为养育他的村庄做点事了。可以说,他整整一个历史时期已经结束而即将踏上新的人生历程。孙少安形象体现着作家关于新一代农民的人格理想。孙少安回到故乡务农,并未重复父辈的人生,在发家致富道路上,他思想解放,体现出开放精神,而在人生道路上,亦即道德人生中,他则深深地植根于传统,继承父辈身上具永久意义的精神价值,让传统价值在新的历史条件下得以实现、发扬。

双水村学校的“落成典礼”无疑是孙家的荣耀,孙玉厚老汉无疑成了村人最尊重的长者。但是,他并不抢着去公众面前露面。他内心感慨万千,脸上却看不出特别的激动和愉快。他有“黄土地”的深厚根基。困顿时顽强,发达了也不张狂。相比之下,金光亮因儿子参军便成了“政治暴发户”,显得根底多么浅薄。

田润叶姊弟不属于他们的父亲田福堂而属于黄土地。他们在人生道路的选择上不断地拒绝来自父亲的影响,以其坚忍的自主精神决然地融入“平凡的世界”。刚实行责任制时,田福堂受到冷落,润生走上前来恳求:“……你们不要计较我爸,他年纪大了,又是老脑筋。你们就把我看成是我们家的主事人。我爸气管有病,劳动可能不行。

但我自己不教书了，准备到责任组劳动呀……”时间——是天文时间，将田润生推上了人生舞台。生活的阅历使他告别了幼稚和肤浅而要有所作为。在外县的一个庙会上他偶然碰见高中时同班同学郝红梅。目睹丧夫携子的红梅在异乡山村的悲惨生活后，这个身体瘦弱、不善言语的青年，内心便升腾起一种强烈的愿望：要帮助可怜的红梅母子。同情心和责任感把田润生造就成了男子汉。尽管遇到世俗舆论的压力，他仍然担负帮助困境中的孤儿寡母的责任。他终于在此中体验到了温暖、爱情。红梅是生活给予他的最好的报偿。他感到只有同红梅生活在一起，一生才能幸福。顾养民真的缺少点这种男子气。田润叶是误信了“老糊涂了”的老干部徐国强的一套“裙带政治学”，为了不给叔叔田福军增加政治“对立面”才转而“慷慨”答应嫁给李向前的。婚后，她就像不惜以生命保护自己的童身一样，始终保持着精神上的纯洁，仍然不慕荣华富贵。然而，当她得知李向前因为婚姻不幸酿成痛苦，继而酒后开车遭致残疾时，开始设身处地从对方角度来考虑问题了——而以前一直是沉湎于自己的痛苦之中。她想到了他也很不幸。他没有什么过错。他只是对她痴迷，甚至不乏献身精神，侠义行为。善于自省的润叶承担起了向前致残的责任。她想到，这桩婚事当初她不论是出自何种压力，最终毕竟是她亲口答应下来的。正因为她的一念之差，才既让她自己痛苦，也使他备受折磨，导致悲惨的后果。于是，一种说不出口的内疚隐隐地刺激她本已冰凉的心。她自语道：“我现在应该去照顾他。”多年来那个肢体完整的人一直被她拒之于远处，而现在她却主动地走近这个失去双腿的人。润叶将自尊与自责两种不易兼容的品质完美地集于一身，使个体意志与利他主义获得完美的统一，呈现出“中和”之美。田润叶同恣意放纵感情、把“自我主义”推向极端的杜丽丽形成鲜明的对照。

这些年轻的主人公的爱情、婚姻，在世人看来都有点“屈就”，但在他们看来却是最好的，是“自由选择”。他们体现的是主观爱情哲学。他们都属于会爱的一族。

《平凡的世界》主人公们从极左禁锢中解放出来之后，在物质世界里，经济活动中，他们再不接受什么限制，甚至再不怕被说成是“走资本主义道路”，表现为务实主义。而他们的精神世界、行为哲学，却表现出对传统的尊重和继承，而不像贾平凹小说的“改革”是在道德领域闹一场革命，在两个家庭之间掀起一场“动乱”。路遥笔下的黄土地儿女，在“自由”选择人生道路的时候，都“自由”地选择了责任。路遥是关注重大历史进程中人的命运变迁的作家，是善于描写“活人的路”的作家。《平凡的世界》的主人公们的“活人的路”，体现着路遥的现代人格理想，即在完成自我意识觉醒的基础上完成对他人的责任，克服二元对立，以期实现更高意义上的社会和谐。这种人格美学是伦理的美学。伦理和谐的实现，才是“活人的路”的实现，二次“翻身”的实现。

《平凡的世界》是一个完整的世界，《安娜·卡列尼娜》的背景是一个分裂的世界。1861年“改革”前后，俄罗斯民族在道德领域也受到来自另一世界的冲击。这也令托尔斯泰深深地忧虑。托尔斯泰重塑俄罗斯灵魂，力图以此为纽带使俄罗斯民族趋于统一，度过这场危机。黄土地思想是联系《平凡的世界》的纽带。《平凡的世界》表现了黄土地思想，也就表现了民族精神。

第十章

《白鹿原》

——中国20世纪文学的总结

暂且搁下边缘化作品，就中国20世纪文学主流来说，从世纪初叶潮水般涌来的“新文化运动”到世纪末叶的现代史诗《白鹿原》，贯穿其间的是东西文化大论争。充满中国20世纪的剧烈斗争和动荡，其深层是东西文化的激烈冲突。

本世纪初叶拉开帷幕的中国现代文学的开端，就发生了一场东西文化大论争。这场论争是由“新文化运动”引发的。

辛亥革命后，接踵而来的是一片混乱，民族濒危。面对此种困境，陈独秀《新青年》一班人看到的是辛亥革命失败于缺少思想革命的环节和深度，中国的文化根基未动，而文化乃是政治的根本，于是掀起一场文化革命运动，在文化的深层面彻底地学习西方，将自明末清初开始的首先在技术层面学习西方的运动推到文化革命的高度。

这场“新文化运动”，主张引进西方的个人主义，以使中国的社会结构由伦理本位变成个人本位。1915年12月，陈独秀在《新青年》上发表论文《东西民族根本思想之差异》，认为“西洋民族以个人为本位，东洋民族以家族为本位”，提出东方民族“欲转善因，是在以个人本位主义，易家族本位主义”。① 胡适在《易卜生主义》(1918)里通过介绍易卜生的个性自由发展思想，鲁迅在《文化偏至论》(1907)里通过介绍尼采的“超人”哲学，都强烈地表达了引进西方“个人主义”的主张。正如郁达夫1935年在《中国新文学大系·散文二集》“导言”中所总结的：“五四运动的最大成功，第一要算‘个人’的发见。”②

“新文化运动”还大力引进西方哲学，以图用其替换东方哲学。陈独秀在论文中写道：“西洋民族以战争为本位，东洋民族以安息为本位……西洋民族性恶侮辱，宁斗死；东洋民族恶斗死，宁忍辱。”③李大钊采纳伧父(杜亚泉)之说，认为“东方文明主静，西方文明主动”，但他得出相反的结论，主张“竭力以受西洋文明之特长，以济吾静止文明之穷”④。鲁迅批评“中国一般的趋势，却只向驯良之类——‘静’的一方面发展……凡是属于‘动’的，那就未免有人摇头了，甚至于称之为‘洋气’”⑤，主张接受摩罗诗派，赞赏拜伦“既喜拿破仑之毁世界，亦爱华盛顿之争自由”⑥，“国家之法度，社会之道德，视之蔑如”⑦。“新文化运动”把主“抗争”、主“破坏”的欧洲19世纪末叶思潮引进中国，主张像尼采那样“以反动破坏充其精神，以获新生为其希望，专向旧有之文明，而加之掊击扫荡”⑧。

对于中华文明，“新文化运动”首先把矛头对准中国的家族制度，要首先摧毁中国的家族文化。陈独秀提出的“以个人本位主义，易家

---

① 《新青年》第1卷第4号。
② 《郁达夫文集》第6卷，第261页。
③ 《新青年》第1卷第4号。
④ 《东西文明根本之异点》，《言治》季刊第3册。
⑤ 《从孩子的照相说起》，《且介亭杂文》，第63页。
⑥ 《摩罗诗力说》，《坟》，第63页。
⑦ 《摩罗诗力说》，《坟》，第59页。
⑧ 《文化偏至论》，《坟》，第35页。

族本位主义”,清楚地表达了“新文化运动”首要的目标。他批评中国的家庭伦理使“为人子为人妻者,既失个人独立之人格,复无个人独立之财产。父兄畜其子弟,子弟养其父兄……此甚非个人独立之道也”。[①] 鲁迅也认为中国的家庭伦理是“长者本位”[②] 的,是“一味收拾幼者弱者的方法”[③]。胡适则径直地批判“孝子”概念,坚决不赞成把“儿子孝顺父母列为一种信条”[④]。

“新文化运动”进而将批判的锋芒对准由家庭伦理发凡的社会伦理、儒家文化的核心“仁”。李大钊以经济和社会分析方法,找出了从家族制度到“孔门伦理”的一体关系,一并加以否定[⑤]。鲁迅否定历史上的中华文明,否定历史上的“太平盛世”,认为“太平盛世”就是“做稳了奴隶的时代”。[⑥] 因而自然否定儒学。《狂人日记》将几千年历史上的“仁义道德”的实质看成“吃人”。《灯下漫笔》将公元前6世纪就已存在的伦理看成“吃人”。鲁迅还自述道,是“绝望于孔夫子和他的之徒”,才赴日本留学。[⑦] 随着社会斗争的发展,他要打倒孔子的“欲望”,“也就越加旺盛”。[⑧] 周作人早在1908年就批评孔子“以儒教之宗,承帝王教法”,“夭阏国民思想之春华,阴以为帝王之右助”。呼吁要使国家有“更始之机”,必“摈儒者于门外”。[⑨] 此可谓

---

① 陈独秀:《孔子之道与现代生活》。

② 《我们现在怎样做父亲》,《坟》,第106页。

③ 《我们现在怎样做父亲》,《坟》,第112页。

④ 见胡明《胡适传论》上卷,人民文学出版社,第370页。

⑤ 《由经济上解释中国近代思想变动的原因》。

⑥ 《灯下漫笔》,《坟》,第177页。

⑦ 《在现代中国的孔夫子》,《且介亭杂文二集》,第81页。

⑧ 《在现代中国的孔夫子》,《且介亭杂文二集》,第84页。

⑨ 独应(周作人)《论文章之意义暨其使命因及中国近时论文之失》,《河南》1908年5、6号。

“新文化运动”施行“打倒孔家店”的先声。1921 年胡适称颂吴虞是“只手打孔家店的老英雄”，并大声疾呼：“正因二千年吃人的礼教法制都挂着孔丘的招牌，故这块孔丘的招牌——无论是老店，是冒牌——不能不拿下来，捶碎，烧去！”①

“新文化运动”是春秋时代礼崩乐坏和“无礼乐文化之夷狄”侵袭所构成的“挑战”、孔子以“克已复礼”回应之后，儒家文化遇到的最为严重的挑战——“20 世纪”的挑战。《白鹿原》重构了中国历史社会，重构了民族的灵魂——儒家文化。它不像“新文化运动”那样站在“革命”的角度对传统文化作出革命性结论，而是用“历史——文化”的方法，重筑中国历史社会的结构，探讨中国历史稳稳运行的原因，正面描写儒家文化。

《白鹿原》在中国新文学史上第一次正面描写家庭伦理，给“孝”以神圣意义，给家庭以神圣意义。这无形中是对新文化运动的解构。

鲁迅的《狂人日记》“意在暴露家族制度和礼教的弊害”②。它将父子、兄弟、夫妻，亦即家庭伦理关系写作“吃人”，写作“一味收拾幼者弱者的方法”。批判家族制度成为“新文学”的重要主题。深受“新文化运动”熏陶的巴金的《家》不啻对家庭伦理“吃人”的控诉状。正如作家自述的那样：“我要写这种家庭怎样必然地走上崩溃的路，走到它自己亲手掘成的墓穴。我要写包含在那里面的倾轧、斗争和悲剧。我要写一些可爱的年轻的生命怎样在那里面受苦、挣扎而终于不免灭亡。”③ 依鲁迅、巴金这样从事文化“革命”的作家来写《白鹿原》中的大家长白嘉轩，会写成“吃人”的赵贵翁(《狂人日记》)，或“古老社会的僵尸”吴老太爷(《子夜》)，腐朽、顽固的高老太爷(《家》)，甚

① 《〈吴虞文录〉序》，《胡适文存》第 1 集，远东图书公司，第 797 页。

② 《〈中国新文学大系·小说二集〉序》，《且介亭杂文二集》，第 19 页。

③ 巴金：《关于〈家〉》。

而会写成这些“封建家长”中最为专制、残酷、腐败、罪大恶极的一个。他办儒式学校，送子女去读“四书”，然后强行让他们及时回家务农。他总用那个有进口没出口的木匣子和白修身老爷爷订下的族规纲纪教育子女，而他自己却先后娶过七房女人……

《白鹿原》将白嘉轩写成儒家人格的化身。他严格地依照伦理道德修身齐家。他恪守“耕读传家”治家传统。他要求子女尽孝，而他又是尽孝的楷模。以建立于直接血缘关系的“孝”为核心，白家形成了“父慈，子孝；兄良，弟悌；夫义，妇听；长惠，幼顺”的家庭伦理秩序。白嘉轩的婚姻也都在伦理规范之内。

《白鹿原》把儒家文化的基点“孝”第一次大大地写到中国20世纪文学的旗帜上。随后，王安忆的《纪实与虚构》(1993)试图通过“虚构”，通过小说创作重建被“纪实”消解了的家庭神话和神话家园。

白嘉轩进而将家庭伦理推及社会。他和鹿三的东伙关系是社会伦理的典范，“仁义的典范”。而“仁义白鹿村”则是儒学治下的标本。白鹿原社会，阶级界限不甚分明。它的社会结构不是阶级对立，而是伦理秩序。历代县志所载的“水深土厚，民风淳朴”是对儒学治下的“太平盛世”的诠释。《白鹿原》一反“新文化运动”对历史上的“中华文明”的否定，第一次展现广阔的中国历史社会生活图画，妙手回春，展现了光辉灿烂的中华文明。《白鹿原》不像新文化运动那样把现实社会的弊端归咎于传统，数典忘祖。《白鹿原》形象地表明中国历史上“太平盛世”不绝如缕，白嘉轩这样的先祖创造过我们的“农耕文明”，并在其中一直生活到本世纪初叶。《白鹿原》向我们先祖发出愉快的缅怀。

神话中给白鹿原带来“太平盛世”的白鹿就是儒学。白鹿书院是儒学的象征，矗立在白鹿原。朱先生在所有重要方面体现了儒家文化精神。他表现出强烈的忧患意识。他不属于某一政治势力。他不属于“政统”而属于“道统”。他亲自动手推倒白鹿书院内不知什么朝代什么人塑下的神像，维护儒学的自省精神，“内圣”原则，承继宋明理学的道德实践理性。这位理学的传人，《祝福》将其写成封建礼教的卫道士，《白鹿原》将其写成白鹿原的精神领袖。

《白鹿原》解构自“新文化运动”开始形成的“文化革命”理论。儒学不是“软刀子”，朱先生不是孔乙己。《白鹿原》一扫对传统文化的虚无，再现儒家文化精神，在社会、文化构成上找到了中国历史社会稳稳运行三千年的原因。

梁漱溟正值“新文化运动”高涨之际，由先前对佛教出世思想的倾心，转变为对儒学的信仰，投身东西文化大论争，对儒学所遭遇的“挑战”给以“回应”。

梁漱溟认为“风度泱泱数千年”① 的中国历史上“不能舍儒者和儒术而求治”②，“治道即是孔子之道”③，“儒家为治道之本”④。他认定儒学的理性性质，认定中国历史社会是多由儒家所倡导形成的“以道德代宗教，以礼俗代法律”⑤ 的“伦理本位的社会”，从而有别于西方的“个人本位的社会”⑥。梁漱溟与新文化运动的“全盘西化”主张相对垒，确立了“中华本位文化”理论，在中国风风雨雨的20世纪各个严重时刻，都发出非凡的巨响，回应挑战，致力于儒学的复兴，成为“新儒家”的领袖。

在贯穿中国20世纪的东西文化大论争中，《白鹿原》是承继“新

① 《中国文化要义》，《梁漱溟全集》第3卷，山东人民出版社，第175页。
② 《中国文化要义》，《梁漱溟全集》第3卷，山东人民出版社，第211页。
③ 《中国文化要义》，《梁漱溟全集》第3卷，山东人民出版社，第210页。
④ 《中国文化要义》，《梁漱溟全集》第3卷，山东人民出版社，第216页。
⑤ 《中国文化要义》，《梁漱溟全集》第3卷，山东人民出版社，第198页。
⑥ 《中国文化要义》，《梁漱溟全集》第3卷，山东人民出版社，第80页。

儒家”的。它以小说形式为梁漱溟理论提供了一幅广阔的社会生活图画。从大儒朱先生形象中,可以窥见到梁漱溟的投影。

伴随着新文化运动对“个人主义”的引进,个人主义者形象在“新文学”中相继诞生。

《狂人日记》是“个人”的第一声呐喊。“狂人”是中国“新文学”的“个人主义”第一人,他的由怀疑到觉醒就是“个人”的觉醒。小说中的其他人——不论是吃人的还是被吃的,都属“庸众”。继“狂人”之后,《长明灯》中的“疯子”,《孤独者》中的“异类”,都是同世俗社会、“庸众”对立的个人主义者。

郭沫若早期接受德国浪漫主义文学影响,崇尚“自我”,宣扬自我肯定,自我扩张,自我崇拜。他说“我即是神,一切自然都是我的表现。”把“自我”提到神的至高无上的地位,正是“五四”狂飚突进运动的个人主义思潮的表现。“我飞奔,我狂叫,我燃烧……我便是我呀!我的我要爆了!”(《天狗》)郭沫若自述 1924 年以前“在本质上带有极浓厚的个人主义的色彩”①。

巴金从《灭亡》(1927)、《新生》(1927),经“爱情三部曲”,到“激流三部曲”(1931 ~ 1940)都是描写个人主义者主人公突破家族伦理的束缚,走上社会,寻找各式的“革命”。对于这些主人公来说,“个人主义”是生命意识的内核。正如巴金自述的:“我们那一代的资产阶级和小资产阶级的知识青年都或多或少地跟个人主义有关系。我当然也不是例外。我向往革命,而不能抛弃个人主义;我盼望变革早日到来,而自己又不去参加变革……”②

---

① 郭沫若:《关于〈天狗〉及其他》。

② 巴金:《谈〈新生〉及其他》。

“‘五四’新文学”把刚刚来到中国的个人主义者写成“先觉者”、“精神界之战士”、“叛逆”。他们的精神特征在于反叛传统。

鲁迅赞赏拜伦笔下的“恶魔”,尼采笔下的“超人”,在于他们对传统价值彻底颠倒。拜伦的《该隐》将人类第一个罪人写成真理的追求者,将传统观念中的恶魔罗锡福写成真理的化身,表现对于传统彻底地怀疑和反叛。尼采以狂人自诩。他的哲学就是要重新估价人类几千年来的传统价值。在他看来,传统价值中的善其实是恶,“超人”所代表的价值——恶,才是真正的善。鲁迅笔下的“狂人”就是拜伦的“恶魔”、尼采的“超人”在中国的变体。他踹了古久先生的陈年流水簿,发出“从来如此,便对么”的质问,对传统的善恶敢于大胆地颠倒,以疯人的口吻表现“觉醒”,说“真理”。

“‘五四’新文学”掀起了一股“疯人热”。除了《狂人日记》,鲁迅在《长明灯》里又塑造了一个彻底否定传统的“疯子”;冰心写下《疯人笔记》;周作人写下《真的疯人日记》,借疯人见闻录对一个“最古而且最好的国”抨击道:“他们是祖先崇拜的教徒,其理想在于消灭一己的个性……”

《家》是“新文化运动”影响的产物。1984年巴金对日本作家井上靖谈道:“小时候每天背孔子的书,背四书五经,背不下来,老师就用竹板打手心……渐渐长大了,家里人常常用孔子的话来教训我们。后来,中国爆发了‘五四’运动,开始提倡新文化。新文化运动的领导人号召打倒‘孔家店’,我很高兴,很兴奋。”① 《家》的主人公觉慧就是代表“新文化”思潮的“新青年”,寄托着作家希望的“旧礼教的叛徒”②。正如作家所述的那样:“当时我很年轻。对反对封建礼教,很

① 《巴金与日本作家对谈》,《日本文学》(长春)1984年第4期。

② 巴金:《关于〈家〉》。

赞成;对于君君臣臣父父子子很反感。在我的小说《家》中,年轻的主人公就有反孔的思想。小说中的主人公反对父亲的压迫,反对父与子之间的仅仅是上对下的关系。"① 从《灭亡》到"激流"都是表现对中国传统价值观念的反叛。1928 年巴金在《〈灭亡〉序》中写到自己不得不背弃哥哥和先生教给的"爱和宽恕","去宣传憎恨,宣传复仇"。1984 年说《家》是怀着对"封建家庭"的"怒火","为青年人报仇"的情绪而写成的。②

《白鹿原》描写了"新文化运动"波及原上。白鹿村青年一代接受了"个性解放"——常常表现为"婚姻解放"——的影响,走出家庭,走进城市,投入"新文化运动"。此间,鹿兆鹏、白灵等都表现为对于家族,对于"白鹿文化",对于儒学的反叛。鹿兆鹏首先将家庭文化定为"封建"③,并且对其表现出坚决革命的态势。他以革命家的口吻说:"乡村里还很封闭,新思想的潮水还没卷过来"。而"国民革命的目的就是要革除封建统治……"④ 生长在白鹿神话故乡的白灵,是白嘉轩家门和心灵上的惟一爱女,幻想中的白鹿精灵。她随着辛亥革命降生,是"革命"的产儿。她得风气之先,成为"新女性"。她性格中最为强烈的特质就是"反叛"。没有她不敢说的,没有她不敢做的。她上学第一天起,就几番制造恶作剧,戏弄徐先生。她自行进城学"西学",父亲寻到她,她拿大铁剪子支到自己脖子上,以死相逼。此刻,白嘉轩似乎面对的不是爱女,"而是一个与他有生死之仇的敌人。"白鹿原的家庭秩序已被打乱,子辈同父辈呈现对立状态。

《白鹿原》不是像鲁迅、巴金那样正面描写这些具有"革命"思想

---

① 《巴金与日本作家对谈》,《日本文学》(长春)1984 年第 4 期。

② 《巴金与日本作家对谈》,《日本文学》(长春)1984 年第 4 期。

③ 《白鹿原》,第 159 页。

④ 《白鹿原》,第 173 页。

的“新青年”对于家庭的反叛。它不用“新文化运动”的观点去描写“新文化运动”,不用“革命”的角度去描写“革命”。

《白鹿原》描写了白鹿原“新青年”所接受的“新文化”的外来性质。白鹿村的青年一代原来都是在儒式学校接受儒学教育。他们随着“新文化”潮流走进“洋学堂”,接受“西学”教育。他们吸收西方“个人本位”文化的同时。也吸收了对于民族传统文化反叛的思想,对东方“伦理本位”文化实行“革命”。鹿兆鹏向黑娃宣传个性解放思想和国民革命理论时,土生土长的黑娃听得惊恐地瞪大了眼睛问:“你从哪儿趸来这些吓人的说词?”①《白鹿原》入微地描写了“新文化”涌入白鹿原,同白鹿原固有文化的冲突,反映了发生在原上的这场东、西文化的剧烈冲突。

接受过儒学启蒙教育的大家长白嘉轩,天然地反感满口新名词的“新潮”人物“烧包儿的言谈举止”。他坚持让孝文、孝武继续接受儒学教育,恪守“耕读传家”治家传统。他拒不同意白灵到极为混乱的城里读书。他无法理解白灵抬埋死人的行为,而只闻出她身上散发出的怪味——尸体腐烂的气味,令他“闻之就恶心”。他拒绝接受白灵嘴里说出来的由诸如“为国民革命献出生命的英灵”、“正在挖着的万人坑将命名为‘革命公园’”等新名词、新观念构成的革命文化体系,而径直地还原为“抬死人埋死人”。他劈头问白灵“你现时还念书不念书?”对于革命热情高涨的白灵不啻一瓢冷水。

就是饱尝“农耕文明”的白鹿原村民也自然地同“新青年”存在着距离。固有的词语从他们嘴里脱口而出,构成对“新文化”的批评,形成内在的文化冲突。原上的人称鹿兆鹏为“洋种”②。仙草两次把白

① 《白鹿原》,第173页。

② 《白鹿原》,第199页。

灵和"疯子"连到一起而加以斥责。彻底地将"疯子"还原为本意,消解"新文学"的"疯人热"。

"新文学"表现自已价值观念的词语系列"新文化 革命 叛逆 英灵……",白鹿原人将其还原为"西学 洋党 疯子 死人……"两个词语系列体现着两种文化冲突。前者是对于西方近世反叛思潮的模仿,后者是以儒家为主体的中国人文精神。

"学衡派"不满于"新文化运动"对西方文化片面地理解和选取,以偏代全,将西方近世思潮视为西方文化的整体,焦虑于欧洲 19 世纪末叶的反叛思潮在中国将要造成颠覆性的后果。吴宓指责"新文化运动"是一场"撒旦式的反叛",他认为:"今欲造成新文化,则当先通知旧有之文化。盖以文化乃源远流长,逐渐酝酿孳乳煦育而成,非无因而遽至也。"① 表明了"学衡派"的中西结合的文化主张对精神现象继承性的重视。

白鹿原人的文化心理体现出了精神现象的继承性,并且,在两种文化冲突面前,他们恪守"白鹿文化"根基,消解"白狼文化"。与白鹿的祥和成反比,《白鹿原》写尽了白狼的可怖,"家家惊恐,村村防范"。白嘉轩实施的实践《乡约》活动,"教民以礼义,以正世风",就是以"伦理本位文化"建设,回应"挑战"。徐先生称此为"治本之道"。《白鹿原》描写以"新文化运动"为标志的本世纪上半叶的这场东、西文化冲突,表现出梁漱溟般的"中华本位文化"根基。

《白鹿原》描写"新青年"随着"新文化运动"的深入,将"个性解放"和社会革命联系起来,参加政治集团,过上集团而斗争的生活。白鹿村的几个"生力军",即使是同胞弟兄也处于敌对营垒。白孝文

① 吴宓:《再论新文化运动》。

对白灵说:“现在亲老子也顾不上了,甭说一个村的乡党。两党争天下,你死我活地闹……”①

国共两党的斗争是中国现代历史的主要矛盾。

在这一矛盾、斗争中,鲁迅、郭沫若、茅盾等以不同的方式,通过不同途径,先后成为阶级论者,投身无产阶级革命文学运动,以阶级为本位,遵循“第一种真实”,创作无产阶级革命文学。鲁迅用杂文宣称“惟新兴的无产者才有将来”②,宣称“无产文学,是无产阶级解放斗争的一翼”③。鲁迅后期创作的杂文主要是这种政治斗争的产物。郭沫若公开宣布:“我的阶级是属于无产”,爱的是“工人和农民”,仇恨的是“那富有的阶级”,④ 讴歌农民革命运动是“我们的救星,改造全世界的力量”⑤!第二次国内革命战争时期是茅盾创作力最旺盛、收获最丰硕的时期。他的社会分析方法的实质是阶级分析,主要作品成为反映无产阶级革命发展的里程碑,《子夜》雄辩地说明三十年代初期“中国并没有走向资本主义道路,中国在帝国主义压迫下,是更加殖民地化了”⑥。通过吴荪甫的悲剧,揭示帝国主义势力操纵中国的经济命脉,导致民族工业破产,表现工农革命运动高涨的必然性。《农村三部曲》描写“一二八”上海战争过后,外货倾销,民族工业破产,农村灾难加深,从而表现农民暴动的自发性和必然性。

《白鹿原》以白嘉轩、朱先生所代表的儒家文化视角描写现代历史的这场激烈的斗争。创造了“第三种真实”⑦。

---

① 《白鹿原》,第410页。

② 鲁迅:《〈二心集〉序言》。

③ 鲁迅:《对于左翼作家联盟的意见》。

④ 郭沫若:《恢复·诗的宣言》。

⑤ 郭沫若:《恢复·我想起了陈涉吴广》。

⑥ 茅盾:《〈子夜〉是怎样写成的》。

⑦ 参见洪水《第三种真实》,《当代作家评论》,1993年第4期。

张炜(1956～　)的几部长篇小说构成了对中国20世纪历史的评说。《家族》(1995)以几个家族在中国现代历史风云变幻中的命运，表现对历史进程的绝望，对于“纯洁”而“神圣”的家族的自恋情绪。《家族》不是对中国历史进程复杂性进行反思，不是像梁漱溟或朱先生那样超越于阶级，力促集团之间的溶解，而是以一种相反的视角进行审判。体现为“第二种真实”。《柏慧》(1995)作为以《家族》为“躯干”的“家族系列长篇”中的一个分支，由《家族》的历史批判转入对当代现实社会的愤怒的批判，对以“葡萄园”为象征的形而上的“精神家园”的坚守。而《古船》(1986)则将新时期的改革放到历史的进程和特定的文化背景来表现，既写出洼狸镇人民自土改以来40年苦难的历程，又写出他们处于改革进程中的现实命运，揭示中国几千年封建农业宗法社会在当今现实生活中的浓重阴影，挖掘中国农民深层心理结构中的传统文化积淀。这样，现实、历史、文化中都没有“家园”，有的只是其对立面。于是，只有断然的拒绝、愤怒的批判。

《白鹿原》描写黑娃弟兄们用铁锤砸碎祠堂，砸碎“仁义白鹿村”石碑，也就砸碎了儒家文化的基石，割断了“农协运动”同以儒学为主体的传统文化的联系。小说还描写了“农协运动”游斗白嘉轩等“财东”的行为。《白鹿原》对“风搅雪”的描写，表明的不仅仅是其行为“过火”，更重要的是其缺乏社会依据。

梁漱溟理论认为：“阶级对立，正是集团间的产物，不发生于伦理社会。”① 认为中国20世纪上半叶发生的几次重要革命是“自外引

① 《中国文化要义》，《梁漱溟全集》第3卷，第189页。

发的”,“而不是由社会内部矛盾所爆发的阶级斗争”。[①] 小说通过对社会结构的描写,表明白鹿原是一个阶级界限不甚分明的社会,革命在这里缺乏依据。因此,“农协运动”风暴来临时,白嘉轩“处乱不乱”。他认为自己是个“实实在在的庄稼人”,“难道连他这样正经庄稼人的命也要革吗?”

《白鹿原》将“农协运动”对白鹿仓总乡约及其下属的惩治,后者对前者的残酷报复,写成兄弟相煎,并且让这几出戏剧都在白鹿村的戏楼上演。朱先生针对无休无止的集团斗争,超然地说:“白鹿原成了鏊子了”。针对两党的分歧和斗争,朱先生指出:“我观‘三民主义’和‘共产主义’大同小异,一家主张‘天下为公’,一家昌扬‘天下为共’,既然两家都以救国扶民为宗旨,合起来不就是‘天下为公共’吗?”他认为两党之争不过是“公婆之争”。“鏊子”说象征性地揭示了历史表象背后的真实本质,集团斗争必然陷于非程式化的权力更迭中,表现了儒家“非斗争”原则;“公婆”说超然地抒发了“士”阶层的“公天下”意识,表现了儒家的重协调精神。

《白鹿原》表现了人在历史激流中的无奈处境,个体选择经常被一种难以抗拒的力量所驱动。白灵在低潮里选择了革命,义无返顾地踏上奔赴延安的前程,神奇般地躲过一路的搜捕,却躲不过“内戕”。这位平生最痛恨叛徒的女革命家,竟然被以“革命”的名义当成“叛徒”活埋了。

无产阶级文学在革命方兴未艾之时,以“第一种真实”描写革命,写理想中的革命,启发人们投入革命;《白鹿原》是隔代人以“第三种真实”描写革命,描写人们投入革命之后的现实,中国发生革命之后的现实,启发人们反思革命,反思民族命运。

---

① 《梁漱溟全集》第 5 卷, 第 1040 页。

《白鹿原》描写中国现代历史上连年的暴动、内战、杀戮、流血、灾难,每个人的生死祸福、升降沉浮都充满了偶然,而又服从一个更大的必然。他们没有真正的胜利者。最后,由白孝文这个权力斗争中的枭雄、白鹿村青年中最为不仁不义的人当上滋水县解放后第一任县长,给这段云谲波诡的历史的结局以一笔最大的偶然。它蕴含着对于“革命代价”问题的反思,对于革命之后复杂问题的警示。

藏族作家阿来(1959～)的长篇小说《尘埃落定》(1998)描写土司社会瓦解的必然过程,体现为“第三种真实”,表现出非集团、非内战的超然精神。

老舍创作《四世同堂》(1944～1949),以小说参与自本世纪初开始的东西文化大论争。

《四世同堂》在描写关系中华民族生死存亡的民族战争时,着力开掘民族文化心理,将深层的民族文化心理和重大的历史事件有机地结合起来。《四世同堂》属于托尔斯泰创造的“心理历史小说”,是中国的“现代史诗”。它将当时北平一个普普通通的小胡同里的人们亡国当头表现出来的不同的亡国观,置于中国五千年文化面前加以检验,使中华民族史诗独具文化意蕴。

《四世同堂》不把现实的社会心理负面简单地归咎于国民“劣根性”,而将以冠晓荷、大赤包为代表的投降的亡国论者,写成“民族自卑的产儿”①。老舍认为他们“和中华民族五千年的文化毫不相干”②,认为他们既不懂民族文化的精华,也不晓得外国文化中什么地方值得借鉴,而一味地模仿,成为“合璧人物”③。《四世同堂》一扫

① 《老舍文集》第 6 卷, 第 237 页。
② 《老舍文集》第 6 卷, 第 254 页。
③ 《老舍文集》第 6 卷, 第 50 页。

本世纪最初几十年文坛上出现的对传统文化的虚无，揭示了中国大地上滋生的殖民地心理，奏响了民族的最强音。

以钱诗人、祁瑞宣为代表的一大群“亡国”里的抵抗派是《四世同堂》的重要构成。他们经历了“惶惑”的痛苦，“偷生”的耻辱，以不同的方式奋起抵抗。其间支持他们的是中华文化。中华文化给抵抗派以精神支柱。抵抗派为一部中华文化史作了“正面的论据”①。中华民族的灵魂在《四世同堂》这里得到了塑造。

整部《四世同堂》就是五千年的中华文化史的“正面的论据”。民族文化成为正面主题。民族命运、民族前途获得至高无上地位。“中华民族万岁”② 响彻《四世同堂》上空。《四世同堂》是民族主义文学的高峰。它超越个人本位文学、阶级本位文学，以高度的民族本位给中国现代文学作了一个总结。

以《四世同堂》为代表的民族主义文学，经历建国初短暂的相对稳定之后，又长期地被阶级本位文学所淹没——尤其是“文化大革命”，“把民族文化判给阶级文化，横扫一遍”③。

“伤痕文学”所揭露的10年“内乱”，是阶级斗争的极端化，“继续革命”理论的恶果；所反映的正义力量同邪恶势力的斗争，是主“调节”、重“建设”同主“斗争”、重“破坏”的两种文化、两种哲学的斗争。“伤痕文学”及其歌颂的正义力量，与民族传统文化有着内在的联系，是“新时期”文学的一个良好开端。

“反思文学”痛定思痛。它思考建国三十年来的历史、社会、人生诸方面的重大问题，以治愈“伤痕”，重建家园。它对于“乱世”的反思，意味着阶级斗争的历史及其理论的完结；对于“治世”的歌颂、向

① 《老舍文集》第5卷，第77页。

② 《老舍文集》第6卷，第265页。

③ 阿城：《文化制约着人类》，《文艺报》1985年7月6日。

往，则是对于以儒家为主体的传统文化无言的肯定。

“寻根文学”在“反思文学”基础上进行“文化反思”。劫波度尽是顿悟。“反思文学”是历史的顿悟，“寻根文学”是文化的顿悟。“寻根”作家在纷乱的世界上，在剧烈的文化冲突中，看到了东方文化的优势及其在现代的有效价值。他们不再把“新文化运动”及后来长时间热衷的对所谓“国民性”、“劣根性”的描写当作创作主旨，而是将其变作素材，变为血液里的“有机成分”，还原为“真实的人的处境”，“在对自己作为具体的人的存在中肯定自己”。① 王安忆的《小鲍庄》描写了“仁义”道德支持人们相互扶持，共度灾难，挖掘了“四千年的历史”中的“身受了这么多磨难而仍然屹立着的人生的价值”，展示了儒家文化的源远流长。“寻根文学”填补了“新文化运动”以来对民族文化的虚无，使中国文学跨越了“民族文化之断裂带”②，以期实现中国的“文艺复兴”，而不是新文化运动所倡导的外国文化在中国的“复兴”。

《白鹿原》是“新时期”文学“伤痕”、“反思”、“寻根”等思潮发展的结晶。

陈忠实将一个个“文化心理结构”置于重大的历史进程中去解析，便产生了历史存在，文化存在，形成了具有历史意义的文化冲突。

从而，使我们在《白鹿原》里看到了和列夫·托尔斯泰的“心理历史小说”——即“现代史诗”相同的构造。

《四世同堂》是中国人民“抗战的史诗”，《白鹿原》是20世纪中国的“世纪史诗”——它包容诸多文学思潮的要素：伤痕、反思、寻根……

---

① 李锐：《〈厚土〉自语》，《上海文学》1988年第10期。

② 郑义：《跨越文化断裂带》，《文艺报》1985年7月13日。

《白鹿原》用“历史——文化”的方法在对中国社会结构的重塑中完成民族灵魂的重塑,在充满矛盾冲突的动态图画中,表现儒家文化在世纪性的“挑战——回应”中实现自身的复兴。这样,突破了以同一的文化观描写同一的历史事件的模式,给中国20世纪文学完整地注入了一种文化观——儒家文化观。以儒家文化看,《白鹿原》的问世,完成了中国20世纪文学的“正、反、合”过程。

周大新(1952～　)的长篇小说《第二十幕》(1998)描写一座小城的百年世相,几个家庭的几代人在整整一个世纪的命运沉浮,不仅再现了民族的历史过程,而且展示了隐藏在历史深处的文化对于历史的制约。

李佩甫(1953～　)的长篇小说《羊的门》(1999)在呼家堡“四十年不倒”的当家人呼天成身上寄聚中国社会近四十年风云时,也是表现出现实主义的冷峻。

令人欣喜而又耐人寻味的是,1984年,巴金在日本听到井上靖讲述他的《孔子传》创作动机,特别是对孔子将家庭伦理推及社会,建立“仁”的学说发出赞誉后,表示:“先生刚才讲的我以前没有考虑过,现在应该冷静地、客观地重新研究一下孔子,我期望从井上先生的小说中再认识孔子。”并说“现在想起从前背诵的孔子的话,有些是很有道理的”。① 这是巨大而真诚的“反思”声音,中国“新文学”的“世纪性”反思。《白鹿原》描写的黑娃对于儒学的皈依具有深广的意义。在一定意义上说,我们都是黑娃。

① 《巴金与日本作家对谈》,《日本文学》(长春)1984年第4期。

第十一章 民族主义思潮的兴起

在长期的极左政策统治下，受阶级斗争的理论和现实政治的困扰，中国当代文学民族主义匮乏。从法西斯文化专制中解放出来，中国当代文学开始实现自觉的同时，民族主义思潮也开始兴起。陈祖芬(女，1943～　)的报告文学《祖国高于一切》(1980)表现了极左政策对于民族主义的困扰，以及民族主义对于阶级斗争的超越。作品报道了我国内燃机专家王运丰早年留学德国时，获悉新中国诞生喜讯，激动不已，忍受“柏林妻子”离去的痛苦，响应周总理的号召，回国参加社会主义建设。他最大的幸福就在于为祖国奉献自己的才能。而接着他便由被戴上“德国特务”的帽子开始，经受了下放劳动、遭批判、靠边站等一连串的磨难，1977 年才重新获得工作的权利，在十多年的坎坷之中，支持他的人生价值是为“中国母亲”而奉献自己。他确认的是最伟大而又最平凡的真理：祖国高于一切！作品肯定了王运丰矢志不渝的价值观念，启发人们如何铲除阻碍这种人生价值实现的社会弊端。

“浩劫”过后，面对百孔千疮的现实，中国同先进工业国家经济上的巨大差距，再有改革开放后，西方价值观念的涌入，在相当一部分国人中，民族自信心减弱，甚至丧失。民族虚无主义在中国大地滋生、泛滥。在此背景下,民族主义思潮应运而生。中国当代文学的民族主义思潮回应了西方价值体系的挑战和国内民族虚无主义思潮的泛滥。

王蒙的《相见时难》描写了上述两种价值体系、两种社会思潮的冲突。

《相见时难》以美籍华人蓝佩玉回国治丧为中心事件描写了发生在1979年里的一出喜剧。领导层里的“风派”人物孙润成,“文革”期间挥拳痛斥翁式含和蓝佩玉相互“勾结”,而现在却又随风倒,竟要翁式含出面帮忙巴结蓝佩玉这样的“海外关系”;比蓝佩玉年龄尚小并且在她父亲去世后又改嫁他人的杜艳,显示出格外热情。她千方百计地要拉上这个海外关系,以挤进“美眷”行列。她按捺不住地闯进宾馆看望蓝佩玉,垂涎于蓝佩玉或许给她的报答——电视机、电冰箱,至少是一台进口的洗衣机加烘干机,甚至能跟上蓝佩玉“到美国腐朽上一年半载再回来”。杜艳是王蒙笔下的一个虚无主义者,对内的民族虚无衍生出对外的殖民地性格。杜艳是老舍《四世同堂》中的大赤包在“新时期”的再现,精神上的“沦陷者”。王蒙较早地揭示了在建国三十年之后滋生于中国大地的后殖民地意识,并且对此表达了强烈的忧患。翁式含从杜艳的大“解放”里,看到了“另一个世界的价值标准”在影响着“这个世界”的某些人。蓝佩玉感到:“也可怜!这是‘解放’吗?我倒觉得,更确切的说法是——解体!不是有点可怕吗?”①

王蒙关注现代思潮,敏感于中西之间的比较。他在一篇报告文学中写道:“我两次访问过美国,访问过西德和墨西哥。我曾经写下了一些出访见闻,写下了对于中国人来说完全是别样的、令人眼花缭

---

① 《相见时难》,《王蒙选集》第2卷,百花文艺出版社,第426页。

乱、目不暇给、目瞪口呆或者哭笑不得的那些感受。”① 王蒙在《活动变人形》中描写欧化论者倪吾诚服膺于欧洲的服装、化妆品、鞋子和走路(更不必说跳舞了)的姿势,描写他自傲于在欧洲学会了游泳跳舞骑马喝咖啡,描写这个“外国六”“张口欧洲,闭口外国”。而在《相见时难》里描写了蓝佩玉对由诸如紧身衫、性刺激等等美国“消费文化”的体验,描写了她对自己与环境间存在的荒谬的清醒意识,描写了她不甘愿作一个“渺小的雌兽”,而保留着“东方人的无法解脱的执拗的痛苦”。她在美国生活了三十来年,却无法找到自己的位置,而回到中国到处寻觅东方文化精神的象征“香袋”。在20世纪中国新一轮的中西文化大论争中,王蒙给予“全盘西化论”有力的批判,态度鲜明地宣告了“全盘西化论”的破产。

蓝佩玉一直相信:有一种光明,一种力量,一种希望,那是在中国。翁式含体现着蓝佩玉所向往的光明、力量和希望。与杜艳不同,翁式含处于中国的深处,是深层的中国。他是执政党中的务实派,几十年来致力于社会的建设和进步。他所经受的“相见时难”,发生在“劫难”——作品由于存在致命局限,将其称之为“挫折、失误”——刚刚度过的历史时刻。它是务实派在中国同世界经济先进国家之间出现的巨大落差面前的窘迫和痛苦,是一种清醒的落后感。这种感情,包含着自觉的主人翁精神。他清醒地意识到自己既没有权利像蓝佩玉那样沮丧,也没有权利像杜艳那样“沦陷”。他既自觉又自豪地承担起自己的义务和责任。他认定自己的位置是“在中国干”。

翁式含身上的民族主义在“1979年”里经受着洗礼,同时也在洗礼中形成。它是中国人在祖国的百孔千疮面前表现出的强烈的自强、自信精神。《相见时难》是王蒙反思小说中的“民族篇”。小说以

① 《访苏心潮》,《十月》1994年第6期,第119页。

蓝佩玉准备登机回国开头,以蓝佩玉坐着飞机离开中国结尾。经过一番寻觅,她找到了中国。她觉得中国"伟大,深邃,痛苦!""真是深不见底!"① 她在飞机上安然地睡了。睡梦中喃喃地说:"中国!"两年后,王蒙在报告文学《访苏心潮》中将这首"中国"畅想曲全部唱出,并且点出它的"国际主题",凸现它的动态特征;

> 我在中篇小说《相见时难》里曾经写过,中国是这样伟大、深邃、痛苦,简直是深不见底。许多指手划脚地议论中国的人,其实还没摸着它的边呢。②

作品结尾,又以嘲讽的笔调写道:

> 我在美国也碰到过一些自我感觉颇佳的朋友,他们热烈地、如数家珍地讨论这个洲、那个洲、这个国、那个国的事情,似乎都比当地人该国人都更了解该地与该国。他们都勇于也"善于"对外国的事情做出小葱拌豆腐——一青(清)二白——式的判断,并流淌着一种令人吃惊的责任感。③

王蒙敏锐地感受国际政治问题,中国在发展过程中所需要的国际环境问题。在贫穷、落后的中国的现代化事业刚刚艰难起步之时,王蒙以文学形式代表中国人发出了自强自信、独立自主的声音。这是中国20世纪末叶兴起的民族主义思潮的先声。

王蒙在短篇小说《春之声》(1980)里就摆脱了1979年里翁式含式的窘迫与痛苦。《春之声》在落后感、差距感之上,表现了对于转机

---

① 《相见时难》,《王蒙选集》第2卷,百花文艺出版社,第432页。

② 《访苏心潮》,《十月》1994年第6期,第131页。

③ 《访苏心潮》,《十月》1994年第6期,第132页。

的感知，对于进步的感知。《春之声》报道了“春天”。《春之声》已豁然开朗。

张贤亮的短篇小说《灵与肉》(1980)，从它的二元标记，到作品中所展现的两种生存状态、价值体系，都可以看到两种文化的差异。这里的许灵均父亲时隔30年回国与《相见时难》中的蓝佩玉回国有着相同的意义，都属于“另一个世界的价值标准”走进了我们的国门，来到了我们的生活之中。许灵均同翁式含、蓝佩玉一样，未经灵魂的搏斗，便选择了“土地”、“家园”。这是一种富有历史感的选择。许灵均没有把他和秀芝结婚的经过告诉父亲和密司宋。他考虑到这个婚姻的反常方式的背景是一场大灾难。这场大灾难又是民族的耻辱。他怕告诉他们以后，反而会引起他们嘲笑那在他心中认为是神圣的东西。他相信父亲和密司宋能品出咖啡苦中有甜的妙处，却难以理解生活的复杂性。许灵均与父亲的一段对话，集中地表现了两种文化的差异以及许灵均所作选择的历史感：

> “你还要考虑什么呢？嗯?”……
>
> “我也有我所留恋的。”他转过身来面对着父亲。
>
> “包括那些痛苦吗?”父亲意味深长地问。
>
> “惟其有痛苦，幸福才更显出它的价值。”①

许灵均的选择是高意识的。它表现了“大灾难”过后中国人精神的伟岸。

张洁随中国作家代表团赴美国，参加中美作家会议，并到美国各地参观访问。为了向千千万万的同胞转达对美国的了解、认识，她写了一组“访美散记”。

---

①　张贤亮:《灵与肉》，百花文艺出版社，第8页。

在访美散记《金斯伯格,你将怎样呢?》(1983)里,张洁向我们介绍了自50年代以来美国最重要的文化现象之一的“意识迷幻哲学”的领袖人物金斯伯格。这种哲学,导致数以百万计的美国人把抽大麻叶、吸迷幻药、颓废、淫乱……作为一种辉煌的、革命的(!)价值观念和行为模式泛滥开来,从而损害了他们的意识和功能,失去理智,定向力障碍,产生幻觉和身心毁灭。美国的评论界对金斯伯格欢呼声甚高。而张洁却在这位享有极高声誉的美国作家身上看到了“软弱、迷茫和混乱的意识”。金斯伯格说他是“为了反抗美国社会的不公正”而吸毒,说他常常感到“迷惑”,“经常不知道我该做什么。”金斯伯格崇尚的是“个人主义”。对此,张洁写道:“而在我看来那至少是缺乏社会意识的表现。”① 张洁以朋友的感情,“真想帮他一把”,可是困惑于“无从下手”,“我们中间隔着不同的社会制度,不同的历史,不同的民族习惯……还有那种不可互相理喻的、意识上的隔膜……”作品向我们展示的就是在诸种差异之上的中、美两种社会之间存在的价值体系的差异,并且对金斯伯格——“一种美国生活的象征”表现出深深的忧虑。

张洁的“访美散记”触及到了敏感而重大的关于“自由”的问题。张洁告诉我们,在经常关心别国“自由”的美国,对“自由”的解释是“不完整的”。美国一家杂志社的负责人向中国作家代表团这样阐明美国读者的观念:“一切反对政府的作家,都是有良心的作家。凡是对政府持赞成态度的作家,都是不自由的。”② 一位著名的出版家先是闪烁其词:“我们美国有一个特点,不大喜欢翻译别国的作品。”待到问他这种特点是怎样形成的,他阐明道:“我们只翻译和出版和我

① 张洁:《金斯伯格,你将怎样呢?》,《羊城晚报》1983年4月26日。

② 张洁:《关于自由》,《羊城晚报》1983年3月15日。

们政治观点一致的作品,如苏联的索尔仁尼琴这种持不同政见者的作品……”对此,张洁笑道:“你们这里倒还是文艺为政治服务,而我们那里已经取消了这个口号。”张洁以揶揄的笔调表达了敏锐的思想:“说实话,在我到美国之前,原以为美国的作家,确如有些人所宣传的那样,是极端自由的,想写什么就可以写什么的。现在才知道,并非如此。他不但受政府的限制……还受命于出版商。”张洁让我们看到,美国式的“自由”概念,是充分意识形态的,是地地道道的冷战思维。

“访美散记”表现了张洁作为一位中国作家对于20世纪的重要的文化现象的关注,也表现了一位中国作家对于自己的身份、尊严的珍重。她述说道:“并非我这个人喜欢挑剔,不好伺候。到了外头,你将发现,你会有完全不同的感觉。在外头,我从不认为我仅仅是张洁,我是中华人民共和国作家代表团的一名成员。我不把对我的态度仅仅视为对我个人的态度,同样我也不把我的言行仅仅视为我个人的言行。”张洁感到代表团一出爱荷华,落入美中关系委员会手里以后,待遇就每况愈下了。她感受到了对方思想深处的意识:“免费请你们来开开洋荤就算不错了,你还挑剔什么?!”张洁为这种意识正本清源,并且在更大的意义上给予分析:第二次世界大战的那次“美援”——美国倾倒在我们处于水深火热之中的贫穷的土地上的旧衣服、旧鞋、旧皮带、旧军装、美国兵吃剩下的巧克力等等各式各样的破烂——不知帮助美国处理了多少垃圾。“而至今,在某些美国人那里,我仍然感到倾倒垃圾的那种劲头。”①

张洁对美国“垃圾”的敏锐感受,与民族尊严不可分。而这种尊严感是一种文化表现。它体现着中国优秀的知识分子对于中华民族

① 张洁:《从头到尾》,《北京文学》1983年第6期。

命运的关怀,对于历史和现状的关怀。“散记”写道:“因此,每一处微小的不敬都会激起我的愤慨;因此,我总能感觉到那虚饰的热情下所掩盖着的居人之上的不平等。”张洁还写到9月18日从香港飞往洛杉矶那天,几个日本人恰恰坐在后面,粗野放肆,大喊大笑。文章责问道:“那天是什么日子,他们知道不知道?他们怎么一点儿也不觉得害臊。”——“世界已经被暴发户所占领。”① “散记”以深厚的文化,在世界范围内对无文化现象发出鄙夷。

“散记”是写给中国人民的。“散记”是述说给祖国的一份衷情。这是作家出访的坚实的基点,又是出访中加强的主题。“我感到自己的腰板儿,从未有过的硬。因为我实实在在地感到我身后有那么一个伟大的、卓绝的、历尽艰辛而仍然挺立着的民族。世界上没有哪一个民族像我们中华民族经历过那样多的苦难,而仍然屹立,而仍然奋进。那时候,当我远离着她,冷静地把她的美丽和缺陷看得更清楚的时候,我才知道我是多么地爱她,我的受苦受难的母亲!如果让我再重新投一次胎,我仍会选择你,妈妈!”②

“散记”也将改革、开放的中国,一个新的中国介绍给了世界。张洁在与加州大学洛杉矶分校的学生们进行的一次辩论性谈话中讲道:“你们往往忽略了中国有十亿人口这个数字概念。十亿人,一个人一天一个苹果,就是十亿个苹果,一个人一天一斤粮食,就是十亿斤……不要说共和党,民主党,世界上什么党也拿这个十亿没有办法。我不相信世界上有哪个政党敢于站出来面对它。只有中国共产党,在三中全会以后不到四年的时间里,把人民生活提高到现在这个水平,把工农业生产恢复到现在这个水平。别忘了你们的土地比我

① 张洁:《从头到尾》,《北京文学》1983年第6期。

② 张洁:《从头到尾》,《北京文学》1983年第6期。

们多得多，而人口又比我们少得多……我是很为我们的党，我们的民族而自豪的……我对中国的前途，充满了信心和希望……"① 张洁这位《沉重的翅膀》的作者，善于发现社会的转机，国家的发展、变化，满腔热情地歌颂这个变化。这与王蒙在《春之声》、《相见时难》里，张贤亮在《灵与肉》、《河的子孙》里所表现的一样，是在民族复兴的意义上肯定转机、变化。这是中国士阶层自古相传下来的"顺时利世"精神，而非狭隘的集团观念。这也是文学创作的自由原则，真实性原则。因此，张洁听到美国那家杂志社负责人向中国作家代表团阐述"反政府 = 创作自由"的逻辑时，张洁说道："你拦腰斩断了这个命题的出发点，即那个政府，究竟是一个怎么样的政府。如果这个政府的决策是和全体人民的利益一致的，这种推论，还能成立吗？作家的任务是现实主义地反映客观现实，违背历史真实的作家不是一个好作家。只允许暴露不允许歌颂，或只允许歌颂不允许暴露，都是不全面的。"②

邓友梅的《烟壶》(1984)和冯骥才的《神鞭》(1984)都将民俗风情升华为民族精神、民族气节。

在 70 年代末叶、80 年代初叶的中西文化冲突面前，张洁和张贤亮、王蒙等中年作家表现为对于有历史感的"土地"的思想的坚守。而王安忆、阿城、郑义等青年作家则表现为对于东方文化的坚守，从而形成一个自觉的寻根思潮。

寻根文学作家主张对中国传统文化给予重新认识。他们看到的是中西文化的不同特质。

王安忆访问美国，经历了一次中西文化撞击，对自己的血缘、自

① 张洁：《东道主们》，《北京文学》1983 年第 5 期。
② 张洁：《关于自由》，《羊城晚报》1983 年 3 月 15 日。

己的种族、自己的国籍、自己的文化背景产生了从未有过的异常清醒的认识,“越发觉出了我是我。”①《小鲍庄》则是这种意识产生之后创作的本土文化小说。联系小说中一大堆故事和现象的是民族的共同心理和文化背景。“仁义”是小鲍庄上的人们消弭一个个灾难而让日子过下来的东西,是至今仍然屹立着的人群中的人文价值。

阿城先在《棋王》(1984)中让他的主人公就一个具体问题阐发了宏观的本位文化理论:“洋人总和咱们不一样,隔着一层。”随后又在论文中分析了中西文化的差异:“中西方文化的发生与发展,极不相同,某种意义上是不能互相指导的。哲学上,中国哲学是直觉性的,西方哲学是逻辑实证的。东方认同自然,人不过是自然的一种生命形式;西方认同人本,与自然对立。东方艺术是壮心之自然流露,所写所画,痕迹而已;西方艺术状物,所写所画,逻辑为本。”② 阿城小说的主人公“三王”、李二等等,都追求内心的平静、自由、与自然默契感合,保持天性的完整,体现着崇尚虚静、天人合一的东方文化精神。

郑义的《远村》(1983)和《老井》(1985)都是描写太行山区人们的生活历程。两部作品情节都进入了“今天”而主题又都在“昨天”。都肯定了传统文化的现代价值,表现了民族本位的现代文化观念。

80年代里,国门打开,日货大量涌入,民族工业受到严重冲击。与此同时,日本国内不少政要总是不时地翻当年侵略战争的案,美化当年的军国主义侵略。其文部省还公然下令修改中小学教科书,企图抹掉、篡改侵略的历史。这些,引起了中国人民对日本国内的某些势力的不满,对日本军国主义死灰复燃,以及对日本新的形式的侵略

① 王安忆:《归去来兮》,《文艺研究》1985年第1期。

② 阿城:《文化制约着人类》,《文艺报》1985年7月6日。

的警惕。1985年日本在第二次世界大战战败40年之际,当时的首相中曾根康弘及其阁僚以政府公职人员身份,参拜了祭祀着历次侵略战争中包括东条英机在内的一千多名罪犯的靖国神社,激起了中国人民的愤怒。

中国当代文学的民族主义思潮在此背景下得到发展,进入了它的第二阶段。民族主义文学思潮在这一阶段,题材、主题主要集中在表现当年的抗日战争上。揭露日本侵略者当年在中国犯下的罪行,描写中国人民不屈不挠、可歌可泣的英勇抗战,回答当今日本国内军国主义抬头的势力,表现中国人民的情绪。其主调是悲愤。王火在《写出光辉的抗日战争》一文中写道,抗日战争题材的小说这几年不但仍然有人在写,而且有了发展,出现了一个新的高峰,“这是中国的需要也是世界的需要,因为直到今天,在日本国内,恣意歪曲历史、反对反省侵略历史、掩盖侵略罪行的右翼分子仍然嚣张。与政界顽固分子呼应,有的日本小说家仍在写篡改历史颠倒黑白的小说。正因如此,中国作家不会沉默,中国有志气有正义感的爱国作家,将会用真实、优秀而有生命力的作品来回答……”①

老舍40年代创作的抗战史诗《四世同堂》,在中国大陆被冷落了三十多年后,第一次于1979年开始由百花文艺出版社、四川人民出版社、人民文学出版社陆续出版,并且随后由北京电视制片厂拍成28集电视连续剧,正值纪念抗日战争胜利40周年之际播出。广大观众踊跃观看,满城争说。他们随着沦陷区北平普通百姓的遭遇、觉醒和抗争而悲愤、痛苦、憎恨、振奋,爱国主义热情徐徐燃烧。

莫言的《红高粱》(1986)响彻着“高粱红了,高粱红了,东洋鬼子来了,东洋鬼子来了。国破了,家亡了,同胞们快起来,拿起刀拿起

① 王火:《写出光辉的抗日战争》,《文艺理论与批评》1995年第4期。

枪,打鬼子保家乡"的抗战主调,疏导了中国人民心中的悲愤。小说描写王文义的妻子生了三个阶梯式的儿子。这三个儿子被高粱米饭催得肥头大耳。有一天,一架日本飞机从村子上空飞过,下了一蛋,落在王文义家的院子里,把正在院里玩耍的三个孩子炸得零零碎碎的。因此,余司令一树起抗日旗帜,王文义就被妻子送了去。余司令领导的抗日和日本侵略者的冲突处处表现为"红高粱"和"非高粱"的冲突。"爷爷"、"奶奶"们奋起保卫的是"红高粱"。高粱地又是抗敌的青纱帐。"红高粱精神",就是我们的民族精神,民族气节。

徐志耕(1946~)的报告文学《南京大屠杀》(1987)记述了1937年12月13日至1938年1月侵华日军制造的震惊世界的大悲剧。作品全部由详尽的史料构成:敌我友三方的报刊载文,幸存者的口述,当时在南京的国际友人的日记,参加南京大屠杀的日军口供,保存在档案馆里的现场纪实,法庭审判记录等等,史志品格极强。全书从南京保卫战开始,写了城市的陷落,混乱的大撤退,日本侵略军残杀无辜百姓的血腥罪行,直至将战争罪犯押上断头台。作者饱蘸同胞的血泪,以详尽的事实和资料,较为完整地记述了那场惨绝人寰的大屠杀,力驳了日本某些势力散布的南京大屠杀"虚构"论,同时也警示我国人民世世代代牢记这一惨痛历史。

这期间,还出现了以李尔重(1914~)的《新战争与和平》(1988~1993)、周而复(1914~)的《长城万里图》(1987~1994)、王火(1924~)的《战争和人》(1993)为代表的一批新抗战小说。这批小说大多采用编年体,描写上下几十年,纵横几千里的战争岁月,透露出强烈的记载历史、警示后人的创作意图。

《新战争与和平》如题目所示,追求的是托尔斯泰《战争与和平》的史诗品格。小说描写了从"9·18"事变后到"8·15"日本投降14年间中国大地灾难深重而又如火如荼的历史场景,其间几乎所有的重大事件,以及贯穿于这段历史时期和重大历史事件之中的主人公刘本生和川岛芳子的不同命运。描写之中揉进了对于战争本质的思考,字里行间渗透着中华文化精神。

《长城万里图》标志着周而复超越了《上海的早晨》(1958)所体现的阶级模式而较为强烈地表现民族意识。小说以主导地位描写了八路军、新四军的武装抗日,各根据地的辉煌战绩,也再现了冯玉祥、张学良、张自忠等国民党爱国将领的坚决抗日,勾画了汪精卫、蒋介石的"逆流"与"暗流",并且独具一格地勾勒了日本侵略者一方的大量代表人物,以及体现在他们身上的由诸如"亚洲安定"、"大东亚共荣圈"、"反对白人的殖民统治"等怪论构成的军国主义理论。将驱动历史事件的内在动因及外在的历史人物尽收笔下,表现出师承《三国演义》的意向。

《战争和人》从西安事变写起,到1947年春全面内战爆发前夕结束,在重大历史事件进程中,描写了主人公童霜威曲折的人生经历,表现主人公在民族存亡面前选择人生道路的艰难、痛苦及其严肃意义,思考战争中人的命运问题,近似于《静静的顿河》的主题。

尤凤伟(1943)的《五月乡战》(1995)描写个体生命不可能游离于民族命运,而终于与抗日救国融为一体。

这批新抗战小说比起1958年前后问世的"革命历史小说"模式下的那批抗战小说,在真实性、独立性上前进了一大步。在一定程度上克服了阶级思维模式。

莫言在《红高粱》里塑造的余占鳌式的抗日英雄,不属于某一党派,是"草莽英雄",高密东北乡式的英雄,非英雄模式的英雄。他们与以冷支队长为代表的自封的"英雄"之间的重要不同之处就在于"打"与"不打"。正如余占鳌所说的,"谁是土匪?谁不是土匪?能打日本就是中国的大英雄。老子去年摸了三个日本岗哨。得了三支大盖子枪。冷支队不是土匪，杀了几个鬼子？鬼子毛也没揪下一根。”《红高粱》以这种立体美学，突破了1958年前后问世的抗战小说所体现的“第一种真实”①。而莫言在《丰乳肥臀》(1995)里，消解“第一种真实”的同时，就彻底走上了相反视角的“第二种真实”②。

叶兆言(1957～　)的《追月楼》(1988)描写1937年南京陷落后，前清的翰林、现实中的地主丁老先生表现出可贵的民族气节。他抱定决心，城破之日就是他殉义之时。日军进城后，他不愿躲进租界，从此蛰居“追月楼”上，或吟哦“国破山河在，城春草木深”，或与老友一起亡国人说亡国事。直到临终立下遗嘱，生不愿与暴日共戴天，死亦不乐意与倭寇照面，就葬在追月楼下。小说所赞扬的就是体现在丁老先生身上的民族精神和人格。

周梅森(1956～　)的《军歌》(1986)、《国殇》(1988)也以新的视角从整体意义上描写了国民党官兵在抗日战争中的表现。新抗战小说，以及包括电影文学《血战台儿庄》(1984)、报告文学《大国之魂》(1990，邓贤1953～　)在内的新抗战文学，以民族视角客观地描写并肯定了国民党在抗日战争中的作用和贡献，热情地讴歌了国民党中的爱国将领、抗日官兵。阶级意识在中国当代文学中逐渐消弭，民族主义在不断加强。同时，对日本“国民性”中卑劣的一面的认识、批判有所加强。这对于《四世同堂》是一定程度的衔接，而对于“新文化运动”中的民族虚无则是一定程度的消弭。

中国当代文学的民族主义在90年代形成高潮。

随着苏联解体，冷战结束，世界已从两极格局转为多极格局。而

① 参见洪水《第三种真实》，《当代作家评论》1993年第9期。

② 参见洪水《第三种真实》，《当代作家评论》1993年第9期。

美国国内妄图独霸世界的野心却在加强，主张对中国实行遏制的情绪也在加强。他们一再在中国的台湾、西藏、贸易、人权等问题上插手，明里遏制，暗里颠覆，不让中国发展，以防止出现“美国将来的敌人”。中国的民族主义思潮就是在这种“遏制”下日趋高涨。它是对于“遏制”的“反遏制”。

何新(1949～　)较早地表达了这种“反遏制”的思想。他的由一系列的杂感、讲演、答问、论文汇成的《为中国声辩》，虽然有主观臆断之处，但全书响彻着民族主义的强音。在《关于鱼和鸟的故事》(1991)一文中谈到：“通过1989年事件以及一些外部势力对中国这个事件的拼命插手，已经唤起了中国人的一种警觉，使中国人对自己的国家安全和民族利益，有了比过去一个时期更加清醒的认识。这可以说是一种民族主义的醒觉，这种民族主义，用中国的术语来讲就是爱国主义。”① 面对“遏制”，他信心满怀地谈道：“请想一想，一个像中国这样历史悠久、人口众多、国土广大的国家，如果她的领导人和人民都在爱国主义的力量下凝聚起来，并且对自己国家和民族的利益具有清醒的意识，又随时能够以务实的精神选择最有利于国家民族的方针路线，那么在这样一个国家和民族面前，有什么困难不能克服？世界上又有什么力量能够征服他们呢？”② 何新直指“西方中心论”，向世人展示了充溢着东方色彩的世界大视野、历史趋势感和自强精神。《为中国声辩》处处表明，无论任何个人，还是任何集团，怎样有才华怎样有成就，有怎样的优越地位，也不能高居于祖国利益之上。台湾大学教授颜元叔在《读何新先生文章有感》(1991)中写道：“他的大意，是为中国辩护，是为中国申冤，是为中国宣告，总的而

① 何新：《为中国声辩》，山东友谊出版社，1996年版，第61～62页。

② 何新：《为中国声辩》，山东友谊出版社，1996年版，第62页。

言,正如他自己所说,一切就是为了'爱中国'。"①

藏族作家益希单增(1942～)的长篇小说《雪剑残阳》(1996)再现了本世纪初西藏军民抗击英国殖民侵略的英勇斗争。小说描写了此时已将印度殖民地化了的英帝国主义者的野心。他们在和谈的幌子掩盖下,派出远征军,武力侵入西藏。他们在西藏肆意抢、杀,认为自己足迹所到之处便是自己的地盘。面对武器精良的英国侵略军,藏族广大军民,顶着腐败的清廷代言人的压力,凭借原始的火炮弓箭,甚至石头,浴血奋战,在西藏大地上,在中国人民的心中,树起了一座爱国主义的丰碑。小说最后一章写到江孜城堡的上方飘扬着一面旗帜,上面写着一个"藏"字,面料是黄绸。江孜人喜欢看这面旗帜,因为它是宗政府的象征,西藏军团巍然屹立的象征。藏族人说:"如果英国人把旗帜全部染成血,旗帜也是倒不下来的。因为这面旗帜在人的心中,除非把西藏人的心挖出来!"②《雪剑残阳》再现历史事件时引经据典,体现出强烈的史志品格。

冯小宁根据《雪剑残阳》编导的电影《红河谷》(1997)在以原作所描写的历史事件为依据、汲取其主题的基础之上,增强了艺术幻想并深化了原作的主题。

《红河谷》以老阿婆摇着神秘的转经筒开篇,全景式地展现了耸立的雪山、湛蓝的天空、澄彻见底的河水和奇异瑰丽的雪域文化。

两个外部的"落难"者从不同的方向分别进入这片雪域文化之中。

落难的汉族姑娘雪儿被一家淳朴的藏民搭救后,与他们生活在一起,并与老阿婆的孙子格桑两心相属。格桑骠悍、倔强、专情,富于

① 颜元叔:《读何新先生文章有感》,台湾《海峡评论》1991年第2期。
② 益希单增:《雪剑残阳》,西藏人民出版社1996年版,第365页。

自尊心。艳丽、高贵的丹珠超越等级观念,暗恋上了格桑,对格桑发出咄咄逼人挑逗的同时,也对雪儿摆出头人千金的专横。面对骄横的丹珠,格桑不卑不亢,雪儿达瓦也不失平民的自傲。雪域高原的生活以它的灿烂多姿在和平地向前行进着。

英国人罗克曼来西藏"探险",无视西藏的神秘而遭到大自然的报应,落入危难之中。被搭救后,他送给了格桑一个打火机。打火机在作品中成了西方文明的象征。

包括罗克曼在内的英国侵略者想用西方"文明"——洋枪大炮征服西藏,这是他们又一次的、在整体意义上无视西藏的神秘。宁静的生活被破坏,虔诚的感情被亵渎,神圣的土地被践踏,整个西藏都怒吼了。无论是西藏的上层,还是平民,无论是骄横任性的丹珠,还是不卑不亢的格桑,和温柔自尊的雪儿达瓦,结合成一个壮大的集体,同侵略者展开了殊死卓绝的抗争。丹珠面对侵略者的凌辱,高声唱起富有雪域文化底蕴的民歌《在那草地上》,青春和爱情获得了更加壮丽的勃发。丹珠是西藏的土生土长,她就是西藏。她代表着这块圣洁的土地。雪儿达瓦两次被搭救。她感知了以老阿婆为代表的藏族人民的恩,格桑赤诚的爱。西藏不仅给她以生命,还给她以灵魂。她已与藏族水乳交融,生死与共。她的从"下辈子做牛做马也不做女人"到"下辈子还做女人",表现出对于人生的肯定和眷恋。格桑英勇不屈,敢爱敢恨,在更高的意义上不卑不亢,表现出中华民族的凛然正气。他最后一次拿起打火机,面对这种"文明"的主人的恩将仇报,他的性格美升华了,他用它点燃了洋油,复仇的烈焰轰然而起,火焰引爆了炸药,于是他与恩将仇报者同归于尽。英国侵略者受到了中华民族的惩罚。江孜保卫战已向世界表明,尽管这里的人古朴纯真,但他们对"跳进羊圈的狼"决不手软。他们会对狡黠残暴、嗜血成性的入侵者给予迎头痛击,哪怕浴血战斗到最后一人。

《红河谷》所描述的悲壮的保卫战留下的是永远不死的精灵。藏族男孩嘎嘎在老阿婆背上成长。他的摇篮曲是老阿婆那经年的转经筒直入人心的歌唱。宁静遭破坏,家园被蹂躏,眼看着父老乡亲纷纷倒在血泊之中,嘎嘎作为向导,不动声色,慢条斯理地将一小股英军偷袭队引入沼泽,令他们葬身沼泽。影片结尾还是老阿婆摇着转经筒,与嘎嘎依旧行走在原先行走的大地上。他们坚韧不拔,生生不息,万代绵延。

由英国来西藏探险的记者琼斯成了作品的外角度。他憧憬东方文明。他来到这里寻找。他曾经在西藏的宁静的生活中寻找过。“幸运”的是,他伴随着困惑与矛盾,目睹了罗克曼的狡黠残忍,目睹了罗克曼所标榜的“文明”的战车碾过西藏高原,目睹了悲壮的江孜保卫战,丹珠那超俗的东方美的升华,格桑的恩仇故事,直面枪口不惊不叫的嘎嘎,以及冲入敌阵的白牦牛,喜马拉雅的雪崩,于是,他张开双臂高呼“我看到了!”也许他看到的正是“永远征服不了的东方”。

《红河谷》远远地超越它的“时间面”——“1904”。它是在一百多年的大时跨里表现东方文明,在动态中表现东方文明。《红河谷》是东方复兴的征兆,中华民族精神复兴的征兆。

中华民族精神的形而上表现,凝聚为一句话则是“中国可以说不”。宋强、张藏藏、乔边等著的政治杂文集《中国可以说不》(1996)表达了世纪之交中国人民激越的情绪。

《红河谷》重温世纪之初的一场悲壮,表现不可征服的东方文明。《中国可以说不》则立足于世纪交年中国已经崛起,来表达中国人的激情:“如果说中国10多亿人口在经历了种种磨难之后能够过上现在的生活是一种奇迹的话,那么中国人也同样有能力实现下一个奇迹……在21世纪朦胧的晨曦之中,一个经济蓬勃发展、军事上强大而且政治上更有信心的大国轮廓,现在已经初步显现出来了。”作者提出的问题是:中国人将以什么样的姿态度过新世纪的太阳升起之前的必然要经历的一段艰难时光?对此,《中国可以说不》的鲜明观点是:"极端民族主义不可取,但民族主义还是要的。"① 因为,"在整个人类的历史上,只有民族的每一分子都充分意识到必须具备强烈的民族抱负,并自觉地投身到本民族崛起的洪流中去的时候,这个民族才有可能受到历史的青睐。"②

如果说此前出现的新抗战文学是再现"昨天"来回答日本,那么,《中国可以说不》则是立足"今天"同美国对话。

《中国可以说不》是针对美国所谓的"遏制"的。关于"遏制",作品以谐谑性的幽默写道:

> 冷战结束后,世界格局并没有照着美国的想法变化和发展。中国作为独存的社会主义大国的繁荣与富强,对美国而言,既不愿看到又很难理解。尤其是中国大陆平稳地从计划经济体制过渡到市场经济体制过程中,并未出现美国所预想的结局。这让美国更难以接受。
>
> 然而,现实就是现实。
>
> 美国的战略非常清楚:遏制中国,最终搞乱中国。美国给中国描绘的图画只能挂在自家墙上独自欣赏。拉开一段时间的距离之后,美国也会渐渐发现,从色彩到透视关系都出于拙劣的技法。

《中国可以说不》的艺术是"反遏制"的艺术。作品写道:"领导信息技术潮流的美国,至今还没有一种技术,将霸权主义、强权政治诸

① 《中国可以说不》,中华工商联合出版社,1996 年版,第 198 页。

② 《中国可以说不》,中华工商联合出版社,1996 年版,第 201 页。

如此类的货色压缩在芯片中,从而在世界这架复杂的机器中通用无阻。”对于美国霸权主义在中国的表演,作品则以哲理性的幽默写出它的变形、可笑,从而显得并不可怕:“美国的表演,再加上追随者的表演,已经让人看够了。毫无新意。美国得不到它想像中的喝彩。如果它听到了什么动静,那只能是倒彩。”

> 在压倒一切的倒彩中,有一个更短促更有力的声音,那就是一个单音字——
>
> “不!”①

“不!”这个单音节否定性副词是一雪百年耻辱,历史已经发展到现在——中华民族不可欺不可辱的现在,12 亿中国人民对于美国霸权主义的一个响亮的回答。

> 中国可以说不。
> 现在说正是时候。②

全书都在透露“说不”的意义:中国说不,不是寻求对抗,而是为了更平等的对话。这是发自全体中国人民的和平、自主的声音。正如何蓓琳为该书所作“前言”中写的:

> 美国谁也领导不了,它只能领导它自己;
> 日本谁也领导不了,它有时连自己都无法领导;
> 中国谁也不想领导,中国只想领导自己。

---

① 《中国可以说不》,中华工商联合出版社,1996 年版,第 300 页。
② 《中国可以说不》,中华工商联合出版社,1996 年版,第 301 页。

老子说:“自胜者强”①。一个结束了屈辱的历史,结束了阶级斗争的纷乱,而专心致力于建设的中国,奉行和平、自主外交政策的中国,体现着当今世界的和平与发展主潮,她必将带着自己民族的文化、民族的特色去融于世界。这就是民族主义的意义所在。《中国可以说不》发出了民族主义的最强音。

随着1999年5月7日以美国为首的北约野蛮地袭击我驻南斯拉夫使馆、炸死炸伤我驻南记者和使馆工作人员的导弹响起,中国民族主义将形成高潮。中国当代文学将要带着对于40年代末叶《四世同堂》、50年代初期“建国文学”的继承走向成熟,并且完成她50年的完整进程。而梁晓声的《致美国总统克林顿的公开信》② 则是这一高潮的先声。

---

① 《道德经》第33章。

② 见《北京青年报》1999年5月12日。

第十二章 新现实主义

90年代中期崛起的现实主义是超越“先锋小说”、“新写实小说”而与“改革文学”衔接的。

以刘索拉(女,1955～)的《你别无选择》(1985)、徐星(1956～)的《无主题变奏》(1985)、马原(1953～)的《冈底斯的诱惑》(1985)、残雪(女,1953～)的《苍老的浮云》(1985)等为代表的“先锋小说”,在社会急剧变化面前,在新一轮的中西文化论争中,表现为对传统价值观念的反叛,对个体生命奥秘的探寻。“先锋小说”将个体生命从现实社会中游离出来。现实在这里是抽象的。而文本实验在这里较为明显地表现出对于西方现代小说的摹仿。《你别无选择》是对于美国现代作家约瑟夫·海勒《第二十二条军规》浓重的摹仿。恰如那条无所不在的军规,音乐学院的艺术浪子们也无法摆脱那个无所不在的“功能圈”。《无主题变奏》从立意到故事结构、人物形象,甚至人物语言都接受了美国现代作家塞林格《麦田里的守望者》的影响。在“我”的身上无疑有霍尔顿·考尔菲德的影子,他们同样都是从学校退学步入社会,用迷惘的眼光打量一切,甚至都满嘴挂着“他妈的”这同一的秽语。

自1987年开始,池莉(女,1957~)的《烦恼人生》(1987)、方方(女,1955~)的《风景》(1987)、刘恒(1954~)的《伏羲伏羲》(1988)、刘震云(1958~)的《单位》(1989)等“新写实”小说相继问世。1989年春天,《钟山》杂志举办“新写实小说大联展”,推动“新写实”小说创作的发展。

“新写实”小说的基本品格是“以写实为主要特征,但特别注重现实生活原生形态的还原,真诚直面现实、直面人生”。① 这种写实品格使它截然不同于漠视现实的“先锋小说”。“新写实”小说是在变革“今天”、建设“明天”的改革文学之后,注目于改革开放后社会的各种问题,以及基于这些问题之上的社会心理和人生世相。

“新写实”小说刻意描写社会、人生的灰色。《烦恼人生》将人生的所有内容,诸如家庭住房、孩子入托、上班下班的车路船程、工厂评奖、师徒情缘、拜寿送礼……都写成主人公的困扰,表现生之烦恼。刘震云的由《单位》、《一地鸡毛》(1991)、《官场》(1989)、《官人》(1991)等组成的“官场系列小说”,揭示的尽是“官人”灵魂的丑恶和官场的勾心斗角,批判意识强烈。“新写实”理论认为“批判”是现实主义的特征,体现出类似于19世纪早期现实主义的美学思想:批判一切,而不肯定什么东西。现实生活在“新写实”小说里呈现为“单色”。“新写实”美学观的实质是“丑学”。评论家赞赏《风景》“写出丑的极致,恶的标本”。②

“新写实”追求原生态的真实,倡导客观化的叙述方法,“从情感的零度开始写作”,以使小说成为生活的纪录或实录。《烦恼人生》流水账一样地记录了普通工人印家厚一天的生活。《单位》是连环画似

① 《钟山》1989年第3期“新写实小说大联展”卷首语。

② 蔡兴水:《〈风景〉短评》,《新写实小说》,北京师范大学出版社1992年版,第113页。

的单调枯燥没有生命热情的官场生活画面。而不论是印家厚的，还是“单位”的生活画面都是不断重复的。作为小说细节，它们属于相似性积累。小说这种相似性积累，必然造成“刻意营造堆砌的痕迹”①。刻意营造的目的是让读者得出与作家相同的结论。

“新写实”小说家不是身处人生旅途之中体验、探索人生，而是站在高处俯瞰洼地的人生世相。如方方所述：

> 我只是冷静而恒久地去看山下那变幻无穷的最美丽的风景。(《风景》)

他们自觉已世事通达。他们胸有成竹地将中国人的生存环境化为“杨家大院”(《伏羲伏羲》)或“陈家大院”(苏童《妻妾成群》)，将人生的体验凝聚为“烦恼”(《烦恼人生》)或“活着”(余华《活着》)。历史、人生在这里失去了它的丰富性和神秘性。它是作家已经看破了的。它就是这么单薄、简单：

> ……七哥说生命如同树叶。所有的生长都是为了死亡。殊路却是同归。七哥说谁是好人谁是坏人直到死都是无法判清的。七哥说你把这个世界连同它本身都看透了之后你才会弄清你该有个什么样的活法。(《风景》)

“新写实”小说中支配人的命运的是环境，并且环境又由“物”占据着，人接受环境的支配，接受“物”的役使。《风景》中棚户区居民冲不破这里的“生存困境”，父亲嗜酒爱卖弄拳脚，母亲粗俗好卖弄风骚，大哥情欲受到重创，二哥因失恋而只求速死，三哥对女人心怀仇

① 蔡兴水：《〈烦恼人生〉短评》，《新写实小说》，北京师范大学出版社 1992 年版，第 46 页。

恨,五哥六哥无恶不作,大香小香庸俗不堪,七哥为了摆脱父兄的耻辱生存方式经受着性格的裂变。作家有意识地描写环境的决定作用。方方说:“生活环境和时代背景对人的影响很大,主要对人的性格、思维方式、心态有影响。我的小说主要反映了生存环境对人的命运的塑造。”① 《风景》描写七哥为了摆脱卑微的地位,实现跻身上层社会的梦想,决然跟一个比他大了 8 岁、永无生殖能力的高干女儿结婚,批判环境对人的命运的“塑造”。《烦恼人生》描写印家厚本是一个爱学习、有才华、志趣广泛的青年,现实生活把他困扰成一个疲惫不堪、一事无成的人。作品将此写为中国人的普遍命运。池莉慨叹道:“哈姆雷特的悲哀在中国有几个人有?我的悲哀、我那邻居孤老太婆的悲哀、我的许多熟人朋友同学同事的悲哀却遍及全中国。”②《单位》和《一地鸡毛》告诉我们,小林放弃了理想,失去了热情,不是出于自暴自弃,而是“外界对他的强迫改造”,是由诸如豆腐、保姆、孩子——幼儿园、妻子调动、班车等琐事构成的生活环境的“纠缠”。就是他作为国家公务人员干私活收重“礼”,沾染不正之风,也不在个人,而在于单位和社会环境,个人只不过是“加入其中”。“新写实”普遍地表现为“环境决定论”。在“新写实”小说里,人变得软弱无力,只是被动地接受环境的“塑造”,而中止了精神活动,失去了“选择”能力。而环境在“新写实”小说里,失去了它的多重性而变成单一的了。它不断地向人发出同样的信息,给人提供“反面教育”。这样,人只能放弃——放弃价值和尊严,于是人生成为不可能的了。“新写实”小说中一个个的市民、工人、医生、机关干部以及教师,都是人生困境的可怜存在,展示的都是灰色的人生风景。“新写实”体现的是 19 世纪

① 《新写实作家、评论家谈新写实》,《小说评论》1991 年第 3 期。

② 池莉:《我写〈烦恼人生〉》。

而不是20世纪的人道主义。当代存在主义哲学认为,人不能接受自身之外的命令,也不能接受自身之外的辩护。人要对自己所走的人生道路负责,把自己存在的责任完全由自己承担起来①,“决定论是没有的”②。相形之下,“新写实”的重要主题就是表现社会决定人的命运,为主人公的流俗、“堕落”在外界寻找借口。如方方所说,像七哥这样的人,只要能改变地位,成为人上之人,道德品质算什么?人格气节算什么?社会舆论算什么?他人的痛苦算什么?如果需要,这些都可以踏在脚下。而我们何必对七哥这样的奋斗方式去多加责难或者痛恨呢?该责难和痛恨的是生长七哥们的土壤。(方方:《仅谈七哥》,《中篇小说选刊》1988年第5期)而萨特曾决断地说:“用决定论为自己开脱的人,我将称之为懦夫。”③ 萨特说存在主义是“不使人成为物的理论”④,“是一种使人生成为可能的学说”⑤ ——体现出积极进取的乐观精神,一种新人道主义。

“新写实”小说逼真地描绘中国当代社会本相、生存状态,给人以落后感、差距感,以求生存环境尽快改善。池莉在谈到自己笔下的印家厚时说:“我和他们一样,我们都懂得自己贫穷落后,我们都想尽量过得好一些。”“新写实”小说精细地摹写现状,一个小单位的庸俗,一个小家庭的困顿,一个小日子的辛酸,表现得淋漓尽致,现实感强烈,体现出发达的知性思维。而“现实”在时间长河中所处的位置则很难看到。“新写实”小说缺少悟性思维,缺少历史感。有的是细节真实,缺的是趋势性真实。这样,所有的这个“真实”便仅仅属于一个小天

① 萨特:《存在主义是一种人道主义》,上海译文出版社,1988年版第8页。
② 萨特:《存在主义是一种人道主义》,上海译文出版社,1988年版第12页。
③ 萨特:《存在主义是一种人道主义》,上海译文出版社,1988年版第27页。
④ 萨特:《存在主义是一种人道主义》,上海译文出版社,1988年版第21页。
⑤ 萨特:《存在主义是一种人道主义》,上海译文出版社,1988年版第4页。

地的了。《一地鸡毛》中主导家庭气氛的事件是小林“忘记把豆腐放到冰箱里”①。《活着》的主人公讲述他对人生的永恒的体验——“苦难”时说:“我和苦根在一起过了半年,村里包产到户了,日子过起来也就更难。我家分到一亩半地,我没法像从前那样混在村里人中间干活,累了还能偷偷懒。现在田里的活是不停地叫唤我。我不去干,就谁也不会去替我。”② “一斤豆腐”的“写实”无视“冰箱”的“现实”,“包产到户”的现实成了“活着”的“苦难”的基点。“新写实”中的现实是作家营造的“现实”。

90年代中期崛起的新现实主义深深地植根于现实生活之中,时代感强烈。它在描写现实社会关系的基础之上揭露以改革中的经济问题为核心的社会矛盾,并且在揭露现实生活中丑恶的同时也开掘现实生活中的美。现实在这里呈现出它固有的多重性质,而不表现为单一状态。不论是丑还是美,在这里都处于动态,都是历史发展进程的产物。这种富有现实感的真实,有力地超越了“新写实”小说的一己天地的真实。

何申(1951～)的中篇小说《年前年后》(1995)的主人公李德林在年前有两个心愿:作为七家乡乡长,他希望七家乡明年——1995年能上小流域治理项目;作为一个42岁的男人,他希望春节放假期间能让妻子怀上孩子。

作为“新现实主义”小说的主人公,李德林的心愿——包括他的作为乡长的心愿不再是“纯洁”的了。李德林彻底地回到了现实——或者说完全产生于现实。这种小流域治理,是国家扶贫工作的一项

① 刘震云:《一地鸡毛》,《1991中篇小说选》(1),人民文学出版社,1992年版,第1页。

② 余华:《活着》,南海出版公司,1998年版,第185页。

内容,由国家拨钱来改造山区的山水林田路,山区长久受益。七家乡能上这种项目,就能使这个 1994 年遭受水灾的山乡经济尽快恢复到灾前水平,进而使老百姓脱贫。这样,他这个乡长工作有了成绩,才好调回县里;他急于要孩子,主要是因为他和于小梅是半路夫妻,而于小梅既年轻又漂亮,有个孩子才可以把她“拴住”。

《年前年后》的主要情节是李德林回县城过年。小说截取的时间段——年前年后——社会景观最为密集。年底他去县委组织部询问有关他调回的事,看到县机关在忙着分年货。去小流域治理办公室,看到各乡早就活动起来了,有的正从车上往下搬东西。他由人带领才敲开了人大主任家的院门,主任和县委书记等人正准备打麻将,主任夫人在大院门口接过去了李德林送的一坨牛肉。可是收下也不会领情,因为主任家放东西的棚子里的肉太多了。他还为了争下小流域治理项目特意在饭馆请了一桌,县委书记、人大主任和他几天来找也找不着的局长都应邀前来了。《年前年后》为我们敞开了县官府邸、县委大院,使它们原有的“光辉”、“神圣”以及“纯洁”都失去了。《年前年后》也没有把它们写成非现实,非人间,而是写为平常的现实,完整的现实。这里没有任何“奇遇”。这是一种现实化了的腐败,遍体的腐败。《年前年后》不再像“新写实”小说那样冷凝地描写现实,单纯地批判现实。现实在这里具有着多重性质,呈现为一个不可分离的生活整体。人与人也不再呈壁垒分明的对立状态,就是农民同当官的也是互为依存。村民说“李乡长可是好人呀,别看他收钱时挺狠,到真格的时候关心人呢……”

《年前年后》反映了经济上升到社会生活的主导地位,钱在现实生活中的作用,企业家兼商业家刘大肚子成了人间戏剧舞台的新主角。这是 20 世纪末叶中国新的“现实”。刘大肚子二百块钱起家办了一个大纺织厂和一个商场,一年上缴税款占全县小一半,县领导像敬财神爷一样敬着他。李德林苦于请不动县领导的时候，刘大肚子不费吹灰之力都给请来了。饭桌上是刘大肚子和他的未婚妻于小丽坐在县委书记左右，说说笑笑像多少年的老朋友一样。毋庸赘言，大年初二去老丈人家拜年，也是未来连襟刘大肚子风光占尽，而李德林镇长却处境尴尬。

《年前年后》以李德林视角描写刘大肚子对现实社会关系的冲击，描写中处处流露出强烈的鄙夷。

在巨大的冲击面前，李德林坚守自己极为朴素的价值观念，作为一乡之长，他一心为了乡下的百姓都富裕起来。年前他惦着夏天让洪水冲了的受灾户，到各村看到救灾物资落实了才回县里过年。年前年后，他在县里一直为小流域项目奔走。李德林的价值观随着中国当代社会发展进程形成，富有历史感。李德林从小也是在山沟子穷窝子长大，小时候能喝碗糨粥就美得不知道太阳从哪边出来。他为现在的日子扬眉吐气。他看着集市上满地的过年物品和一张张咧着大嘴笑的脸。看到原先穷得叮当响的村民们变得富裕些了，心里就痛快。李德林的主体意识以及观察客观世界的方法，不像“新写实”小说主人公那样仅仅依据知性思维，他拥有悟性思维，具有整体感。他有对于过去的记忆，对于现实的感知，对于未来的追求。李德林形象的真实性是具有历史感的真实。他与王金生(《三里湾》)、金东水(《许茂和他的女儿们》)是同族兄弟。他是他们的未来——他们90年代的兄弟。

作为正面主人公，李德林也无任何奇遇。这种现实主义写作是一种“无奇遇写作”。作家对于他的这位既熟悉又感亲切的主人公的性格不作精选，不写成“先进”。就是他的廉洁，也不是理想而是现实意义上的。小说描写他从乡下动身回县上过年，司机帮他往吉普车里装东西，虽然他不收礼，但是牛羊肉蘑菇核桃烟酒还是有一些——

“这都是明睁眼露的事,也没必要羞羞答答。”小说人物的这种实事求是的态度,正是“新现实主义”描写人物的方法。小说把这位农民出身的乡长还原为农民,还原为人。李德林觉得他对老百姓,甭说产生了什么感情啊什么爱心呀。就连他大年初一给住院的农民送饺子,被电视台记者凑巧遇上采访,他也感到不巧,没啥说的,只是觉得“当干部的得关心群众。”李德林是土里生土里长。他当乡长的所作所为,完全出自“乡土”价值观念:“能给旁人特别是老百姓多做点事,也是光耀前者后荫来人的积德的事……”

《年前年后》的现实主义品格还在于它写出了乡长主人公年前年后在县上的窘境与不合时宜。在县上刚刚流行的关系学面前,他感到自己的反应“实在是太迟钝了太迟钝了!”他妻子说他“在乡下呆傻了”。他的自我解嘲里也包含着对于某种社会风气、对于流行的官场学的嘲讽:“旧历的年底毕竟最像年底,县里的领导毕竟最像领导,城里的夜晚毕竟最像夜晚,妈的,全城就我一个傻瓜……”

正月十五已过,小说接近尾声,李德林的处境更加可怜。刘大肚子甚至冲击了李德林的家庭,于小梅事实上已是刘大肚子的,李德林要孩子拴住于小梅的愿望彻底落空。然而他对另一个心愿却更加执著,抓紧落实小流域项目。并且在内心里警示自己,今后要格外注意廉洁。这意味着这位主人公——连同整部作品,对以县委书记、人大主任为代表的县上的干部,在年前年后所表现的已现实化了的腐败行为持毫不妥协的批判态度。

李德林心里装着的理想——“小康”——也较为切近,富有现实感。然而它对于我们国家来说,又无疑是个奇迹。李德林就是这样一个“现实化”了的带领农民奔“小康”的乡镇干部。

李德林形象寄托着作家对于普通百姓的深切关怀,体现出新现实主义文学创作主体不仅移向现实生活,还明显地移向平民百姓,乐于充当百姓的代言人。这使新现实主义与同时代的“新状态”文学形成鲜明的对比。90年代中期兴起的“新状态”文学是一种“个人化写作”,“知识分子写作”,亦即创作主体的自我书写。韩东(1961～　)的《三人行》(1995)描写三个文人对人生的游玩,以此表现90年代知识分子在文化上无所归依的状态。北村(1965～　)的《最后的艺术家》(1994)描写一个艺术家群落的集体沉沦,从反面书写了对神的信仰和皈依的拯救之路。北村的《施洗的河》(1993)描写土匪头子刘浪,作恶多端又病入膏肓,最后却获得肉体和灵魂的双重拯救,表现了上帝的灵光。陈染(女,1962～　)、林白(女,1958～　)的知识分子女性写作,使“新状态”的“个人化写作”更加“私人化”。她们书写心灵,书写欲望,书写身体以及性爱心理的历程和倾向。陈染的《无处告别》(1992)在文化传统和社会现实的重围中述说“女性主义立场”。林白的《一个人的战争》(1994)以惊世骇俗的方式展示了私人内心生活。如作家在“题记”中所写:“一个人的战争意味着一个女人自己嫁给自己。”

李德林形象体现出新现实主义“非环境决定”的特征。此前的“新写实”表现的是“环境决定论”,而环境在那里呈单一性质,都如同泥沼,人趴在污泥中可以心安理得,甚至自鸣得意。《年前年后》揭露了现实的丑恶,官场的腐败,李德林对此发出鄙夷,给以坚决的批判。但是,新现实主义并不停止在揭露、批判上。它将揭示现实中的问题和矛盾作为前提,描写主人公面对这些新的问题、新的矛盾,面对种种的艰难,也面对种种诱惑,如何坚守自己的道德理想,探索有价值的人生。李德林也善于发现现实的积极力量,尤其是农村的发展变化给他的道德理想以有力的支持。李德林是站在平地上,身肩重负而挺直着向前行进的人。新现实主义是在新的历史现实面前探索人生的文学。

何申的《富起来的于四》(1997)继作家对农民脱贫的关怀之后，表现了对富起来的农民的关怀，农民对新的人生价值的探索。小说以谐趣性的幽默笔调描写了富起来的农民于四的喜悦、自豪、大气。他经商有道，造福乡里：修桥、补路、助贫……他觉得自己是穷人富起来了，想的还是穷人的事。他说："别看我有钱了，毕竟咱是穷人出身，咱知道穷的那滋味，不好受，我乐意大伙都富起来。"小说在动态中刻画这位农民主人公的性格。他身处穷山沟，眼界不宽，不乏愚昧。但小说没有将此写成所谓"国民性"，而是写成文明的发展过程。小说描写每过一段时间见到于四，都当刮目相看。这位经济上富裕起来的农民，眼界不断地拓宽，观念不断地更新。富起来的于四，走在通向现代文明的道路上。《富起来的于四》体现了何申的作品以至"新现实主义"对于进步、发展所作的关怀的意义，为"仓廪实而知礼节"这一圣贤遗训做出了现代阐释。

何申的《热河大兵》(1999)将人生置于历史进程中来表现，获得了"现代人的命运"的意义。大兵老吴形象体现着普通的中国人的命运，"新中国人"的命运。这里的历史格局与余华的《活着》酷似。但是历史和现实在这里具有多重性质，人可以对价值作选择。旧生活给这位热河大兵造成的"伤痕"不是福贵(《活着》)那样的"自伤"，而是"他伤"。即使这样，何申也没对这位主人公的行为完全认同。热河大兵集美丑于一身，粗俗中透出"可爱"，洋溢着乐生精神。

李佩甫(1953～)的中篇小说《学习微笑》(1996)以某国营食品厂濒临破产为背景，描写女工刘小水的境遇、挣扎以及选择。

"公共厕所前摆着一张收费的小桌，她的苍老的母亲就坐在小桌的后边，母亲旁边是一个小孩车，车里站着她那八个月的孩子。有风刮过来了，荡起一片腥腥的灰尘，母亲的脸很脏，孩子的脸也很脏，她的母亲一边收费一边摇着小孩车照看她的孩子。孩子许是饿了，在车里一蹿一蹿地动着,哇哇乱叫。”——这副景况就是破产国有企业职工——其实她已下岗——刘小水生存状况的缩影,中国成千上万下岗职工生存状况的缩影。

小说以凄惨的笔调描写了刘小水和她的家庭及亲属为穷困所受的煎熬。她的公公曾是八级钳工,老劳模。退休了,两年前得了脑血栓,半身不遂,为了挣出治病钱,如今在电影院旁边卖汽水;她的父亲也曾是八级车工,退休后,厂里开不下工资,他便给医院死了的患者洗尸体,穿尸衣;她丈夫被车间主任叫去赌博,说这是为了“团结团结”同事,被派出所抓去,他一坦白,结局是“很不团结”,要罚款三千元……刘小水感到“这日子没法过了”——这是在小说开头部分,她对自己恶劣的生存状况的认识。

作家怀着深深的同情描写刘小水等8名女工被厂里抽出来,为准备接待来厂投资的港商而参加训练班“学习微笑”。教“微笑”的老师说“微笑表现的是一种自信”。可是“日子没法过了”的刘小水表现不出来自信,于是她一笑泪先下来了。在小说绝大部分时间里,刘小水都是在哭。哭就是她的生存状态。作品描写了刘小水这样的失去生存依据的“小人物”的悲哀,描写生存状况同大自然恩惠的反差,以及由这种反差所造成的心理创伤:“阳光下,她看见儿子在厕所门前的小孩车里站着,在一片明亮的臭烘烘的空气里,父亲蹲在车前逗孩子玩,孩子的小脸红扑扑的,在笑……”“如今,她最害怕上街。走在大街上,她会有种老鼠的感觉。阳光很好,她却成了一只老鼠……她已经很久没有进过大商场了,她是不敢看,不敢看那些摆在柜台里的东西。东西真好,真艳,也真贵,她害怕那些东西。”

《学习微笑》描写刘小水的厂领导、上级主管部门的官老爷们,直至副市长,他们既是刘小水当前困境的一个原因,又是她向下堕落的一种诱因。他们属于干部中的腐败分子。这些腐败分子的腐败行为是被当作“学习微笑”之后的“活动”来描写的。他们先于港商而来。他们挥霍民脂民膏,役使女工陪他们享乐。《学习微笑》的主题不在表现如何铲除腐败,如何对这一严重的社会问题实行社会解决。《学习微笑》是写行为哲学的。

以刘小水为代表的8名女工,以及《学习微笑》整篇作品,对上述的腐败行为发出了尖锐的批判。8名女工对官老爷们的腐败行为恨之入骨。小说两次描写“活动”时刘小水想起忘了给公公掂尿壶,表现了对“活动”的鄙夷,以及不与其同流合污的决心和保证。

《学习微笑》不是仅仅在“小人物”意义上,而是在当代人意义上塑造刘小水。工厂破产,下岗的处境向她压迫下来,环境时时威逼她堕落,诱使她“匪”,然而,她看到资不抵债的厂子的钱被官老爷挥霍时哭了;因港商被副市长先行拉走,合资告吹,刘小水又哭了。哭又是刘小水对处境关怀的表现,是不与环境同流合污的表现。《学习微笑》隐秘地表现:人一与环境同流合污,就会“匪”,就会失去自由。刘小水的丈夫,一去“团结团结”同事,便身入囹圄。刘小水陪官老爷“活动”时,不任那些权势凌辱,而坚忍地维护人的尊严。生活天天逼迫她匪,而她就是不匪。她心里说,“我要匪早就匪了……”《学习微笑》描写在极度艰难的处境里,人对于人生的选择,表现苦难中人的行为哲学,不堕落的哲学,不匪的哲学。刘小水的丈夫虽一度流俗,但作为人的正气不泯。刘小水的公公竟是站着死的。公公死后,刘小水代表全家断然拒绝接受公公生前所在工厂的“救济”,并且对嘴上挂着“做主”的干部干脆地说:

> 不要你做主。

《学习微笑》表现的是在社会急剧变动的面前,人的价值观念的转变,当代人价值观念的形成,自主的人生哲学的形成。这种自主的人生哲学，才是刘小水一家日子能够过下去的东西，在阳光下使刘小水由哭泣转为微笑的东西。

女工刘小水是在困境中拒绝妥协，坚忍地站立着向前行进的伟岸形象。

《学习微笑》中的刘小水和《年前年后》中的李德林所坚守的人格理想都明显地具有对于传统道德的继承。他们所探索的新的价值观念是传统文化精神在新的历史条件下发出的现代异彩。

刘醒龙(1956～　)在《路上有雪》(1997)中描写了乡镇干部安乐和高天元在极为艰难的条件下正视痛苦、坚韧不拔的精神。

关仁山(1963～　)的《大雪无乡》(1996)描写了中医世家陈家父子在新的历史条件下各自不同的人生追求，肯定了父亲拒绝给当地所谓“乡镇企业家”潘老五充当保健医生，而不顾年迈，甘愿经受劳苦，在冰天雪地里枪猎红眼兔子，配制祖传秘方“立佛丹”，给五保户糊涂爷治疗腿病的“悬壶济世”精神。他的《九月还乡》(1996)反映了农民对土地的重新发现，以及由农民土地观念的新变迁所带来的农村新秩序，新矛盾，描写女主人公九月，由去乡到还乡，创办新型农场，带着污点、伤痕，重新探索一度失落的人生价值。

王庆辉(1968～　)的《钥匙》(1997)、何顿的《喜马拉雅山》(1997)描写现实经济生活中人的精神世界，表现了浓厚的人文精神。

“新现实主义”中的人，不再是垂怜的对象。在这里，人的价值是能够实现的。这是当代人道主义，当代存在主义意义上的人道主义。

新现实主义是在深化改革过程中出现的各种各样的艰难面前应运而生的。它在新的历史条件下探索个体生命价值的同时，也在整体意义上探索如何重建新型的社会关系、社会伦理和道德，以共度艰难。这是对于“改革文学”的衔接、发展。

“新现实主义”实质上是“探索的现实主义”。

“新现实主义”描写的一个个的乡镇、工厂都面临着严重的经济问题。“新现实主义”小说可谓九十年代的“问题小说”。但是,它探索的领域不在经济,而在精神。它所探索并致力于建设的一种精神由刘醒龙一篇小说的题目体现出来了,那就是“分享艰难”。

《分享艰难》(1996)没有完整的故事,有的只是西河镇镇委书记孔太平如何艰难地在那里支撑着全镇破烂摊子:公职人员发不出工资,教师组团请愿,泥石流……小说写他怎么样拆东墙补西墙,为解决镇上严重财政问题——为给教师补发三个月的工资,他设置圈套,从派出所手里夺过“罚款权”,从先富起来的企业家、个体户手中“罚出”12万元,又强行从教育站手里要下四万给镇委会,不料,山里发生了泥石流,便将这四万元钱全都用在被泥石流毁掉家园的灾民身上,写他怎么样在各行各业间“摆平”,怎么样化解各种矛盾,调整社会关系。而在这一过程中无意间显示出一种新的“哲学辩证法”。

小说争论的焦点是如何对待洪塔山。

洪塔山是西河镇养殖场经理,是《年前年后》中刘大肚子式的企业家。《分享艰难》不像《年前年后》那样对刘大肚子发出鄙夷,那样以否定性的视角描写他对社会关系的冲击,而是将他写为一个“现实”。

孔太平和洪塔山之间建立了一种新型关系。孔太平来西河镇任职四年,政绩主要有两个:一是集资建了一座完全小学和一座初中,二是搞了这座养殖场。洪塔山经营的这座养殖场提供的税收占全镇财政收入的百分之五十以上。

孔太平是新的历史条件下的罗群(《天云山传奇》)、谷燕山(《芙蓉镇》)、金东水(《许茂和他的女儿们》),他体现着务实派在90年代的现实里遇到的各种各样的问题,以及对这些问题的解决所作的探索。探索在将我们的社会生活的中心转移到建设上来的一二十年后,社会获得了长足发展,也遇到了不少新问题的今天,如何仍然坚持通过"建设"解决这些问题,使社会继续向前发展。孔太平开诚布公地说"正确路线不能当饭吃,不能当钱花。"① "小镇里政治上是出不了什么大问题的,考核标准最过硬的是经济,经济上去了就是一好百好。"② 于是,他与洪塔山建立了一种以税收为主要内容的"经济"关系。

洪塔山在小说中引起争论的是他和他的几个客户的"黄色案件"。这几个客户因嫖娼被抓,孔太平不违犯"原则",不采用让客户贿赂派出所的办法,而是使用互相感化的连环套:让客户来灾区接受"教育",受到感动,表示"爱心善心",每人捐一万元钱帮助灾民重建家园,并以此来感动派出所的黄所长。孔太平不保洪塔山的经济问题,认为如果有经济问题,保他反不如抓他,免得好好的一个企业被他搞垮了——黄所长从中看出孔太平是一个"清官坯子"。洪塔山强奸了孔太平的表妹田毛毛,孔太平在感情上愿意依法将洪塔山处死。听黄所长说洪塔山还不够死罪,孔太平便又回到了现实,理智让他为几万百姓的生计而不得不保护洪塔山。孔太平的苦衷感动了舅舅一家,他们决定不告姓洪的了,"让他继续当经理,为镇里多赚些钱,免得大家受苦。"洪塔山也受到感化,卖了桑塔纳,拿出十几万块钱给镇上发工资。一个孔太平所期望的更大的连环套形成了。随后,洪塔山为西河镇做成了几笔生意,还搞回了几项来料加工的产品,镇里的经济情况眼看就能好起来。

---

① 刘醒龙:《分享艰难》,《'96 中国中篇小说精选》(下),长江文艺出版社,第 447 页。

② 刘醒龙:《分享艰难》,《'96 中国中篇小说精选》(下),长江文艺出版社,第 458～459 页。

孔太平身上体现的“哲学辩证法”就是“现实主义”。他不把现实的社会关系看成“理想的”关系,而看成“现实的”关系。他不依据理想的“真、善、美”把洪塔山们看成“假、恶、丑”。他对他们的劣迹恨之入骨,可又不把他们看作一成不变的“坏人”。他相信他们的身上也有“良知”。他调动他们的良知,让他们作出善举,抑制恶行。他对他们有限的认同,“和而不同”。

孔太平所倡导、建设的社会关系,非斗争而重调解。这种通过调解建立的社会关系,是一种合作关系。合作中,需要某个人、某一局部作出些让步、牺牲,“分享艰难”,共度难关,以求在整体上获得发展。

谈歌(1954~　)的《大厂》(1996)与《分享艰难》情节主干相似,描写吕建国厂长为了全厂职工的利益不得不请求公安局陈局长放出因嫖妓而被拘留的客户,以及国有企业的艰难,工厂干部和群众共渡难关的现实,表明两位作家对同一现实获得了相似的体验。《大厂续篇》(1996)描写吕建国厂长领导的两千多人的红旗厂濒临倒闭,章东民厂长领导的原本只有几十人的环宇厂蒸蒸日上,而在两厂合并时,章东民到底作出让步,答应在兼并红旗厂的同时,接受红旗厂的所有成员。作品表现了在市场经济条件下对工人的关怀,对“人”的关怀。

新现实主义所倡导的调解精神是基于对新现实的理解,对于新的社会关系的理解。它无形中包含着对于发展的肯定,对于斗争哲学的消解。既然放弃了斗争哲学之后,我们的社会获得了长足发展,那么,为解决今天的问题,克服当前的困难,仍然需要尊重法制前提下的调解精神,而彻底告别斗争哲学。

新现实主义所体现的非斗争的调解精神是传统的东方文化精神在当代的发展。它具有恒久的意义。刘醒龙说:“分享幸福是一种善,它昭示做人的无私,而分享艰难则是一种大善,它是生命底蕴中的慈与爱、宽广与容纳。任何一种有关人与社会的进步,其过程必定少不了对艰难的分享。”(刘醒龙:《可能没说清楚的话》,《中篇小说选刊》1996 年第 2 期)

谈歌的《小厂》(1997)和《年初》(1997)强化了对于“原则”的坚守——对于整体的、长远的利益的坚守,更加鲜明地表现了局部的让步正是对于整体的关怀。

《小厂》描写了雪莲罐头厂的现实处境:一连三个月,送出去的罐头被接二连三地退了回来。已经两个月发不出工资发罐头,预计再有几个月就该发罐头瓶子了。面对这样的艰难,新当选的女厂长叶虹不向要求换“牌子”的外商让步。她认为不能见人投点钱,就让人牵着鼻子走。她弄清了,这个外商提此条件的目的是“想借着咱们的地方卖他的那些产品”。她为了挽救厂子,忍辱负重,派人去找自己的负心了的丈夫。叶虹在市场经济条件下,国际竞争中,不是随波逐流,妄自菲薄,而是处乱不惊,知彼知己,努力保全整体利益。叶虹形象闪现出作家理想中的中国新型企业家的身影。

《年初》是《小厂》的展开和深化。

《小厂》中的“竞争”,在《年初》里发展为“商战”。小说情节的几分惊险,正是商场如战场的市场经济现实的写照。

大阳机床厂副厂长郑一东受到了在现实生活中常见的、不公正的待遇而跳槽到东风机床厂当厂长。国有企业大阳厂设计制造的数控机床 WT 很快会占领市场,乡镇企业东风厂虽小可资金雄厚。以大阳厂、东风厂为代表的大阳市 13 家机床厂在竞争中相持着,发展着。这是“正常”的竞争的现实。德国一家公司参与到“竞争”中,这也是必须面对的现实,民族素质必须面对的考验。这家公司的商务代理汉顿运用自己的“汉学”知识,在工厂的领导和广大工人之间制造分裂,在广大工人和国家之间制造矛盾,用高薪收买大阳厂党委书记周天和厂长刘志明,条件是解雇大阳厂现有的七千名职工,把矛盾推给政府。汉顿不相信有谁在坚挺的美元面前会不动声色。而在周天和刘志明这里失算后,他又蓄意挑起大阳市 13 家工厂新的“竞争”,以坐收渔利。《年初》描写在汉顿的诱惑、挑战面前,以周天为代表的企业家,尽管每人的表现不尽相同,但是在整体意义上表现出了应有的能力和品格。他们先后认识到,汉顿不是在寻找合作伙伴,是在寻机垄断机床市场,而我们不能为了蝇头小利把整个市场拱手送给外资。作为个人,他们拒绝被收买。他们具有一个富有理性的价值体系。他们意识到:“利益可以是一时的,但有些情感是永远的。”他们忧国忧民,警示我们在这一关键时刻“不能犯下一个历史的罪过”。

《年初》所提出的“问题”是一个更大、更严重的问题,因此,“分享艰难”精神也带上了更大、更深刻的意义。

《年初》描写周天、刘志明在高薪收买面前,首要考虑的是七千名职工的出路。他们想的是“员工的利益是我们考虑一切问题的根本”。总工程师陈英杰不中美人计,视工厂的利益为生命,看重自己的产品 WT 在国内外市场上的优势,成功地利用外商之间的竞争,跟另外几家外商签订了几项合同,为工厂走出国境创造了有利条件。郑一东宁愿自己知趣地离开东风厂厂长的位置,顾全大局,促成东风厂与大阳厂的合作,避免了被汉顿的各个击破。大阳市的 13 家机床厂,终于联合了起来,成立了“大阳市机床生产集团”。当事人各自进行反思,主动地做出让步,化解了彼此间的误解、隔阂,以大局为重,大家坐在一条船上,成为一个“命运共同体”。《年初》表现了我们民族性格中的优质,表现了我们民族精神在“挑战”中经受“洗礼”,获得新生。关于汉顿的失算,作品写道:汉顿太自负了,太不了解中国人了。他应该先从学习中国人的自尊开始。中国是一个充满自尊的国家。

《年初》将“分享艰难”精神上升为民族精神，表现了在改革开放深化的背景下，在方兴未艾的国际竞争中作家的忧患意识。

毕四海(1949～　)的《最后的资本家》(1997)的“分享艰难”精神表现为中国工人自觉地将个人利益和社会主义国家的利益结合起来。在他们心中，国家不是少数人的，而是大家的。因此，关键时刻他们主动拿出自己的积蓄为国家增股，表现出对社会主义国家的信赖和支持。

正是那些腐败分子才丧失了民族自信，在国际竞争中出卖国家利益、中国工人利益。《最后的资本家》描写了中国工人对国内的腐败势力与海外资本家互为利用以控制工厂进行有力的抵制，表现了中国工人在新的历史条件下的觉悟和力量。广大工人同腐败势力的矛盾是新的现实中的新的矛盾。它尖锐、严重，其解决不在“分享”精神，而在于动用法制的力量，坚决地维护国家和人民群众的利益。

这是新现实主义的又一重大主题。

陆天明(1943～　)的长篇小说《苍天在上》(1995)揭露了官场上存在的怵目惊心的腐败现象，触及了变革时期现实社会的时弊，针砭了掣肘社会进步的痼疾，并且塑造了黄江北这位反腐英雄。“苍天在上”则是这位失败了的反腐英雄向人民迸发着血泪的呼喊。

张平(1954～　)继描写祛邪扶正的纪实文学《天网》(1993)之后发表的长篇小说《抉择》(1997)描写地处华北的一个大型国有企业——中阳纺织集团公司头头们的“集体腐败”现象，以及反腐败斗争所引发的省、市高层干部中的一场尖锐斗争。小说揭露以公司总经理郭中姚为代表的公司头头如何与反贪局局长吴爱珍、省委常务副书记严阵将“权钱交易”发展到“关系网”，又将“集团”发展到“死党”。正是这些腐败分子搞垮了有着辉煌过去的中纺集团。作品深入到一个个腐败分子腐烂的生活内幕和颓废的精神世界,描绘这些腐败分子的罪恶行径,揭示了大中型国有企业被搞垮的内情。作品以有力的社会分析方法,真实地反映了危及改革事业的成败、关系到党和国家命运的重大社会问题,体现出强烈的忧患意识。

《抉择》描写了中纺公司广大工人在腐败分子搞垮公司后的悲惨遭遇,以及他们对腐败分子的嫉恶如仇。《抉择》是为民泄愤的作品。

《抉择》的主人公李高成处于反腐斗争的漩涡中心。他面对两难境地:一方面,一手将他提拔起来的严阵和自己的爱妻吴爱珍渐渐露出他们的腐败分子面目,并且利用手中特殊的权力千方百计阻挠对中纺集团头头"集体腐败"问题的调查,还阴谋设计,让吴爱珍受贿30万,制作假现场录音往李高成身上栽赃,把查处腐败的李高成诬陷为被查对象,以便迫使李高成就范;另一方面是广大工人群众和党组织对他的支持和期待。他面临着重大的抉择,将要付出巨大代价的抉择:要么将自己的爱妻、代表党组织提拔自己的严阵和自己挑选并曾经充分信任的中纺集团领导班子送上断头台,但也可能使自己粉身碎骨;要么不顾党和人民的利益,与腐败集团同流合污,却可以万事大吉,安享晚年。共产党人的品质、中国人的良心使他选择了前者。他坚定地说:"我宁可毁了我自己,也绝不会让那些腐败分子毁了我们的党,毁了我们的改革,毁了我们的前程!"

《抉择》表现了反腐败斗争实质上是在新的历史条件下社会上两种力量你死我活的较量。这些腐败分子就在我们身边。他们本身都是领导,他们甚至占据着反腐败的位置,直接掌握着反腐败的权力。枪在他们手里拿着。他们绝不会把枪口对准自己。一来你反不着他,二来只要发现有什么人想反他们,他们就立刻把枪口对准你。正是他们在肆无忌惮地掠夺着国家和人民的财富,践踏着党的形象,却一个个都代表着党,代表着国家,代表着人民。《抉择》反映了反腐败斗争的复杂性、艰巨性、紧迫性:“要么腐败把我们最终消灭,要么我们把腐败彻底根除!”①《抉择》对于反腐倡廉发出了强烈的呼唤:“我们决不会像一些人说的那样,为了繁荣,就会让那些腐败分子为所欲为,就会对那些腐败行为坐视不管!恰恰相反,只有彻底地清除腐败,搞好廉政建设,才能使我们的社会更加繁荣,才能使我们的改革更加深入,才能使我们的国家更加稳定,才能使我们的人民更加富强!”《抉择》流露着作家强烈的责任感。

《抉择》描写了广大群众和各级干部在同腐败势力较量中表现出来的决心和力量,并且在这场较量中取得了胜利。这是作品的理想主义所在。张平认为:“作家不是救世主,但作家绝不可以远离时代和人民。不关注时代和现实、没有理想和责任的作家,也许可以成为一个出色的作家,但绝不会成为一个伟大的作家。”②《抉择》代表着新现实主义对社会重大问题实行社会解决的探索,体现出新现实主义并不乏理想。

张平的近作《十面埋伏》(1999)描写一起牵涉监狱内外社会各个阶层的重大案件,以及围绕此案展开的殊死的较量,体现了作家对当前严重的社会问题所给予的深深的关切。

王跃文(1962~)的长篇小说《国画》(1999)以主人公朱怀镜的宦海沉浮为主线,塑造了一批生存于权力中心的人物,刻画他们的神貌,探索社会丑恶及腐败滋生的原因,同时也描写了社会的正气和良知,表现了深切的忧患意识。

周梅森的长篇小说《中国制造》(1999)和他此前发表的《原狱》(1996)《人间正道》(1996)、《天下财富》(1997)的相似之处是在描写

① 张平:《抉择》,群众出版社,1997年版,第489页。

② 张平:《永生永世为老百姓而写作》。

贫穷、落后、血泪——甚至不乏血腥的同时,也呼唤良知、正义、理想。《中国制造》走进了官场,越过了经济生活而深入到政治生活。《中国制造》的现实主义品格更加浓重了。作品截取了市委书记换届这个信息最为活跃的时刻,展示下至乡镇干部、上至副委员长一整套处于权力中心的人物形象和复杂细腻的心理。他们没有一个是"圣人"。他们既要瞻前,又要顾后。既要看着上司,又要考虑下属。他们全被错综复杂的关系钳制住了,除了在1998年的抗洪严重时刻,谁都无法施展自己的才能。新任市委书记虽踌躇满志,可是接任以来一件重大决策也作不出来。"反腐败之剑"孙亚东为大多数人所不理解,被蓄谋伤害成了植物人以后,他的襟怀、人格才被发现。因才智一直被掩埋而当了多年甩手干部的田立业,刚刚有机会以县委代理书记的身份,快刀斩乱麻般地处理了一两个重大事件,他的"代理"时间也就到了,莫名其妙地被调回,而没有任何位置好安排。抗洪中,他为救助别人,自己活不见人,死不见尸。滔滔洪水之中才是他的去处。原县委书记耿子敬贪污受贿款项惊人,创下了县里两个班子一起垮台的全国纪录,可案发前他却受到绝对的重用。作家以较为深厚的对于生活的体验,对于现实的思考,暴露了高楼大厦后面的阴影,霓虹灯下的血泪,以这幅我们中国特有的官场生活的真实长卷,发出了改革这个庞大、臃肿、低效的行政机构的呼吁。

王火的长篇小说《霹雳三年》(1999)让我们重温自1946年6月到1949年6月腐败透顶的国民党政权大溃退的历史,在整整五十年后的今天,以史为鉴。《霹雳三年》和《中国制造》以不同的题材表现了相近的主题,向我们发出了相似的警示:只有把反腐倡廉问题当成关系到党和国家生死存亡的大事来抓,才能使中华民族兴旺发达,以势不可挡的姿态驶进新世纪。

附录一

中国当代文学重要作品年表

作　品	体裁	作者	发表　出版
我们最伟大的节日	抒情诗	何其芳	《人民文学》1949年10月创刊号
时间开始了·欢乐颂	抒情诗	胡　风	《人民日报》1949年11月20日
登记	短篇小说	赵树理	《说说唱唱》1950年第6期
龙须沟	三幕话剧	老　舍	《北京文艺》1950年9月创刊号~第3期连载
风云初记(第1集)	长篇小说	孙　犁	人民文学出版社1951年
科尔沁草原的人们	短篇小说	玛拉沁夫	《人民文学》1952年1月号
睡了的村庄这样说	抒情诗	胡　风	《人民文学》1953年12月号
风云初记(第2集)	长篇小说	孙　犁	人民文学出版社1953年
保卫延安	长篇小说	杜鹏程	《解放军文艺》1954年1~2月号选载 《人民文学》1954年2月号选载 人民文学出版社1954年
明朗的天	四幕话剧	曹　禺	《人民文学》1954年9月号
回答	抒情诗	何其芳	《人民文学》1954年10月号
春种秋收	短篇小说	康　濯	《说说唱唱》1954年第11期
铁道游击队	长篇小说	知　侠	新文艺出版社1954年
五月的矿山	长篇小说	萧　军	作家出版社1954年
秧歌	长篇小说	张爱玲	香港今日世界社1954年
三里湾	长篇小说	赵树理	《人民文学》1955年1~4月号 通俗读物出版社1955年

作　品	体　裁	作　者	发表　出版
我们播种爱情	长篇小说	徐怀中	《解放军文艺》1956年12月~1957年6月 连载
			中国青年出版社1957年
在桥梁工地上	报告文学	刘宾雁	《人民文学》1956年4月号
本报内部消息	报告文学	刘宾雁	《人民文学》1956年6月号
组织部来了个年轻人	短篇小说	王　蒙	《人民文学》1956年9月
在悬崖上	短篇小说	邓友梅	《文学月刊》1956年9月号
			《文艺学习》1957年1月号
小巷深处	短篇小说	陆文夫	《萌芽》1956年10月号
小城春秋	长篇小说	高云览	作家出版社1956年
			人民文学出版社1957年
欢笑的金沙江(第1部)——醒了的土地	长篇小说	李　乔	作家出版社1956年
在茫茫的草原上(上)	长篇小说	玛拉沁夫	《内蒙古文艺》1956年9~12月号
			作家出版社1957年
(经修改,易名为)			《草原》1959年1~2月号选载
茫茫的草原(上)			人民文学出版社1958年、1962年
并不愉快的故事	中篇小说	从维熙	《长春》1957年第7期
红豆	短篇小说	宗　璞	《人民文学》1957年7月号
茶馆	三幕话剧	老　舍	《收获》1957年7月创刊号
红日	长篇小说	吴　强	中国青年出版社1957年
林海雪原	长篇小说	曲　波	作家出版社1957年
红旗谱	长篇小说	梁　斌	中国青年出版社1957年
锻炼锻炼	短篇小说	赵树理	《火花》1958年第8期
			《人民文学》1958年9月号转载
烈火金钢	长篇小说	刘　流	中国青年出版社1958年
青春之歌	长篇小说	杨　沫	作家出版社1958年

作　　品	体　裁	作　者	发表　　出版
敌后武工队	长篇小说	冯　志	解放军文艺社 1958 年
苦菜花	长篇小说	冯德英	解放军文艺社 1958 年
山乡巨变(上篇)	长篇小说	周立波	《人民文学》1958 年 1～6 月号 作家出版社 1958 年
野火春风斗古城	长篇小说	李英儒	《收获》1958 年第 6 期 作家出版社 1958 年
战斗的青春	长篇小说	雪　克	新文艺出版社 1958 年
草原烽火	长篇小说	乌兰巴干	中国青年出版社 1958 年
上海的早晨　第一部	长篇小说	周而复	《收获》1958 年第 2 期 作家出版社 1958 年
第二部			作家出版社 1962 年
一、二部经修改补充			人民文学出版社 1979 年再版
第三、四部			人民文学出版社 1980 年
三家巷	长篇小说	欧阳山	广东出版社 1959 年 作家出版社 1960 年
创业史(第一部)	长篇小说	柳　青	《延河》1959 年 4～11 月号 中国青年出版社 1960 年
望星空	抒情诗	郭小川	《人民文学》1959 年 11 月号
山乡巨变(下篇)	长篇小说	周立波	作家出版社 1960 年
套不住的手	短篇小说	赵树理	《人民文学》1960 年 11 月号
乡下奇人	短篇小说	欧阳山	《人民文学》1960 年 12 月号
实干家潘永福	短篇小说	赵树理	《人民文学》1961 年 4 月号
红岩	长篇小说	罗广斌 杨益言	《中国青年报》1961 年 11 月 10 日开始连载 中国青年出版社 1961 年

作　品		体　裁	作　者	发表　出版
风云初记(第3集)		长篇小说	孙　犁	《新港》1962年7月开始连载
1~3集				作家出版社1963年
欢笑的金沙江(第2部)——早来的春天		长篇小说	李　乔	作家出版社1962年
卖烟叶		短篇小说	赵树理	《人民文学》1964年1、3月号
欢笑的金沙江(第3部)——呼啸的山风		长篇小说	李　乔	作家出版社1965年
艳阳天	第一卷	长篇小说	浩　然	作家出版社1964年
				人民文学出版社1964年
	第二卷			人民文学出版社1966年
	第三卷			人民文学出版社1966年
金光大道	第一部	长篇小说	浩　然	人民文学出版社1972年
	第二部			人民文学出版社1974年
班主任		短篇小说	刘心武	《人民文学》1977年11月号
醒来吧,弟弟		短篇小说	刘心武	《中国青年》1978年第2期
从森林里来的孩子		短篇小说	张　洁	《北京文艺》1978年第7期
伤痕		短篇小说	卢新华	《文汇报》1978年8月11日
神圣的使命		短篇小说	王亚平	《人民文学》1978年9月号
弦上的梦		短篇小说	宗　璞	《人民文学》1978年12月号
在浪尖上		抒情诗	艾　青	《诗刊》1978年12期
天安门诗抄		诗　集	童怀周收集编选	人民文学出版社1978年
天云山传奇		中篇小说	鲁彦周	《清明》1979年1月创刊号
我应该怎么办		短篇小说	陈国凯	《作品》1979年第2期
剪辑错了的故事		短篇小说	茹志鹃	《人民文学》1979年2月号
记忆		短篇小说	张　弦	《人民文学》1979年3月号

作　品	体　裁	作　者	发表　出版
回答	抒情诗	北　岛	《诗刊》1979年3月号
内奸	短篇小说	方　之	《北京文艺》1979年第3期
重逢	短篇小说	金　河	《上海文学》1979年第4期
月兰	短篇小说	韩少功	《人民文学》1979年4月号
致橡树	抒情诗	舒　婷	《诗刊》1979年4月号
“漏斗户”主	短篇小说	高晓声	《钟山》1979年第2期
大墙下的红玉兰	中篇小说	从维熙	《收获》1979年第2期
小镇上的将军	短篇小说	陈世旭	《十月》1979年第3期
草原上的小路	短篇小说	茹志鹃	《收获》1979年第3期
布礼	中篇小说	王　蒙	《当代》1979年第3期
乔厂长上任记	短篇小说	蒋子龙	《人民文学》1979年7月号
李顺大造屋	短篇小说	高晓声	《雨花》1979年7月号
将军,不能这样做	政治抒情诗	叶文福	《诗刊》1979年8月号
悠悠寸草心	短篇小说	王　蒙	《上海文学》1979年第9期
人妖之间	报告文学	刘宾雁	《人民文学》1979年第9期
祖国呵,我亲爱的祖国	抒情诗	舒　婷	《诗刊》1979年7月号
夜的眼	短篇小说	王　蒙	《光明日报》1979年10月21
爱,是不能忘记的	短篇小说	张　洁	《北京文艺》1979年11月号
啊!	中篇小说	冯骥才	《收获》1979年第6期
青春万岁	长篇小说	王　蒙	人民文学出版社1979年
生活的路	长篇小说	竹　林	人民文学出版社1979年

作　品	体　裁	作　者	发表　出版
黄河东流去　上集	长篇小说	李　准	北京出版社 1979 年
			《长篇小说》1984 年总第 5 期
下集			北京十月文艺出版社 1984 年
上、下集			北京十月文艺出版社 1987 年
许茂和他的女儿们	长篇小说	周克芹	《沱江文艺》特刊
			《红岩》1979 年第 2 期
			百花文艺出版社 1980 年
被爱情遗忘的角落	短篇小说	张　弦	《上海文学》1980 年 1 月号
人到中年	中篇小说	谌　容	《收获》1980 年第 1 期
邢老汉和狗的故事	短篇小说	张贤亮	《朔方》1980 年 2 月号
陈奂生上城	短篇小说	高晓声	《人民文学》1980 年 2 月号
月食	短篇小说	李国文	《人民文学》1980 年 3 月号
一代人	抒情诗	顾　城	《星星》1980 年第 3 期
春之声	短篇小说	王　蒙	《人民文学》1980 年 5 月号
将军吟	长篇小说	莫应丰	人民文学出版社 1980 年 6 月
蒲柳人家	中篇小说	刘绍棠	《十月》1980 年第 3 期
蝴蝶	中篇小说	王　蒙	《十月》1980 年第 4 期
乡场上	短篇小说	何士光	《人民文学》1980 年 8 月号
热流	报告文学	张　锲	《当代》1980 年第 4 期
灵与肉	短篇小说	张贤亮	《朔方》1980 年 9 月号
受戒	短篇小说	汪曾祺	《北京文学》1980 年第 10 期
祖国高于一切	报告文学	陈祖芬	《人民日报》1980 年 10 月 2 日
纪念碑	抒情诗	江　河	《诗刊》1980 年 10 月号
开拓者	中篇小说	蒋子龙	《十月》1980 年第 6 期

作　品	体　裁	作　者	发表　出版
蹉跎岁月	长篇小说	叶　辛	《收获》1980年5、6期
			中国青年出版社1982年
相信未来	抒情诗	食　指	《诗刊》1981年1月号
芙蓉镇	长篇小说	古　华	《当代》1981年第1期
			人民文学出版社1981年
土牢情话	中篇小说	张贤亮	《十月》1981年第1期
大淖记事	短篇小说	汪曾祺	《北京文学》1981年第4期
瓜棚柳巷	中篇小说	刘绍棠	《当代》1981年第3期
冬天里的春天	长篇小说	李国文	人民文学出版社1981年5月
龙种	中篇小说	张贤亮	《当代》1981年第5期
沉重的翅膀	长篇小说	张　洁	《十月》1981年4、5期
			人民文学出版社1981年12月
相见时难	中篇小说	王　蒙	《十月》1982年第2期
人生	中篇小说	路　遥	《收获》1982年第3期
七岔犄角的公鹿	短篇小说	乌热尔图	《民族文学》1982年第5期
这是一片神奇的土地	短篇小说	梁晓声	《北方文学》1982年第8期
改革者	长篇小说	张　锲	《当代》1982年第5期
			人民文学出版社1983年
黑骏马	中篇小说	张承志	《十月》1982年第6期
			百花文艺出版社1983年
我的遥远的清平湾	短篇小说	史铁生	《青年文学》1983年第1期
今夜有暴风雪	中篇小说	梁晓声	《青春》丛刊1983年第1期
河的子孙	中篇小说	张贤亮	《当代》1983年第1期
美食家	中篇小说	陆文夫	《收获》1983年第1期
肖尔布拉克	短篇小说	张贤亮	《文汇月刊》1983年第2期
最后一个渔佬儿	短篇小说	李杭育	《当代》1983年第2期

作　　品	体　裁	作　者	发表　出版
男人的风格	长篇小说	张贤亮	《小说家》1983 年第 2 期 百花文艺出版社 1983 年
访美散记　关于自由	散　　文	张　洁	《羊城晚报》1983 年 3 月 15 日
金斯伯格，你将怎样呢？			《羊城晚报》1983 年 4 月 26 日
从头到尾			《北京文学》1983 年第 6 期
诺日朗	组　　诗	杨　炼	《上海文学》1983 年第 5 期
花园街 5 号	长篇小说	李国文	《十月》1983 年第 4 期 北京十月文艺出版社 1984 年
鲁班的子孙	中篇小说	王润滋	《文汇月刊》1983 年第 8 期
远村	中篇小说	郑　义	《当代》1983 年第 4 期
商州初录	笔记文学	贾平凹	《钟山》1983 年第 5 期
小月前本	中篇小说	贾平凹	《收获》1983 年第 5 期
烟壶	中篇小说	邓友梅	《收获》1984 年第 1 期
北方的河	中篇小说	张承志	《十月》1984 年第 1 期
绿化树	中篇小说	张贤亮	《十月》1984 年第 2 期
鸡窝洼的人家	中篇小说	贾平凹	《十月》1984 年第 2 期
神鞭	中篇小说	冯骥才	《小说家》1984 年第 3 期
血战台儿庄	电影文学 剧　　本	田军利 费林军	《八一电影》1984 年第 4 期
腊月·正月	中篇小说	贾平凹	《十月》1984 年第 4 期
棋王	中篇小说	阿　城	《上海文学》1984 年第 7 期
钟鼓楼	长篇小说	刘心武	《当代》1984 年第 5、6 期 人民文学出版社 1984 年
访苏心潮	报告文学	王　蒙	《十月》1984 年第 6 期
老棒子酒馆	短篇小说	郑万隆	《上海文学》1985 年 1 月号

作　　品	体　裁	作　者	发表　　出版
系在皮绳扣上的魂	短篇小说	扎西达娃	《西藏文学》1985 年 1 月号 《民族文学》1985 年 9 月号 《小说选刊》1985 年 11 期转载
树王	中篇小说	阿　城	《中国作家》1985 年第 1 期
孩子王	中篇小说	阿　城	《人民文学》1985 年第 2 期
冈底斯的诱惑	中篇小说	马　原	《上海文学》1985 年第 2 期
你别无选择	中篇小说	刘索拉	《人民文学》1985 年第 3 期
老井	中篇小说	郑　义	《当代》1985 年第 2 期
透明的红萝卜	中篇小说	莫　言	《中国作家》1985 年第 2 期
小鲍庄	中篇小说	王安忆	《中国作家》1985 年第 2 期
中国农民大趋势	报告文学	李延国	《解放军文艺》1985 年第 5 期
野店	短篇小说	郑万隆	《上海文学》1985 年第 5 期
爸爸爸	中篇小说	韩少功	《人民文学》1985 年第 6 期
无主题变奏	中篇小说	徐　星	《人民文学》1985 年 7 月号
男人的一半是女人	中篇小说	张贤亮	《收获》1985 年第 5 期
苍老的浮云	中篇小说	残　雪	《中国》1985 年第 5 期
活动变人形	长篇小说	王　蒙	《收获》1985 年第 5 期节选 《当代》长篇小说 1986 年第 3 期 人民文学出版社 1987 年
红高粱	中篇小说	莫　言	《人民文学》1986 年第 3 期
红高粱家族	长篇小说	莫　言	解放军文艺出版社 1987 年
荒山之恋	中篇小说	王安忆	《十月》1986 年第 4 期
小城之恋	中篇小说	王安忆	《上海文学》1986 年第 8 期
隐形伴侣	长篇小说	张抗抗	《收获》1986 年第 4、5 期 作家出版社 1986 年

作品		体裁	作者	发表　出版
古船		长篇小说	张　炜	《当代》1986 年第 5 期 人民文学出版社 1987 年
合坟		短篇小说	李　锐	《上海文学》1986 年第 11 期
军歌		中篇小说	周梅森	《钟山》1986 年第 6 期
平凡的世界	第 1 部	长篇小说	路　遥	《花城》1986 年第 6 期 中国文联出版公司 1986 年
	第 2 部			中国文联出版公司 1987 年
	第 3 部			中国文联出版公司 1988 年
浮躁		长篇小说	贾平凹	《收获》1987 年第 1 期 作家出版社 1987 年
锦绣谷之恋		中篇小说	王安忆	《钟山》1987 年第 1 期
金牧场 （重写为） 金草地		长篇小说	张承志	《昆仑》1987 年第 2 期 作家出版社 1987 年 海南出版社 1997 年
红蝗		中篇小说	莫　言	《收获》1987 年第 3 期
南京大屠杀		报告文学	徐志耕	《解放军文艺》1987 年第 7 期 昆仑出版社 1987 年
烦恼人生		中篇小说	池　莉	《上海文学》1987 年第 8 期
风景		中篇小说	方　方	《当代作家》1987 年第 5 期
厚土		短篇小说	李　锐	《青年文学》1987 年第 12 期
血色黄昏		长篇小说	老　鬼	工人出版社 1987 年
穆斯林的葬礼		长篇小说	霍　达	《十月·长篇小说》1987 年总第 16、17 期北京十月文艺出版社 1988 年

作　　品	体　裁	作　者	发表　出版
“乌托邦”祭	报告文学	苏晓康 罗时叙 陈　政	《百花州》1988 年第 4 期 收入中国社会科学出版社 《自由备忘录》1988 年出版
伏羲伏羲	中篇小说	刘　恒	《北京文学》1988 年第 3 期
国殇	中篇小说	周梅森	《花城》1988 年第 2 期
追月楼	中篇小说	叶兆言	《钟山》1988 年第 5 期
新战争与和平(1~8 部)	长篇小说	李尔重	武汉出版社 1988 ~ 1993 年
单位	中篇小说	刘震云	《北京文学》1989 年第 2 期
官场	中篇小说	刘震云	《人民文学》1989 年第 4 期
习惯死亡	长篇小说	张贤亮	《文学四季》1989 年第 2 期 《中篇小说选刊》1989 年第 4 期 百花文艺出版社 1989 年
妻妾成群	中篇小说	苏　童	《收获》1989 年第 6 期
大国之魂	报告文学	邓　贤	《当代》1990 年第 6 期
一地鸡毛	中篇小说	刘震云	《小说家》1991 年第 1 期
官人	中篇小说	刘震云	《青年文学》1991 年第 4 期
心灵史	长篇小说	张承志	花城出版社 1991 年
无处告别	中篇小说	陈　染	《小说家》1992 年第 1 期
预谋杀人	中篇小说	池　莉	《中国作家》1992 年第 2 期
恋爱的季节	长篇小说	王　蒙	《花城》1992 年第 5、6 期 人民文学出版社 1993 年
九月寓言	长篇小说	张　炜	《收获》1992 年第 3 期 上海文艺出版社 1993 年
活着	中篇小说	余　华	《收获》1992 年第 6 期 长江文艺出版社 1993 年

作　品	体　裁	作　者	发表　出版
白鹿原	长篇小说	陈忠实	《当代》1992 年第 6 期 ~ 1993 年第 1 期 人民文学出版社 1993 年
天网	长篇纪实文学	张　平	《啄木鸟》1993 年第 1、2 期 群众出版社 1993 年
纪实与虚构	长篇小说	王安忆	《收获》1993 年第 2 期 人民文学出版社 1993 年
施洗的河	长篇小说	北　村	《花城》1993 年第 3 期 花城出版社 1993 年
战争和人(1~3 卷)	长篇小说	王　火	人民文学出版社 1993 年
长城万里图(1~6 卷)	长篇小说	周而复	人民文学出版社 1987 ~ 1994 年
一个人的战争	长篇小说	林　白	《花城》1994 年第 2 期 江苏文艺出版社 1997 年
废都	长篇小说	贾平凹	《十月》1993 年第 4 期 北京出版社 1993 年
最后的艺术家	中篇小说	北　村	《大家》1994 年第 3 期
失态的季节	长篇小说	王　蒙	《当代》1994 年第 3 期 人民文学出版社 1994 年
五月乡战	中篇小说	尤凤伟	《当代》1995 年第 1 期
三人行	中篇小说	韩　东	《钟山》1995 年第 1 期
障碍	中篇小说	韩　东	《花城》1995 年第 4 期
年前年后	中篇小说	何　申	《人民文学》1995 年 6 月号 百花文艺出版社 1997 年
丰乳肥臀	长篇小说	莫　言	《大家》1995 年第 5 期 作家出版社 1996 年
苍天在上	长篇小说	陆天明	《小说界》1995 年第 1 期 上海文艺出版社 1995 年

作　品	体　裁	作　者	发表　出版
马桥词典	长篇小说	韩少功	《小说界》1996 年第 2 期 作家出版社 1997 年
分享艰难	中篇小说	刘醒龙	《上海文学》1996 年第 1 期
大厂	中篇小说	谈　歌	《人民文学》1996 年第 1 期 百花文艺出版社 1997 年
大厂续篇	中篇小说	谈　歌	《人民文学》1996 年第 8 期
大雪无乡	中篇小说	关仁山	《中国作家》1996 年第 2 期 百花文艺出版社 1997 年
九月还乡	中篇小说	关仁山	《十月》1996 年第 3 期
学习微笑	中篇小说	李佩甫	《青年文学》1996 年第 6 期
中国可以说不	杂 文 集	宋　强 张藏藏 乔边等	中华工商联合出版社 1996 年
原狱	长篇小说	周梅森	《钟山》1996 年第 4、5 期 人民文学出版社 1997 年
人间正道	长篇小说	周梅森	《当代》1996 年第 6 期 人民文学出版社 1996 年
喜马拉雅山	长篇小说	何　顿	《十月》1997 年第 1 期 江苏文艺出版社 1998 年
雪剑残阳	长篇小说	益希单增	西藏人民出版社 1996 年
路上有雪	中篇小说	刘醒龙	《上海文学》1997 年第 1 期
抉择	长篇小说	张　平	《啄木鸟》1997 年第 2、3、4 期 群众出版社 1997 年
最后的资本家	中篇小说	毕四海	《青年文学》1997 年第 2 期
踌躇的季节	长篇小说	王　蒙	《当代》1997 年第 2 期 人民文学出版社 1997 年
钥匙	长篇小说	王庆辉	作家出版社 1997 年
小厂	中篇小说	谈　歌	《时代文学》1997 年第 4 期

作　品	体 裁	作 者	发表　出版
富起来的于四	中篇小说	何　申	《中国作家》1997 年第 5 期
年初	中篇小说	谈　歌	《中国作家》1997 年第 5 期
天下财富	长篇小说	周梅森	《当代》1997 年第 6 期 人民文学出版社 1997 年
“三年自然灾害”备忘录(节选)	报告文学	金　辉	《方法》1998 年第 10 期
第二十幕	长篇小说	周大新	人民文学出版社 1998 年
尘埃落定	长篇小说	阿　来	《小说选刊》“增刊”1997 年第 2 期 人民文学出版社 1998 年
“引蛇出洞”始末	报告文学	李慎之	《乌昼啼》,中国电影出版社 1998 年 12 月 《作家文摘》1999 年 1 月 12 日
霹雳三年	长篇小说	王　火	《当代》1999 年第 1 期 人民文学出版社 1999 年 3 月
中国制造	长篇小说	周梅森	作家出版社 1998 年 12 月 《收获》1999 年 1～2 期
热河大兵	中篇小说	何　申	《中国作家》1999 年第 1 期
致美国总统克林顿的公开信		梁晓声	《北京青年报》1999 年 5 月 12 日
十面埋伏	长篇小说	张　平	《啄木鸟》1999 年第 2 期开始连载 作家出版社 1999 年 5 月
国画	长篇小说	王跃文	《当代》1999 年 1～2 期 人民文学出版社 1999 年 5 月
羊的门	长篇小说	李佩甫	《中国作家》1999 年第 4 期 华夏出版社 1999 年 7 月

《中国当代文学史》作家作品
索　引
（以作家姓名拼音字母次序为序）

后　记

迄今为止,在我所有的文学工作中,这本“文学史”的写作是最有热情的了。中国当代文学是伴随共和国五十年步伐的文学,也是我们人生的文学形式。我向往用人生领悟这一文学。因而,面世之际反而甚感汗颜。肯定多有偏颇、疏漏,诚请诸位大方不吝赐教。

蒙谢冕教授不弃,费金子般的时间撰序。我当不辜负这份鼓励,以作报答。

写作和出版过程,得到各方鼎力支持,在此一并深表谢忱。

作者

一九九九年九月